善知識
33

The Life of The Buddha

髻智比丘(Bhikkhu Ñāṇamoli)◎著　釋見諦、牟志京◎譯

親近 **釋迦牟尼佛**

從巴利藏經看佛陀的一生

皈敬彼世尊、阿羅漢、正等正覺者

諸惡莫作，眾善奉行；
自淨其意，是諸佛教。（D. 14）

目次

巴利佛典略語表

　　本書所出現的巴利佛典經文，都將採用巴利佛典的略語來標示其出處。因此，以下列出本書使用的巴利佛典略語，供讀者對照參考。

Vin.＝Vinaya Piṭaka 律藏

　　Sv.＝Sutta-vibhanga《經分別》（標示章號）

　　Pārā.＝Pārājika 波羅夷罪

　　Sangh.＝Sanghādisesa 僧伽婆尸沙

　　Pāc.＝Pācitiiya 波逸提

　　Mv.＝Mahāvagga〈大品〉（標示章號與節號）

　　Cv.＝Cullavagga〈小品〉（標示章號與節號）

Sutta Piṭaka 經藏

　　D.＝Dīgha-nikāya《長部》（標示經號）

　　M.＝Majjhima-nikāya《中部》（標示經號）

　　S.＝Saṃyutta-nikāya《相應部》（標示章號與經號）

　　A.＝Anguttara-nikāya《增支部》（標示節號與經號）

Khuddaka-nikāya《小部》

　　Khp.＝Khuddaka-pāṭha《小誦》（標示經號）

　　Ud.＝Udāna《自說》（標示章號與經號）

　　Iti.＝Itivuttaka《如是語》（標示章號與經號）

　　Sn.＝Sutta-nipāta《經集》（標示偈頌號或經號）

　　Dh.＝Dhammapada《法句經》（標示偈頌號）

　　Thag.＝Theragāthā《長老偈》（標示偈頌號）

前言

　　本書由已故的髻智比丘所留下的遺稿整理後出版，他的生平簡歷可參閱本書摺口的「作者簡介」。本書的核心部分是由作者本人所作，連打字的部分也由他精心處理。不過，作者在「序文」上標註爲草稿。又，文中所提到的「附錄」在遺稿中則遍尋不得。本書的內容有一大半已以專欄的方式，出版在 *Buddha Jayanthi* 雙週刊上（可倫坡，1954-1956），唯其中部分的翻譯稍稍不同罷了。在這一版中，作者作了些修改，並增加相當篇幅的典籍資料，乃至納入不少非藏經的資料，同時他也爲本書的內容設計一個貼切且極富創意的格式。本書的編排方式將於「角色人物」部分中說明。

　　作者也嘗試對教義及名相方面作了些新的翻譯，不過其中五項編者以爲保留曾出現於 *Buddha Jayanthi* 雜誌，及其譯作《清淨道論》(*Visuddhimagga*) 之舊譯比較恰當。關於其中某些新譯，編者已於註腳處予以說明。正如作者在稿本上以手筆所標註的，某些新譯不能適用於一切處——這便是促使編者決定對該翻譯保留舊譯的原因。

向智長老

寫於隱居林

坎迪，錫蘭 1971年9月

寫在原文版第三版前

　　在髻智比丘經典之作《親近釋迦牟尼佛》第三版中，有些前後翻譯不一致的地方已作修正，同時在幾處譯文聲口處也作了些潤飾。另外，有幾個巴利語❶的佛學名相，過去作者曾將它譯爲英文，但因爲現今佛教文獻的讀者已對它相當熟悉，因此將之再轉爲巴利語。這些字包括「佛陀」(Buddha)（作者總譯之爲「覺者」(the Enlightened One)，有時爲了顯示其特殊效果，也使用此譯）；「達磨」(Dhamma)（作者譯之爲「法則」(Law)）；「僧伽」(Sangha)（作者譯之爲「團體」(Community)），以及「涅槃」(Nibbāna)（最初常譯爲「熄滅」(extinction)）。

　　所有的註釋都改用書後排列的形式（編按：爲方便讀者閱讀，中譯本將註釋皆移置於該章之末）。那些在括號中標示「向智」者表示是向智長老所加的註釋，若標示「菩提」者則表示是我本人所加，其餘的都是作者所作的註釋。

　　在這一版中也增添「參考資料一覽」（見頁421），它可幫助學習巴利經典的學生，迅速地找到在別處閱讀時所碰到的熟悉經典之出處。此目錄最早是由命智比丘(Bhikkhu Nāṇajivako)在幾年前所搜集，而今它已被擴展成一個可無限收容的目錄。

菩提比丘

編註

❶ 巴利語原來是古代印度社會中流行的一種大眾語言，相傳佛陀就是用這種語言對大眾說法傳教。流傳到斯里蘭卡的佛教經典就是用這種語言傳播的，一開始並無以文字書寫的經典，到大約公元前一世紀，當時斯里蘭卡的統治者無畏波陀伽摩尼王召集了僧眾在大寺勘定佛教三藏，用斯里蘭卡通行的僧伽羅文音譯巴利語書寫，這是最早的巴利語經典。公元5世紀，摩揭陀國三藏法師覺音來到斯里蘭卡，重新用僧伽羅文字整理編寫巴利文三藏，這就是現在流行的巴利語佛典的原型。後來，緬甸、暹羅、泰國等南傳佛教國也都以他們本國的字元音譯記錄巴利文三藏。現在世界上出現的各種語言文本的佛教經典主要來源於巴利文、漢文和藏文這三個系統的佛教典籍。

｜導論｜

在巴利文獻中遇見佛陀

在十八世紀末， 歐洲人對於佛陀及其教義了解之有限，可從吉朋（Gibbon）所著 《羅馬帝國衰亡史》（*Decline and Fall*）第64章的註腳中勾勒出來。這註腳寫道 ：「『一個稱作佛的偶像』 即是『印度的佛』。人們對祂的膜拜遍及印度、暹羅、西藏、中國與日本。可是對於這個具有神秘性人物的理解，仍是一團雲霧。我們亞洲學會將逐步藉著研究，以驅散這些雲霧。」

歷史文獻中的佛教

然而事實上，許多正確可靠的資料早已由東方傳入歐洲，只是一直未出版而被鎖藏在圖書館裡。例如，十八世紀前葉，耶穌會的傳教士菲里波‧德基德利(Filippo Desideri)[1]，從西藏帶回關於佛陀生平及其教義既詳盡又正確的記載，這份資料在之後的二百年間都未出版，其他的記載也面臨同樣的命運。

儘管十九世紀期間，有關的研究澄清了部分疑雲，不多久學者們又有了爭論，才剛確定的歷史上佛陀的特質，在學者論戰中又再次模糊，這樣的爭議也逐漸淡化了。到了十九世紀末，由文獻的評估與典籍的整理，可發現佛陀出現在歷史上的這一事實是確實無疑的。在這些文獻中（其數量相當龐大），巴利聖典（Pali Canon，通稱為「三藏」(Tipiṭaka)）被視為歷史最悠久的典籍——巴利藏經比梵文版的藏經年代稍為久遠，不過有些梵文學者並不同意此觀點。憑著這些資料，在吉朋之後一百多年，巴利

語學者戴維茲(T. W. Rhys Davids)這麼寫道：

當這些資料重新整理後，顯示出佛陀並非只留下幾句簡短雋永的話，讓弟子從中建立一個或一些自己的思想系統，事實是佛陀本身已詳盡地闡述了他的學理，但就根本教義來說，其中一部分的說明產生在開始弘化之後，乃至在他行化之前，就早有了縝密的思惟。

再者，在他漫長的教學生涯裡，佛陀已對弟子一再充分地重述他的教誡及整套思想體系，同時也檢核這些弟子對這整個思想體系的認知。最後，佛陀的大弟子也如佛陀般，熟知形而上最極微細的特性，且培養出當時印度苦行者所具備的出奇之記憶力。當以上這些事實在心中浮現時，我們可以合理地說：佛教經典本身的教義，比其他宗教後期的相應文獻，更值得信賴。

現在歐洲有關佛教史的文獻很豐富，佛教文學與教義的作品亦然。在佛教史學與佛教文學的領域裡，已有相當程度的共識，然而這樣的共識卻未顯現在教義的研究上。有許多各式的研究作出來，是為了要證明佛教教導「空無」或「恆有」；證明佛教是否定論者、實有論者、無神論者、有神論者或無一致性；佛教是改革的吠檀多學派 (Vedānta)②；是人性主義、悲觀主義、絕對主義、多元論、一元論；是哲學、宗教或道德體系等，幾乎是你要稱佛教是什麼，它便是什麼。雖然如此，蘇聯學者徹爾巴斯基 (Stcherbatsky)③在1920年代末所說的話，至今依然適用。他說：

從歐洲以科學方式研究佛學以來，已過了一百年，然而我們對此宗教及其哲學的根本教義的了解，仍處在黑暗中。沒有任何

宗教像佛教這樣，如此難以清楚明確地說明。

本書內容的來源

巴利三藏中，所有凡具有歷史史料及說法性質的典籍，都以文集的方式寫成。律藏包括僧眾戒律與制戒的因緣，有些因緣的說明還蠻長的。經藏裡的開示依不同的標目分類而成，但都無關歷史（為歷史的緣故而留下歷史，在印度從未引起太大的興趣）。因此，要按著年譜的方式來說明佛陀的一生，則必須將分散在律藏和經藏裡的資料拼湊起來才行。

在三藏的典籍裡，確實含括了佛陀的完整形象，對照後來詞藻華麗的書所勾勒的佛陀，更加顯得樸實（例如，梵文版的普曜經(*Lalita Vistara*)啟發了阿諾德(Sir Edwin Arnold)④寫了《亞洲之光》(*Light of Asia*)，或針對覺音尊者(Buddhaghosa)《本生經註》所作，而少為人知的巴利文獻中佛陀本生故事的介紹）。若將三藏典籍與後期的書籍相互比照，三藏典籍對佛陀在開悟前的說明，其文詞之簡鍊與傳神猶如一支利劍、一盞燭光或一根未經雕琢的象牙。

在編輯本書時，所有關於佛陀從最後降生人間到覺悟後的第二年，以及他在世最後一年的資料（《佛種姓經》(*Buddhavamsa*)除外），都擷錄自藏經，事實上，巴利三藏本身所提供的年譜說明也僅止於此。凡由巴利三藏找出的年譜文獻，一律優先採用。

接下來，最有可信度的巴利文獻來源（有多可信呢？其實很難？）就是覺音尊者的註釋（西元六世紀），按次序地放入很多的經典故事，直到佛陀覺悟之後的第二十年，並加入些細節，包括提婆達多的故事。那些註釋中，也加上許多非經典上的小插曲，

我們在此就不提這些插曲了。

最後還有一份緬甸的研究著作——《花蔓莊嚴事》（*Mālālankāravatthu*，也許是在十五世紀，由畢甘德特主教 (Bishop Bigandet)譯成英文，書名為《緬甸佛陀的故事》(*The Story of the Burmese Buddha*)），這本書記載了更多經典上事件的日期，但它可能完全沒有歷史上的認可，而需要藉其他的參考才能採用。

以上這些就是這本書內容事件安排的三個來源，它們本身都包含在三藏裡。其他經典上的特殊事件，雖不知其確定的年代，也收集在本書裡，且穿插在各處。有一、兩件插曲，如著名的頻婆娑羅王和波斯匿王的死亡，這些事件僅在註釋中被提到（且清楚地指出其來源），因為它們可使一些特定的情節更完美，所以也被收錄在本書中。

編輯這本書的主要目的，是打算要概括所有重要的事件，完整地報導到佛陀覺悟後的第二十年，以及佛陀在世的最後一年。第九章和第十章是不可缺少的插曲。第十一章則是在描述佛陀的人格特質，但佛陀的「人格特質」就是佛教教義中的主要中心主題，所以第十二章〈教義〉就必然地藉由它來表示。在第十二章中，教義的主旨已依照佛陀教示的次第概略地結集在一起。

這本書中並不企圖去做任何的詮釋（參閱下文，在「翻譯」這一段），而是寧可將這些題材連結在一起，以此方式幫助讀者自己去了解。一套刻板的詮釋，有可能落入一種形而上邪見的危險，對此佛陀已有很詳盡的描述。假如認為第十二章很艱澀，就讓給孤獨長者（Anāthapindika，見第六章）臨終所說的話，來為收錄它們作答辯。至於那些認為第十二章不合口味的人，那麼可以不用讀它，或不必全部閱讀。

聖典語言——巴利語

巴利語（其文獻相當龐大）是一種語言，全部存留給一個主題——佛陀的教導。它不同於佛教的梵文與教會的拉丁文的這個事實，使得它具有特別的明確性，在歐洲中找不到與之對等的語言。它屬於印歐語系的一支，與梵文有緊密的關連，雖然其風味不同。

在經典中的風格有一種精簡純樸之味，夾著豐富的俚語，這使它成為一個非常優美的工具，很難透過翻譯達到相同的意境。這是主要的問題；不過還有另一個問題，那就是幾個段落、句子或片語一字不差地重複的特色，這現象一再地反覆出現。這個特點可能因為是在最開始時，這些「經典」是用來背誦的（在歐洲，我們習慣在音樂廳的交響樂中聽到正式的重複展現，在詩中也有一些反覆的句子，但在散文上重複，我們就會感到怪異了）。對於不習慣它的讀者來說，在巴利語中廣泛出現的這般重複，展現於印刷品上就似乎不對味了。因此，這些重複在翻譯時大部分都以不同的手法省略，不過其原來的說法形式總被小心地保留下來，此形式乃佛陀說法最令人注目的特色之一。

不過，仍有些重複被保留下來，以發揮其「熟能生巧」的特殊效用。這類的重複，在巴利語裡一字不漏，在英文中也是如此。翻譯時有兩個主要的目標——文字上的轉譯和口語上的轉譯，這兩個目標很難同時兼顧。任何的翻譯都將原作變了調，不過在翻譯專有名詞時，費了很大的工夫以維持其前後的一致性（避免「優美的變化詞」(elegant variation)）。秉持最大的用心，以及抱著協助檢視在經典之中，適合於研究存在論與認識論的英文資料是否一貫性的觀點，來選擇英文的同義辭（它似乎並非出

自偶然）。

　　註釋書有些地方對某些字的定義與巴利佛典學會(Pali Text Society)出版的字典相互矛盾，在幾經推敲後，選擇往往落於前者，最重要的那些討論可見於註腳處。

　　若能遵守以下一些簡單的原則，巴利語辭彙與名字的發音相當容易：a 的發音如 countryman 的 a；ā 如 father 的a；e 如 whey 的 e；i 如chip的 i；ī 如 machine 的 i；u 如 put 的 u；ū 如 rude 的 u；g 如 girl 的 g（總是如此）；c 如 church 的 ch（總是如此）；j 如 judge 的 j（總是如此）；ñ 如 onion 的 nion；唸 t、ḍ、ṇ、ḷ 時將舌頭抵在上腭，唸t、d、n、l時將舌頭碰到上齒；ṃ 如 sing 的 ing；碰到h，一定要分開唸，譬如在 which house 中的 ch，在 hot-house 中的 th，在 upholstery 中的 ph 等。雙子音時，一律如義大利語般分開唸，譬如 dd 如mad dog（而非如madder中的dd之唸法），gg 如 big gun（而非 bigger 中的 gg 之唸法）等；其他所有都與英文相同。凡是碰到 o 與 e 時，總是唸重音，譬如 Pasenadi of Kosala，否則重音一律落在長母音 ā、ī、ū 或雙子音或在 ṃ 上，甚至連續時亦然。

　　最後，提一句關於編輯形式的話，這種「廣播劇本」的格式（並非為了去廣播）是由材料本身所提示，據說它們本來就是口語式的。律藏本身顯示出「不同的人物」（參閱本書第十六章及在第一章之前的「人物角色」表），他們在結集會上重誦聖教。兩位「敘述者」儼然是同事，不同於其他角色所要說的，「敘述者」的部分刻意地讓它在格式上保持平淡，同時亦將其長度保持在最短。

　　　　　　　　　　　　　　　　　　　髻智比丘

譯註

① 此位耶穌會的傳教士應為伊波里托・德基德利（Ippolito Desideri, 1684-1733）。
菲里波・德・菲利比（Filippo de Filippi）於1932年出版《西藏的報告》（An Account of Tibet），宣揚德基德利的事蹟，作者可能將兩者混淆了。德基德利是義大利人，住於西藏十七年，是世界上最早的西藏學者。1716年，他把基督教的綱要寫成西藏語，1717年藏王允許他進入小昭寺，是最早進入西藏僧團的白人，且最先將宗喀巴的《菩提道次第論》譯成義大利文。

② 印度六派正統哲學體系之一，是構成大多數現代印度教派別的基礎，其哲學思想來源於《奧義書》。

③ 徹爾巴斯基（1866-1942），是著名的印度學和佛教學專家，又是印度哲學和藏學文獻的權威，他的佛學著作多以梵文及藏文原典為基礎，並附有詳細的註釋。他校訂過《現觀莊嚴論》八千頌及藏文本《俱舍論》（單品），作品中以《佛教邏輯》（Buddhist Logic）最為著稱。

④ 阿諾德（1832-1904），英國詩人和學者，以史詩《亞洲之光》（The Light of Asia, 1879）聞名。該詩以優美抒情的文字稱頌佛陀的一生。因詞藻優美，極受時人歡迎，被譯成十多國語文，許多讀者因而信仰佛教。

印度中部與東部地圖

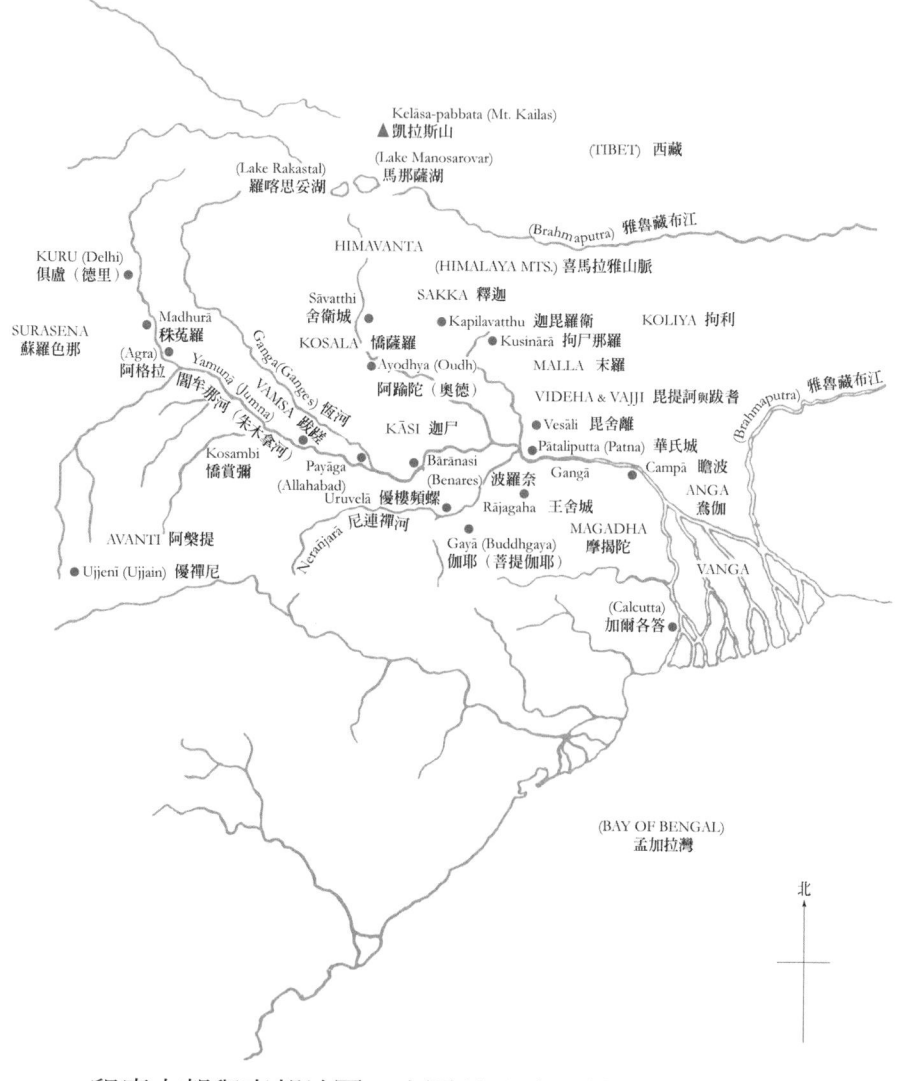

Keläsa-pabbata (Mt. Kailas)
▲凱拉斯山

(Lake Rakastal)
羅咯思愛湖

(Lake Manosarovar)
馬那薩湖

(TIBET) 西藏

(Brahmaputra) 雅魯藏布江

KURU (Delhi)
俱盧（德里）

HIMAVANTA

(HIMALAYA MTS.) 喜馬拉雅山脈

SURASENA
蘇羅色那

Madhurä
秣兔羅

Sävatthi
舍衛城

SAKKA 釋迦

KOLIYA 拘利

(Agra)
阿格拉

Yamunā (Jumna)
閻牟那河（朱木拿河）

Gangä (Ganges) 恆河

KOSALA
憍薩羅

Kapilavatthu
迦毗羅衛

Kusinārā
拘尸那羅

MALLA 末羅

雅魯藏布江
(Brahmaputra)

VAMSA

Ayodhya (Oudh)
阿踰陀（奧德）

VIDEHA & VAJJI
毗提訶與跋耆

KĀSI 迦尸

Vesāli 毗舍離

Kosambi
憍賞彌

Payāga
(Allahabad)

Bārānasi
(Benares)
波羅奈

Pātaliputta (Patna)
華氏城

Campā 瞻波

Uruvelā 優樓頻螺

Neranjarā 尼連禪河

Gangā

Rājagaha
王舍城

ANGA
鴦伽

AVANTI 阿槃提

Gayä (Buddhgaya)
伽耶（菩提伽耶）

MAGADHA
摩揭陀

VANGA

Ujjeni (Ujjain) 優禪尼

(Calcutta)
加爾各答

(BAY OF BENGAL)
孟加拉灣

北

印度中部與東部地圖。本圖所示為巴利三藏中所提及的主要
地點，括號內的為現代名稱。（來源：Cambridge History of India. Vol
1 Map 5, T.W. Rhys Davids, Buddhist India）

人物角色

敘述者：為現時代的一位註釋者或其同事，負責介紹其他人。他具備一般性的常識，對論及的事件秉持旁觀者客觀的態度來說明。

註釋者：為一位註釋者，負責提供歷史或有關中古時期巴利語論著的傳統資料（主要是第五世紀覺音長老所著）。他的作用是提供最基本的訊息，以達到澄清歷史的作用，他偶爾也會將藏經的記載作摘要性的簡報。

阿難長老：即角色一，他是佛陀的弟子與侍者，也是佛陀滅度三個月後，在王舍城舉行的第一次結集會上，背誦經典（或經藏）的人。

優婆離長老：即角色二，他是佛陀的弟子，也是第一次結集會上背誦戒律（或律藏）的人。

敘事比丘：即角色三，這位背誦者所敘述的事情，實際上發生於第一次結集期間與結集之後。他僅出現於第十六章，也代表出席佛滅度一百年後所舉辦的第二次結集。

唱誦者：聖典中某些偈頌的朗誦者。這些短詩或讚美詩形式的偈頌，未被阿難尊者以傳統「如是我聞」的方式介紹出來，也未收錄於律藏中。

第一章

誕生與早年

引言

　　不同於其他的傳記，本書對佛陀生平的記述完全取材於巴利三藏，而記述的形式又大多是藏經中的原文。從本章中，我們可讀到佛陀親口所述的生平故事，也可看到其中某些情節在阿難複誦後，佛陀親自予以印證與補充。這些特點不但增強了故事的可靠性，也排除了採納後人所增補事跡的任何可能。例如作者髻智比丘透過「敘述者」的身分在本章中指出，三藏中對佛陀早年的記載寥寥無幾，不外乎身為王子時對老、病、死的省思，以及在閻浮樹下觀父王耕田兩件事。此外，作者還在本章中簡略地提供了佛陀出生時的歷史背景，以及佛經實為印度首部歷史文獻，這些都是值得注意的事實。

　　本章中引用《中部》與《長部》經文。在這些經文中，阿難尊者記錄他在佛陀與眾比丘面前複述佛陀所講的出生故事。其中包括佛陀前生住於兜率天，來人間投胎與降生時的種種瑞相，以及剛出生時向東、西、南、北各方蹤七步，又口出豪語的著名故事。而阿私陀仙人到釋迦村印證佛身的情節，為佛陀的出世提供了第三者觀察的角度。本章中也談到佛陀身為王子，養尊處優之中卻能對老、病、死作出反思的早年故事，為佛陀放棄王位而出家的後話埋下伏筆。[1]

敘述者：印度的歷史事實上是從釋迦牟尼佛的生平故事開始的，更準確地說，對佛陀的記載是印度歷史從史料取代考古與傳說的起點。因爲佛陀的一生與其教法的文獻——印度最早符合歷史的文獻——揭示一個高度發展與穩定的文明社會，它肯定是經過很長的時期才醞釀成熟。佛陀證得無上正覺的優樓頻螺村（Uruvelā）位於恆河平原，這地方在當時稱爲「中國」（Middle Country）。按照印度人對距離的判斷，此處距聖城波羅奈（Benares）②不遠。佛陀爲了獲得無上正覺前後奮鬥了六年，到三十五歲才完成目標。在那之後的四十五年裡，佛陀在中印度行腳，從一地走到另外一地，不斷地傳播他所發現的眞理——四聖諦。佛陀最後的大般涅槃，根據近代歐洲學者的計算，發生在西元前四八三年（傳統上說是在五月的月圓日）。佛陀在世的那段歲月，世道太平，政府組織嚴密，社會穩定，與前後的年代形成鮮明的對比。

註釋者：佛陀涅槃三個月之後，他的資深弟子召集了一個由五百位比丘組成的會議，以決定如何把大師的教法傳留給後代。這五百位比丘都是證悟者，其中優婆離（Upāli）長老被公認是僧伽戒法方面的權威，這些戒法合稱爲「毗奈耶」（Vinaya，律）。他在家時是位理髮師，與佛陀的堂弟阿難及其他人一同出家，他被指派在結集大會中背誦戒律與制戒因緣。律藏的主要部分即是由優婆離的背誦所集成。

當他誦完之後，阿難長老受邀背誦經教。佛陀在世的最後二十四年裡，阿難一直是佛陀的侍者。他稟賦超凡的記憶力，經教的主要部分——經藏的大部分，即根據阿難的背誦而集成。優婆離長老在背誦中總以「那時」開頭，阿難長老則是在每部經前以

「如是我聞」（我聽到佛陀這樣說）開頭，並加上地點與在場的人物。

敘述者：佛陀的生平取材於上述的律藏與經藏。至於它們是如何保存下來的，我們在後文另述，在此先說明佛陀的最後一生。這個說明是佛陀親口所述，後由阿難長老在大會中誦出。這些實際上是以佛陀的母語，亦即現今所謂的巴利語所誦出。

菩薩的入胎與出胎

阿難：如是我聞。一時，世尊❶住在舍衛城祇樹給孤獨園。一群比丘❷乞食歸來，食畢聚在一堂。那時，有比丘說：「善哉！朋友們，這是多麼不可思議啊！如來的大威神力，使他知道那些滅盡煩惱、斷除戲論、破除輪迴、結束生死、超越一切苦的過去諸佛，知道諸世尊是如是生、如是名、如是姓，有如是戒、如是定、如是慧，為如是住者，是如是解脫者。」

這話音剛落，阿難尊者就對這些比丘說：「朋友們！諸如來是稀有的，他們具稀有的特質。諸如來是不可思議的，他們具不可思議的特質。」

此話尚未講完就中斷了，原來此時天色已晚，世尊結束靜坐，起座走到集會堂，入座後向眾比丘問道：「比丘們！你們在一起談論些什麼？你們有什麼話還未談完？」

在複述了比丘們與阿難尊者的話題後，眾比丘又補充說：「世尊！這就是世尊來時，我們正在談論而未談完的話。」世尊聽完後轉身對阿難尊者說：「既然如此，阿難！你就更詳細說明如來稀有與不可思議的特質吧！」

「我從世尊口中親聞：菩薩③有正念、正知，出生在兜率天❸。我牢記這是世尊稀有與不可思議的特質。

「我從世尊口中親聞：菩薩有正念、正知，住在兜率天。

「菩薩在那整期生命裡，始終住在兜率天。

「菩薩有正念、正知，從兜率天去世後，投入母胎。

「當菩薩從兜率天去世，下生人間投入母胎時，世間出現一道無量廣大的光，其光明勝過世間諸天人、天子、魔、梵天、沙門、婆羅門，乃至國王與臣民❹的身光。甚至在邊地的空曠、幽隱與黑暗處，日月之光照所不能及之處，也出現了一道無量廣大的光，其光明勝過諸天，生於該處的眾生，因這道光而能見到彼此，他們心想：『似乎有其他的眾生來生於此！』此時一萬個世界動搖、震動、顫動，在那些世界裡也出現了無量廣大的光，其光明勝過諸天。

「當菩薩下生住於母胎時，有四位天人出現，從四個方向守護他，以確保沒有人、非人或其他眾生傷害他或其母親。

「當菩薩下生住於母胎時，其母的本性變得純淨，自然而然地不殺生、不偷盜、不邪淫、不妄語、不飲酒或不喝任何發酵過的飲料。

「當菩薩下生住於母胎時，其母未以與五種妙欲相應之心思念過男子，同時，任何有欲念的男子也無法接近她。

「當菩薩下生住於母胎時，其母一時擁有五種妙欲，這些妙欲伴隨、滋養著她，使她安然地住在其中。

「當菩薩下生住於母胎時，其母不起任何煩惱：身體無疲倦而喜悅；能清楚地看到在胎裡的菩薩，四肢具足，諸根無缺。猶如由藍色、黃色、紅色、白色與褐色絲線結成的綵線，所串起的一塊最純淨的、善磨成八面的綠寶石。明眼人能把它拿在手裡觀

察：這是一塊最純淨的、善磨成八面的綠寶石，由一條藍色、黃色、紅色、白色與褐色結成的綵線所串起。

「當菩薩出生七天之後，其母便去世了，並轉生於兜率天。

「一般婦女懷孕九到十個月才生產，但菩薩之母不然，她懷孕的時間整整十個月才生下他。

「一般婦女坐著或躺著生產，但菩薩之母不然，她是站著生下他的。

「當菩薩出胎時，先是天人接住他，然後才是人們接住他。

「當菩薩出胎時，他並未碰到地面。四位天人接住他，然後才將他放在其母前，說道：『慶祝吧！王后，你生下一個具有大威力的兒子。』

「當菩薩出胎時，猶如一塊寶石放在波羅奈城來的絹布上，寶石不會玷污絹布，絹布也不會玷污寶石。為什麼不會呢？因為兩者都是清淨的。同樣地，菩薩出胎時是無染的，身體不被（胎）水、體液、血液，或任何不淨之物玷污，是無垢與無染的。

「當菩薩出胎時，有冷、暖兩股水從天空傾注而下，灌沐菩薩及其母。

「菩薩一出生，就穩穩地站到地上；之後，他朝北走了七步，在白色傘蓋遮護下，接著觀察每個方向，發出眾生導師之聲而說：『我是世界之首者，我是世界之勝者，我是世界之長者，這是最後之生，於未來世不再受生。』

「當菩薩出胎時，世間出現一道無量廣大的光，其光明勝過世間諸天人、天子、魔、梵天、沙門、婆羅門，乃至國王與臣民的身光。甚至在邊地的空曠、幽隱與黑暗處，日月之光照所不能及之處，也出現了一道無量廣大的光，其光明勝過諸天，生於該處的眾生，因這道光而能見到彼此，他們心想：『似乎有其他的

眾生來生於此！』此時一萬個世界動搖、震動、顫動，在那些世界裡也出現了無量廣大的光，其光明勝過諸天。

「以上所述皆是我從世尊口中親聞，我牢記這是世尊稀有與不可思議的特質。」

「誠如所言，阿難！要牢記如來稀有與不可思議的特質，還包括：如來了知樂受、苦受與不苦不樂受生起，了知它們持續存在，了知它們滅去。如來了知認知生起，了知它們持續存在，了知它們滅去。如來了知念頭生起，了知它們持續存在，了知它們滅去。」

「世尊！我也會牢記如來稀有與不可思議的特質。」

這些話是阿難尊者所說，為佛陀所印可。比丘們聽了阿難尊者的這席話，都心滿意足，皆大歡喜。（M. 123；參見 D. 14）

阿私陀仙人的預言

敘述者：有首詩歌記載了一位婆羅門仙人（梵天或婆羅門的預言家）所預言，即將發生的覺悟一事。

唱誦者：

阿私陀（Asita）晝間禪修，見三十三天④眾神，

穿著華麗揮旗幡，神情愉快且興奮，

對帝釋（Sakka）狂熱歡呼。見諸天喜悅踴躍，

先人恭敬問因由：「眾天何故極喜悅？

何故取旗作揮舞？即令諸天戰修羅，

諸天戰勝修羅敗，也無如此之慶典。

見諸天歌唱、歡呼，手足舞蹈奏天樂。

是何不可思議事，令其聞後甚喜悅？
住須彌山之天神，請汝爲我速解疑。」

「藍毗尼城釋迦村，無價珍寶之菩薩，
利益安樂生人間，我等滿足極欣悅。
彼是眾生最高者，眾生導師人中尊，
仙人林中轉法輪，獸中之王獅子吼。」

聞諸天語仙人急，動身至淨飯王⑤宮，
坐問：「男孩在何處？」彼請求釋迦族人：
「我今欲見此男孩。」

釋迦族人允所請，示男孩於阿私陀。
見其膚色極純淨，鍛鍊輝耀如黃金，
猶如火燄般明亮，行空明月般皎潔，
無雲秋陽般曜目，阿私陀心生歡喜。
諸天於空中護持，於頂撐千輪華蓋，
金柄拂塵勤揮動，不見持拂傘蓋人。

螺髻「黑妙」（KaNhasiri）❺見彼已，如金寶石置錦緞，
頭上高懸白傘蓋，踴躍欣喜抱太子。
接過釋迦族王子，仙人熟練驗相好，
信心堅定發讚嘆：「人中至高無上者。」
隨念自己將終時，悲痛之淚盈眼眶。
釋迦族人見其泣：「莫非王子有災難？」
仙人告慰釋迦族：「我測王子無傷害，

也無危難等待彼，彼實非平庸之輩，
將獲最高真實智，無染清淨見道者，
慈悲眾生轉法輪，彼之梵行⑥廣宣揚。
然我今生命將盡，在此之前將死去，
不聞大雄說正法，令我悲傷且沮喪。」

釋迦族人大歡樂，仙人離宮修梵行，
出於慈悲尋外甥，告其大雄得正法。

「當汝知其已覺悟，依所覺正法而活，
爾時當往去求教，與世尊同修梵行。」

預見王子得清淨，仙人饒益來預示，
多積功德那羅迦（Nālaka），守護六根望勝者。

聽聞勝者轉法輪，那羅迦即尋勝者，
彼往見眾聖之最，一見即生信樂心。
遵循阿私陀之囑，請問圓滿之聖者，
無上的寂靜之道。（Sn. 3:11）

釋迦王子對老、病、死的思惟

敘述者：雖然後來的文獻提供了許多佛陀早年的生活細節，但在三藏裡卻少有提及。事實上，三藏裡僅提到二件事，一件是根據註釋書的記載，佛陀回憶當年他父親在春耕季節開始時主持王耕典禮，他在閻浮樹下打坐的情景（我們後面會談及此事）；

另一件事是關於「三個思惟」的說明，也就是過去毗婆尸佛（Buddha Vipassī）對於三個「報信者」（老、病、死）所作的思惟。(D. 14)

　　阿難：我很嬌貴，非常地嬌貴，極爲嬌貴⑥。在父王的宮殿裡，蓮花池特地爲我而設。一處植青蓮花，一處植白蓮花，一處植紅蓮花。我絕不用非波羅奈城的旃檀香，頭巾、袍子、下裙與外衣全是由波羅奈城的布所裁製。爲確保我不受冷、熱、塵、砂或露水的侵擾，一頂白傘蓋不分晝夜地舉在我的頭頂上。

　　我有三個宮殿；一個供冬季使用，一個供夏季，另一個則供雨季之用。在雨季的宮殿裡，有清一色的女性爲我歌舞作樂。在這四個月裡，我從來不下樓到別的殿去。一般家庭的僕人與家臣吃的是碎米配豆子湯，在我父王的宮殿裡，他們吃的是白米與肉。

　　雖然我有這般勢力與福報，我仍然想到：「一個未受教的普通人，終會衰老，無法避免衰老，當看到其他人衰老時，他感到震驚、羞恥與厭惡。因爲他忘了自己同樣也會衰老，無法避免衰老。而我有一天也會衰老，避免不了衰老，所以在看到其他人衰老時，我不應感到震驚、羞恥與厭惡。」當我如此思惟時，就徹底地祛除了青春所帶給我的憍逸。

　　我想到：「一個未受教的普通人，終會生病，無法避免生病，當看到其他人生病時，他感到震驚、羞恥與厭惡。因爲他忘了自己同樣也會生病，無法避免生病。而我有一天也會生病，無法避免生病，所以在看到其他人生病時，我不應感到震驚、羞恥與厭惡。」當我如此思惟時，就徹底地祛除了健康所帶給我的憍逸。

　　我想到：「一個未受教的普通人，終會死亡，無法避免死

亡，當看到其他人死亡時，他感到震驚、羞恥與厭惡。因為他忘了自己同樣也會死亡，無法避免死亡。而我有一天也會死亡，無法避免死亡，所以在看到其他人死亡時，我不應感到震驚、羞恥與厭惡。」當我如此思惟時，就徹底地袪除了活著所帶給我的憍逸。（A. 3:38）

原註

❶ bhagavant（婆伽梵）在此譯為Blessed One（世尊），它並非此字的唯一含意，若依字義全譯是不可能的。覺音尊者的《清淨道論》（第七品）中列有許多不同的解釋。

❷ bhikkhu（比丘）一詞為音譯，依字源學，此字源於bhikkhā（施食）。另有一更早語意學的衍生意，指的是「怖畏生死輪轉的人」，即「見怖畏者」。比丘是僧團的正式成員，但他的加入完全不牽涉任何不可棄捨的誓願。

❸ 按印度當時的宇宙觀，天有好多層。為人周知的是六欲天，在此所有感官的喜樂都很美妙殊勝。在六欲天之上有十二個梵天（高等的天），在此處的眾生已淨化現在的貪欲，然而其未來的潛在力並未淨化，在此處（根據註釋書）眾生的色身很微妙，因他們沒有嗅覺、味覺、觸覺等三種感覺與淫欲，得到四種禪定的人才能有這樣的境界。在此之上（可說是更第四禪的精妙化）有四個「無色」的無盡狀態——空無邊處、識無邊處、無所有處、非想非非想處，在此處超越了所有物質的認知及其差別。投生到天界都是無常的，死後仍會再生，除非得證不生的涅槃。

❹ 依據註釋書，sadevamanussānam一詞應譯為「天子與人民」，在此譯為「國王與臣民」是情境所需。deva意指「天」，一般對國王的稱呼是「天子」。

❺ Kanhasiri意指「黑莊嚴」。

❻ 這種情形在別處說到是每尊佛最後一生共同的遭遇（D. 14），但在三藏中，老人、病人、死人與沙門等四個報信者的故事，只提到毗婆尸佛（D. 14），而非釋迦牟尼佛。後來的文獻，也將這故事歸於釋迦牟尼佛。

譯註

① 本書中每章「引言」，皆由譯者所加。
② 波羅奈又名「鹿野苑」或「仙人園」，為佛陀初轉法輪的地點，位於恆河岸，是印度的古城。
③ 指未成佛前的釋迦牟尼佛。
④ 三十三天：傳說古時有三十三位為他人福祉而奉獻生命的善男子，死後投生於天界，成為該界的大王（帝釋天王）與三十二小王，所以稱該界為「三十三天」。
⑤ 淨飯王即是佛陀的父親。
⑥ 梵行是指清淨行，尤指離淫欲之行。

第二章

覺悟前的精進

引 言

　　這一章記述了佛陀從出家到成道的艱苦歷程。這些故事說明，即使是佛陀，成道的過程也不是一帆風順的。最終的覺悟唯以堅毅的決心，不斷的精進之後才可能達到。而佛陀本人的歷程，為人類追求真理樹立了歷史上無人超越的榜樣。

　　特別令人感動的是，佛陀嘗試苦行所表現出的毅力，甚至把自己摧殘到骨瘦如柴的地步。佛陀在那時的形象，後來以繪畫和雕塑的形式在佛教藝術中有許多的呈現，成為激勵人們修行的源泉。在本章裡，讀者也可找到佛陀在尼連禪河畔識破魔軍一事的原貌，同時也可看到佛陀成道所覺悟的內容。

敘述者：在三藏經典中，對佛陀出家的記載，其樸實的程度令人驚訝。一如佛陀的誕生及早年的記載那樣，完全沒有後期記述中所呈現的詳盡細節。下面的記述，便是擷取自佛陀為不同的人所做的幾個開示。

遠離欲樂，追求解脫

阿難：在我覺悟之前，當還是個未覺悟的菩薩時，我自身受制於生、老、病、死、憂傷與煩惱，我所追逐的一切也受制於這些事物。我後來想：「為何自己受制於生、老、病、死、憂傷與煩惱，卻還要去追逐受制於這些的事物呢？若我自己受制於這些事物，現在看到它們的過患，我應當去追求不生、不老、不病、不死、無憂、無惱的最上解脫——涅槃。」（M. 26）

在我覺悟之前，當還是個未覺悟的菩薩時，我想：「在家的生活雜亂、不潔；出家的生活寬廣無羈。在家要修如光輝真珠般圓滿清淨的梵行，談何容易？我何不剃除鬚髮，著袈裟，出家而過無家的生活呢？」（M. 36, 100）

後來，當我仍年輕，有著一頭黑髮，充滿青春氣息，剛剛步入人生的第一階段時，於父母不贊成，並為此而悲傷流淚之中，我剃除鬚髮，著袈裟，出家而過無家的生活。（M. 26, 36, 85, 100）

頻婆娑羅王的訪談

唱誦者：
我述世尊之出家，明眼者如何出家，
如何應他之質問，出家之因如何答。

在家生活多雜鬧，充滿塵勞之氣息；
出家生活廣無羈，明白於此擇出家。
出家之後依我身，斷絕一切身惡行，
杜絕諸語言之過，以過潔淨之生活。
成道前在摩揭陀，山圍之國王舍城，
帶著圓滿之相貌，行於城中而乞食。
頻婆娑羅坐宮殿，見彼行過宮殿前，
一見彼具微妙相，便呼諸臣同來觀：
「汝等注意此尊者，容咨俊美多威儀，
　行止清淨與完美，雙眼垂視且專注，
　眼光只見一犁遠。彼之出身非貧賤，
　我遣御使隨其後，視其將往何處行。」
　御使接令即出發，緊隨世尊身後行。
「比丘今欲往何處，彼之住處何處尋？
　家家次第續乞食，謹慎守護諸根門，
　保持正知與正念，不過多時鉢已滿。
　次第乞食已結束，聖者啟程離王城，
　一直前往槃荼婆（Pandava）：彼必住於此山麓。」

世尊今回己住處，然後諸使近前去。
其中一使回王城，回答國王之詢問：
「大王若問此比丘，如虎如牛如獅子，
　獨自正身而端坐，槃荼婆東山窟中。」

剎帝利王聽此言，傳喚御車疾出城，
來至槃荼婆山麓，車道盡頭下車行，

步步行近比丘前，詣彼聖者坐其處。

國王坐下心歡喜，與彼寒暄相問候，

寒暄語畢王致意，國王如是述來意：

「汝尙年輕且年少，青年人生第一期，

具大丈夫好相貌，出身如正刹帝利。

適合率一流軍隊，適合領象軍戰鬥，

請受我與汝財富，告知我汝之出身。」

「彼爲繁榮之國家，位於雪山之山麓，

居民爲憍薩羅人（Kosalans），部族依太陽命名①，

我之家族爲釋迦，出家不爲求欲樂。

已見欲樂之過患，已見出離得安穩，

出家努力勤精進，此是我心之所欲。」（Sn. 3:1）

拜師修苦行，未得解脫

阿難：現在我出家過無家的生活，爲追求最善的❶——追求無上寂靜的最高境界。所以，我去找阿羅邏迦羅摩（Āḷāra Kālāma），對他說：「吾友，迦羅摩！我想以此法與律而修梵行。」

當我說完後，阿羅邏迦羅摩告訴我：「尊者！你可以住下來。在此的教法，無須很長的時間，智者便透過證智，而獲得、安住、證知此教法，那就是他老師所了知的一切。」

我很快學習完那些教法，我可以聲言，就僅僅以嘴唇複述，以及背誦他的教法而論，我能以智與信心來述說。而且我知道也

見到，除了我之外，還有其他人也可以做到如此。

我思惟：「阿羅邏迦羅摩並非單憑信心而宣說教法，因為他透過證智，而獲得、安住、證知此教法。可以肯定地說，他透過親身的知與見安而住於此教法中。」

我於是去見阿羅邏迦羅摩，對他說：「吾友，迦羅摩！你自稱透過證智，而獲得、證知此教法，是到何種程度？」

此話說完，他聲稱所達到的是無所有處。我於是想到：「並非唯有阿羅邏迦羅摩具足信、精進、念、定、慧五根，我自己也具足。假如我也努力，去證知他透過證智而獲得、安住、證知的教法，結果會如何呢？」

我很快就成功地做到這一點，於是去見阿羅邏迦羅摩，對他說：「吾友，迦羅摩！你自稱透過證智，而獲得、安住、證知此教法，就是這個程度嗎？」他告訴我的確如此。

「吾友！我透過證智，而獲得、安住、證知此教法，也是這個程度。」

「我們是有福的，朋友！在梵行的生活裡，我們值遇如此尊貴的同行者，實在真是幸運。我宣說透過證智而獲得、證知的教法，你也透過證智而獲得、安住與證知它。再者，你透過證智而獲得、安住、證知的教法，正是我宣說透過證智而獲得、證知的教法。所以，你了知的教法，我也了知；我了知的教法，你也了知。我是如此，你也是如此；你是如此，我也是如此。來！朋友，讓我們共同領導這個團體吧！」之後，我的老師阿羅邏迦羅摩，就把我這個學生擺在與他同等的地位，給予我最高的崇敬。

我想：「這一教法無法把人導向離欲、離貪、滅盡、寂靜、證智、覺悟與涅槃，而僅僅導向無所有處。」我不滿意這教法，於是離開它而繼續自己的探索。

為追求最善的——追求無上寂靜的最高境界，我找到鬱陀迦羅摩子（Uddaka Rāmaputta），對他說：「朋友！我想以此法與律而修梵行。」（M. 26, 36, 85, 100）

敘述者：佛陀在鬱陀迦羅摩子指導下的修行經歷，與前述相同，除了成就較高的定——非想亦非非想處定，以及鬱陀迦羅摩子讓他獨挑該團體的領導之責，但最終的結果還是一樣的。

住於密林，不怖不驚

阿難：我想：「這一教法無法把人導向離欲、離貪、滅盡、寂靜、證智、覺悟與涅槃，而僅僅導向非想非非想處定。」我不滿意這教法，於是離開它而繼續自己的探索。

「為追求最善的——追求無上寂靜的最高境界，我行腳遊化於摩揭陀國，最後抵達優樓頻螺村附近的將軍村（Senānigama）。在那裡，我看到一片令人愉悅、喜愛的大地與樹林，一條有著舒適平滑河岸的清澈河流，附近還有一個村落可作為乞食的據點。我想：「對一個想要精進的人而言，這是個適合精進的好地方。」（M. 26, 36, 85, 100）

在我覺悟之前，當還是個未覺悟的菩薩時，我想：「住在偏遠的密林中令人難以忍受，遠離又很難實現，獨處令人感到不樂。有人會想，比丘若無定力，在那樣的密林中修行肯定會發瘋。」

我想：「假如一個沙門或婆羅門身、語、意不清淨，在謀生當中貪圖他人所有，耽染感官的享樂，被瞋恨吞沒，被昏沉纏繞，內心掉舉，多疑不信，自讚毀他，戰慄畏縮，貪求利養名

聞，懈怠不精進，失念不正知，無有定力，內心困惑，愚鈍闇昧
——像這樣的沙門或婆羅門，若住於偏遠的密林中，由於自身的
那些染污，便會招致不善❷的怖畏與驚懼。但我住於偏遠的密林
時，並非那樣的人。我沒有任何上述的染污，聖者解脫了那些染
污，我是住於偏遠密林的聖者之一。」看到自己解脫了那些染
污，住在森林中的我感到十分自在。

　　我想：「在每月十四、十五、初八日等特殊神聖之日的夜
晚，若我那時刻意到令人怖畏之處過夜，例如去菓神廟、林神
廟、樹神廟等令人毛髮直豎之處，或許我會碰到那種怖畏與驚
懼？」

　　之後，在每月十四、十五與初八日等特殊神聖之日的夜晚，
我就去到那些令人怖畏之處，例如去菓神廟、林神廟、樹神廟等
令人毛髮直豎之處，當我住在那裡時，一隻鹿可能向我靠近，一
隻孔雀可能碰斷一根樹枝，或一陣風可能吹得樹葉沙沙作響。然
後，我想：「現在生起的肯定就是怖畏與驚懼吧！」

　　我又想到：「為何我老期盼著怖畏與驚懼呢？當它們出現
時，為何我不去克服它們，同時保持當時的姿勢呢？」

　　當我行走而感到怖畏與驚懼時，我便不站立、不坐下，也不
躺臥，直到克服它們。當我站立而感到怖畏與驚懼時，我便不行
走、不坐下，也不躺臥，直到克服它們。當我端坐而感到怖畏與
驚懼時，我便不行走、不站立，也不躺臥，直到克服它們。當我
躺臥而感到怖畏與驚懼時，我便不行走、不站立，也不坐下，直
到克服它們。」（M. 4）

棄捨渴愛，精進於苦行

心中自然想起三個從未聽聞過的譬喻。

譬如有一塊浸在水裡濕潤、多汁的生木，有人拿著一個上面的取火木鑽走來，心想：「我想生火，我想取暖。」你認為如何？此人是否會用木鑽去磨擦那塊浸水而濕潤、多汁的生木，生火並取暖呢？」——「不會的，世尊！為什麼呢？因為那塊生木本身既濕潤又多汁，且它又浸在水裡。所以那個人只會徒勞與失望。」——同樣地，當一個沙門或婆羅門身心都尚未遠離感官的欲望，當他尚未棄捨乃至平息對感官欲望的貪欲、喜好、熱愛、渴求與痴迷，那麼，不論這善良的沙門或婆羅門，是否經歷痛苦的、折磨的與刺穿的感受，在任何一個情況下，他都不能獲得智、見與無上正覺。這是我從未聽聞過，第一個在心中自然生起的譬喻。

然後，譬如有一塊離於水而置於乾地的濕潤、多汁的生木，有人拿著一個上面的取火木鑽走來，心想：「我想生火，我想取暖。」你認為如何？此人是否會用木鑽，去磨擦那塊離於水而置於乾地的濕潤、多汁的生木，生火並取暖呢？——「不會的，世尊！為什麼呢？因為那塊生木雖已在乾地上，遠離水面，但它本身仍是濕潤、多汁的。所以，那個人只會徒勞與失望。」——同樣地，當一個沙門或婆羅門身心都尚未遠離感官的欲望，當他尚未棄捨乃至平息對感官欲望的貪欲、喜好、熱愛、渴求與痴迷，那麼，不論這善良的沙門或婆羅門，是否經歷痛苦的、折磨的與刺穿的感受，在任何一個情況下，他都不能獲得智、見與無上正覺。這是我從未聽聞過，第二個在心中自然生起的譬喻。

然後，再次假設有一塊離於水而置於乾地的乾燥枯木，有人

拿著一個上面的取火木鑽走來，心想：「我想生火，我想取暖。」你認為如何？此人是否會用木鑽，去磨擦那塊離於水而置於乾地的乾燥枯木，生火並取暖呢？」——「會的，世尊！為什麼呢？因為那是塊乾燥的枯木，且又離於水而置於乾地上。」——同樣地，當一個沙門或婆羅門身心都尚未遠離感官的欲望，當他尚未棄捨乃至平息對感官欲望的貪欲、喜好、熱愛、渴求與痴迷，那麼，不論這善良的沙門或婆羅門，是否經歷痛苦的、折磨的與刺穿的感受，在任何一個情況下，他都不能獲得智、見與無上正覺。這是我從未聽聞過，第三個在心中自然生起的譬喻。

我又想：「假如我咬緊牙根，舌頭頂住上顎，以自己的心去打擊、箝制、壓迫自己的心，那會如何呢？」然後，猶如強壯者抓著弱小者的頭與肩膀，打擊、箝制、壓迫他，我咬緊牙根，舌頭頂住上顎，以自己的心去打擊、箝制、壓迫自己的心。當如此做時，汗水從我的腋下流了下來。

雖然我生起不疲厭的精進，也建立起不斷的正念，然而身體變得勞動過度且不平靜，因為這痛苦的精進讓我感到精疲力盡。不過，如此痛苦的感受對我的心完全沒有影響。

我又想：「假如我修習止息禪，那會如何呢？」我於是停止用口、鼻吸呼。當如此做時，我聽到很大的風聲由耳而出，有如鐵匠鼓動風箱時所發出的吵聲一般。

我停止用口、鼻與耳朵吸呼。當如此做時，強風撕絞著我的頭，我的頭彷彿被一個壯漢用利劍劈開。然後便是劇烈的頭痛，彷彿有個壯漢正使勁地勒緊箍在我頭上的皮條。接著，強風割開我的腹部，彷彿一個熟稔的屠夫或其學徒用利刀切開公牛的肚子。之後，我感到劇烈灼人的腹痛，彷彿有兩個壯漢抓住一個疲弱的人的兩個胳膊，把他放在一堆煤火上燒烤。

　　雖然我生起不疲厭的精進，也建立起不斷的正念，然而身體變得勞動過度且不平靜，因為這痛苦的精進讓我感到精疲力盡。不過，如此痛苦的感受對我的心完全沒有影響。

　　那時，當諸天見到我，他們會說：「沙門喬達摩死了。」其他天人會說：「沙門喬達摩還沒死，不過已在死亡邊緣。」更有別的天人會說：「沙門喬達摩既未死，也不在死亡邊緣；沙門喬達摩是個阿羅漢、聖人，因為聖人之道就是如此。」

　　我又想：「假如我絕食，那會如何呢？」不久，諸天來到我這裡並說：「善男子！別完全絕食，若你如此做的話，我們將把天人的食物注入你的毛孔，讓它維持你的生命。」我想：「既然我宣稱要徹底絕食，而這些諸天卻把天人的食物注入我的毛孔，讓它維持我的生命，那麼我就打妄語了。」我說：「沒有必要。」於是便遣走了他們。

　　我又想：「假如我吃很少的食物，例如每次只喝少量的豆子汁、扁豆汁或豌豆汁，那會如何呢？」於是我便這樣做了。當如此做時，我的身體變得骨瘦如柴，四肢變得像接合在一起的藤條或竹節，只因為我吃得太少。我的臀部變得像駱駝的蹄；隆起的脊椎骨，猶如串起的珠子；肋骨瘦削突出，猶如舊穀倉屋雜亂無章的椽木；眼光深陷入眼窩，猶如深井中映現的水光；頭皮皺縮，猶如因風吹日曬而皺縮凋萎的綠葫蘆。若觸摸肚皮，就能摸到脊柱；觸摸脊柱，就能摸到肚皮。大小便時，頭會向前倒去。當以手搓揉四肢以放鬆身體時，身上的毛髮因根部爛壞而紛紛脫落，只因為我吃得太少。

　　當人們看到我時，他們會說：「沙門喬達摩是黑皮膚的人。」其他人說：「沙門喬達摩不是黑皮膚，而是棕色皮膚的人。」更有別的人說：「沙門喬達摩既非黑皮膚，也不是棕色皮膚，而是

白皮膚的人。」由於我吃得太少,清淨、皎潔的膚色因而損壞
了。(M. 36, 85, 100)

奮勇擊退十魔軍

唱誦者:

我在尼連禪河(Nerañjarā)畔,精勤調伏於己身,
堅定不移欲獲取,眞正解脫於束縛。
黑魔(Namucī)②障解脫,以悲憫語告我:

「汝如是消瘦蒼白,汝之死期已將近;
 汝身千分交死魔,僅餘一分留生機。
 汝活方是好選擇,汝活方可獲福德,
 來修清淨之梵行, 向聖火祭獻奠酒,
 以此贏得大福德,如是精勤又何益?
 精勤之路實艱難,困難且難以承受。」

 當魔羅(Māra)③述此偈時,緩慢走近立一旁。
 魔羅立於世尊前,世尊以此答魔羅:
「放逸之人汝惡魔,來此是爲己目的,
 我於福德無所需,魔羅可爲需者說。
 因我有信與精進,此外還有智慧生,
 如是調伏於己身,汝何對我說活命?
 風之吹拂能乾涸,彼之滾滾長流水,
 如是調伏己身時,何能不乾我身血?
 而當血液乾涸時,膽汁、痰液也乾涸,

當肉體漸疲憊時，能使我心益澄靜。

我將具足念與慧，也具更高之禪定，

如此生活我了知，感受之最高極限，

我心不尋求欲樂，汝見眾生中純淨。

汝之一軍是愛欲，汝之二軍是不樂，

第三支軍是飢渴，第四支軍是渴愛，

第五支軍是昏眠，怖畏是第六支軍，

懷疑是第七支軍，八軍是惡毒頑固，

利養、榮譽與名聲，還有邪行得名聲，（第九軍）

稱揚自己貶他人。（第十軍）

此等皆是黑魔軍，全是汝之戰鬥軍，

唯有勇者能勝彼，而得勝利之喜悅。

我揮不撤之軍旗，我說惜命為可恥，

寧可戰死於沙場，不願失敗而苟活。

曾有沙門、婆羅門，此時投降而匿跡，

彼等必定不了知，朝聖者所行之道。

今見環繞之魔軍，我裝備作戰象軍，

奮躍與之行戰鬥，不願被人所驅退。

縱世界一切諸天，無法擊退汝魔軍，

我今以慧摧破它，如以石頭破土缽❸。（Sn. 3:2）

尋找其他通往覺悟的方法

阿難：我想：「當一個沙門或婆羅門，不論在過去、未來或現在經歷這種由努力所引起的痛苦、折磨與刺穿的感受，頂多與我現在經歷的相等，但絕不會超過它。然而，透過這樣嚴酷的苦

行，我並未到達超越常人的境界，而獲得聖人的知見。是否有其他通往覺悟的方法呢？」

我想到有一回父親釋迦王在勞作時，我坐在閻浮樹蔭下，遠離感官的欲望，遠離不善法，我進入初禪，伴隨它的有尋、伺④，以及由遠離而生的喜與樂⑤。我想：「這會是通往覺悟的方法嗎？」之後，回憶起那段往事，我明白這確實是通往覺悟的方法。

然後，我又想到：「爲何我要害怕這種樂呢？它是樂，但它與感官的欲望和不善法無關。」我於是想到：「我不害怕這種樂，因爲它與感官的欲望和不善法無關。」

我想到：「以如此極端瘦弱之身，我不可能得到那種樂。或許我該吃一些乳粥與麵包的固體食物？」❹

那時有五位比丘在照顧我，他們的想法是：「若沙門喬達摩證到某種境界，他必定會告訴我們。」當我一開始吃粥與麵包的固體食物時，那五位比丘感到厭惡，於是離我而去，他們想：「沙門喬達摩已開始放逸，捨棄精進，而回復奢侈的生活了。」（M. 36, 85, 100）

五個重大的夢

敘述者：菩薩作了五個夢。

註釋者：那是在他覺悟的前一晚，這些夢是他即將達到目標的前兆。

阿難：在如來、應供、正等覺者成就正覺之前，作了五個重大的夢。哪五個呢？

當他還只是個未覺悟的菩薩時，他夢見自己以大地爲床，群山之王的喜馬拉雅山爲枕；左手置於東海，右手置於西海，雙腳置於南海。這是他作的第一個夢，預示他是無上的正等覺者。

當他還只是個未覺悟的菩薩時，他夢見一棵蔓藤類的植物從他的肚臍長出，直到雲端。這是他作的第二個夢，預示他將發現八正道。

當他還只是個未覺悟的菩薩時，他夢見黑頭的蛆，從雙腳爬上並布滿膝蓋。這是他作的第三個夢，預示許多著白衣的在家人將終生皈依如來。

當他還只是個未覺悟的菩薩時，他夢見四隻不同羽色的鳥從四方飛來，當飛落腳邊時，全部變成白色。這是他作的第四個夢，預示著四個不同的種姓──利帝利、婆羅門、吠舍、首陀羅❻，都可透過如來所宣說的法與律，而證得無上解脫。

當他還只是個未覺悟的菩薩時，他夢見自己走在一座大糞山，卻不爲糞所污。這是他作的第五個夢，預示如來雖取得飲食、衣服、床座與醫藥等資具，但他受用這些資具時，並無貪、痴或執著，且清楚它們的過患，也了解其作用。（A. 5:196）

入四種禪，得三明而成正覺

敘述者：許多經典從不同的角度敘述覺悟這件事，有如一個人從上、下與各個不同的側面去描述一棵樹，又如從陸、海、空的途徑去描述一次旅程❺。

註釋者：對證悟的描述，有的將之視爲透過禪定增長而來的三種眞實的智❼，有的將之視爲透過生命無常的歷程發現緣起的

架構，或將之視為一種探索：在這個思想、行為、事物、可能性、必然性相互交織的問題世界中，尋求不虛妄的詮釋與價值的真正標準。下面的說明則是由禪定中發現四聖諦來敘述。

阿難：當我吃了固體的食物，恢復了體力，遠離欲望，遠離不善法後，便獲得並住於初禪，伴隨它的有尋、伺、喜，以及由遠離而生的喜與樂。但我不讓這已生的樂受控制心，當止息尋與伺後，便獲得並住於第二禪中，於內生起淨信，沒有尋與伺而心專一，以及由定所生的喜與樂。但我不讓這已生的樂受控制心，當喜也減弱後，我住於捨、念與正知，還有感覺身體的樂受，便獲得並住於第三禪中，也就是聖人所說的：「他以捨、念，而住於樂受之中」。但我不讓這已生的樂受控制心，當我捨斷身體的苦、樂二受，先已滅除心理的憂、喜二受，便獲得並住於第四禪中，不苦不樂，以及由捨而生的念的清淨。但我不讓這已生的樂控制心。

我得定的心如是變得清淨、潔白、無垢、無穢，當心變得柔軟、有力、穩定、安住不動時，我把心導向於憶宿命智。我憶念種種過去世，也就是我的前一生、二生、三生、四生、五生、十生、二十生、三十生、四十生、五十生、百生、千生、十萬生，世界的無量成劫、無量壞劫、無量成壞劫。憶念：「我生在此地，有如是名、如是種姓、如是貌、如是食、如是苦樂之受、如是壽限。此世壽盡，我轉生彼地，也有如是名、如是種姓、如是貌、如是食、如是苦樂之受、如是壽限。彼世壽盡，我又轉生於此。」──以如此各種的細節與特殊情況，憶念起自己種種的過去世，這是我在初夜獲得的第一個真實的智。正如發生在任何一個精進、熱忱、不放逸的人身上般，驅走無明而真實的智生起，

驅走黑暗而光明生起。但我不讓這已生的樂控制心。

　　我得定的心如是變得清淨、潔白、無垢、無穢，當心變得柔軟、有力、穩定、安住不動時，我把心導向於有情死生智。以勝過常人的清淨天眼，見眾生的死時與生時，知其各隨投生之處，而有貴賤與美醜，幸與不幸。如此，我明白眾生如何依自己的業行而流轉生死：「這些世間眾生，造身惡行、語惡行、意惡行，誹謗聖人，懷諸邪見，行邪見業。一旦身壞命終，便轉生於苦界、惡趣、墮處，乃至地獄。但那些世間眾生，具身善行、語善行、意善行，不誹謗聖人，心懷正見，行正見業。一旦身壞命終，便轉生於善趣，乃至天界。」如此以勝過常人的清淨天眼，我見眾生的死時與生時，知其各隨投生之處，而有貴賤與美醜，幸與不幸。如此，我明白眾生如何依自己的業行而流轉生死，這是我在中夜獲得的第二個真實的智。正如發生在任何一個精進、熱忱、不放逸的人身上般，驅走無明而真實的智生起，驅走黑暗而光明生起。但我不讓這已生的樂控制心。

　　我得定的心如是變得清淨、潔白、無垢、無穢，當心變得柔軟、有力、穩定、安住不動時，我把心導向於漏盡智。我以證智如實知「此是苦」，如實知「此是苦之集」，如實知「此是苦之滅」，如實知「此是苦滅之道」；我以證智如實知「此等是漏」，如實知「此是漏之集」，如實知「此是漏之滅」，如實知「此是漏滅之道」。我如是知，如是見，心便從愛欲漏中解脫，從有漏⑧中解脫，從無明漏中解脫。當心解脫時，生起「此是解脫」之智，我證知：「我生已盡，梵行已立，所作皆辦，不受後有。」⑨這是我在後夜獲得的第三個真實的智。正如發生在任何一個精進、熱忱、不放逸的人身上般，驅走無明而真實的智生起，驅走黑暗而光明生起。但我不讓這已生的樂控制心。（M. 36）

如實了解十二緣起

註釋者：下面是對有條件性的結構——換句話說，即是緣起❻——的描述。我們將於後面回到這一主題。

阿難：在我覺悟之前，當我還是個未覺悟的菩薩時，我思惟：「這世界已陷於苦惱；它由生到老、死，死後又再生，不知如何出離生、老、死之苦。何時才會出離此苦呢？」

我思惟：「因為有什麼而有老死呢？老死又以什麼為緣呢？」然後，依正思惟❼，我依慧而悟得：「因為有生而有老死，老死以生為緣。」

我思惟：「因為有什麼而有生呢？生又以什麼為緣呢？」然後，依正思惟，我依慧而悟得：「因為有有而有生，生以有為緣。」

我思惟：「因為有什麼而有有呢？有又以什麼為緣呢？」然後，依正思惟，我依慧而悟得：「因為有取而有有，有以取為緣。」

「……因為有愛而有取……」

「……因為有受（樂、苦或不苦不樂）而有愛……」

「……因為有觸而有受……」

「……因為有六入而有觸……」

我思惟：「因為有什麼而有六入呢？六入又以什麼為緣呢？」然後，依正思惟，我依慧而悟得：「因為有名色而有六入，六入以名色為緣。」

我思惟：「因為有什麼而有名色呢？名色又以什麼為緣呢？」然後，依正思惟，我依慧而悟得：「因為有識而有名色，名色以

識為緣。」

我思惟：「因為有什麼而有識呢？識又以什麼為緣呢？」然後，依正思惟，我依慧而悟得：「因為有名色而有識，識以名色為緣。」

我思惟：「識由此而退還，它不越過名色。不論此人是正在生、老、病、死，正在消逝或轉生，它都是如此發生。換句話說，以名色為緣而有識，以識為緣而有名色，以名色為緣而有六入，以六入為緣而有觸，以觸為緣而有受，以受為緣而有愛，以愛為緣而有取，以取為緣而有有，以有為緣而有生，以生為緣而有老死與愁、悲、苦、憂、惱。這是全苦聚之集。」我於此前所未聞之法──集，而生眼、智、慧、明與光。

我思惟：「因為無有什麼而能無老死呢？由什麼之滅而有老死之滅呢？」然後，依正思惟，我依慧而悟得：「因為無生則無老死，由生之滅而有老死之滅。」

「……無有則無生……」

「……無取則無有……」

「……無愛則無取……」

「……無受則無愛……」

「……無觸則無受……」

「……無六入則無觸……」

「……無名色則無六入……」

「……無識則無名色……」

我思惟：「因為無有什麼而能無識呢？由什麼之滅而有識之滅呢？」然後，依正思惟，我依慧而悟得：「無名色則無識，由名色之滅而有識之滅。」

我思惟：「我已到達覺悟之道，也就是說：由名色之滅而有

識之滅;由識之滅而有名色之滅;由名色之滅而有六入之滅;由
六入之滅而有觸之滅;由觸之滅而有受之滅;由受之滅而有愛之
滅;由愛之滅而有取之滅;由取之滅而有有之滅;由有之滅而有
生之滅;由生之滅而有老死與愁、悲、苦、憂、惱之滅。這就是
全大苦聚之滅。」我於此前所未聞之法──滅,而生眼、智、
慧、明與光。

譬如有人遊行於曠野森林中,發現一條古道、古徑,古人所
遊歷之道。他沿著此道而去,發現一座古城、古都,是古人生活
過的都城,其中有公園、樹木與湖水,城牆環繞,十分美觀。同
樣地,我也發現了這條古道、古徑,這條過去等正覺者所遊歷之
道。

那麼,這條古路、古徑是什麼呢?它是八聖道,也就是正
見、正思惟、正語、正業、正命、正精進、正念與正定。

我沿這條古道,如此便證知老死、老死的集、老死的滅,以
及通向老死滅之道。我證知生、生的集、生的滅,以及通向生滅
之道。我證知有……取……愛……受……觸……六入……名色…
…識等。我證知行、行的集、行的滅,以及通向行滅之道。(S.
12:65;參D. 14)

如實證知五取蘊的作用、過患與出離

註釋者:下面是覺悟的另一個描述,它是從對因緣所生的行
為與思想作正確判斷的角度來說明。經典上將這因緣所生的歸納
成五蘊,在五蘊中所有依因緣而生的經驗,當經過分析後,都可
以被歸類。

阿難：在我覺悟之前，當我還是個未覺悟的菩薩時，我思惟：「關於色、受（樂、苦、不苦不樂）、想、行、識這五蘊，以什麼為作用？以什麼為過患？以什麼為出離？」然後我思惟：「基於五蘊而生起的身心的喜樂，便是它的作用。事實上，這一切事物都是無常的、苦的，且會變異的，這就是它的過患。調伏、棄捨對它們的欲貪，便是出離。」

只要我尚未如實地證知五取蘊的作用、過患、出離即是如此，我在諸天、魔王、梵天的世界，以及沙門、婆羅門、國王與人民的眾生界裡，便不能宣稱我已證得無上的正覺。但是，我一旦如實地證知五取蘊的作用、過患、出離即是如此，我在諸天、魔王、梵天的世界，以及沙門、婆羅門、國王與人民的眾生界裡，便能宣稱我已證得無上的正覺。（S. 22:26）

自己尚未免於生、老、病、死、愁、煩惱，見到傾向於這些事物的過患，我尋求無生、無老、無病、無死、無愁、無煩惱的最上解脫──涅槃，而我證得了。我在心中生起如是知見：「我已確實解脫，這是我的最後一生，往後不再受生。」（M. 26）

滅盡貪愛，證得涅槃

註釋者：到此時已證得覺悟。根據傳統，佛陀──現在不再是個菩薩──在覺悟之後最先說的話便是：

唱誦者：
我多生流轉輪迴，尋而未獲造屋者，
生生相繼何其苦！如今已見造屋者，

汝不再建造屋舍，屋之椽桷皆毀壞，

屋之棟樑亦摧折。❿我滅盡一切貪愛，

心證得無爲涅槃。（Dh. 153-54）

　　註釋者：以上是佛陀剛覺悟後所說的頭幾句偈頌，據傳統所說這些話並非出聲講的。佛陀證悟之後出聲講的頭幾句話，出現在三個偈頌中的第一頌，它的開頭是：「諸法向其顯現時……」

（請參看下一章的開頭）

原註

❶ Kusala是指「善的」、「有利益的」。（向智）

❷ Akusala原譯為「無利益的」。（向智）

❸ 此首偈頌最後數行（在此略去，但出現在第四章）是前部分出現一年後，才增補在註釋中。

❹ 巴利聖典學會的《巴英字典》對kummāsa一字的解釋為乳製食品，但註釋書卻將該字解釋為麥製食品。

❺ 經典對覺悟有幾種不同的闡述：從緣起的角度（S. 12:10, 65；參D. 14）；從三明或科學（M. 4, 100）；於五蘊的味（作用）、患、離（S. 22:26）；界（S. 14:31）；愛欲（S. 35:117; M. 14）；受（S. 36:24）；世間（A. 3:101）；四正勤（A. 5:68）；四念處（S. 47:31）；四如意足（S. 51:9）；捨斷害想（M. 19）等角度。

❻ 關於緣起請參閱第十二章。

❼ 或徹底的思考，如理思惟。（向智）

譯註

① 依太陽命名，是因相傳釋尊的祖先甘蔗王由日照而生，故稱「日種」。

② 黑魔：魔羅或魔王的另一個名字。

③ Māra（魔羅）在巴利語中，源於意義是「死亡」的字，是貪、瞋、痴力量的具體化，會扼殺美德與生命，是一切有為界的統治者。

④ 「尋」是將心投入或令它朝向所緣的心所；「伺」是保持心繼續專注於所緣上的心所。在禪修時，尋的特別作用是對治昏沉睡眠蓋，伺則對治疑蓋。尋如展翅起飛的鳥，伺則如展翅於天空滑翔的鳥。尋與伺的作用強，心可長時間安住於所緣，而達到初禪。在第二禪至第四禪中則無尋與伺。

⑤ 「喜」是喜歡或對所緣有興趣，進入初禪時，會有遍滿全身的喜生起，喜禪支對治五蓋中的瞋恚蓋。「樂」是心的樂受，是脫離欲樂而生，對治掉舉惡作蓋。這兩者是五禪之中的兩支。

⑥ 「婆羅門」是指神職人員，「剎帝利」是指統治者、戰士等，「吠舍」是指商人、「首陀羅」是指工匠、農牧業者，以及其他服務的行業。而所謂的「賤民」，原文直譯為「不可碰觸者」，從事的行業多半是清掃、處理穢物等雜役，不屬於四姓中的任何一級。

⑦ 三種真實的智，又稱「三明」，即佛陀證悟時所得的三種真知。三明指的是宿命明（知前生之事）、天眼明（見未來生死的因果）與漏盡明（知煩惱之源與斷盡之道）。

⑧ 有漏是指「有」的煩惱，指投生欲界、色界、無色界三有的因。

⑨ 「我生已盡」四句，是說行者已建立八正道等清淨行，所作的涅槃事已成辦，滅盡煩惱，此生是他的最後生，未來不再受生。

⑩ 此處的造屋者指的是對事物的渴愛或執著，屋舍喻身體，椽桷喻煩惱，棟樑喻煩惱的根源——愚痴，滅盡貪愛即是指已證得阿羅漢果。

覺悟之後

引 言

　　佛陀在菩提樹下成道後，在樹下入定七日。本章的前半部講的便是佛陀在出定之後的思惟與遭遇。佛陀首先追究事物的成因，從而找到將其斷滅的途經。同時，佛陀對世事的研究並非泛無邊際，而是集中在解除眾生之苦的目標上。正因如此，佛陀下一步所作的便是找到苦的根源──我見與渴愛。

　　本章的後半部記錄了佛陀在鹿野苑初轉法輪的情景，作為佛法核心的苦、苦集、苦滅、苦滅之道等四聖諦由此而生。而佛教教義真旨的無我概念，也在初轉法輪時拈出。其他還有許多著名的故事，例如龍王於風雨中七繞佛身；優波迦當面見佛不識佛；五比丘欲拒佛而不能，最後聽佛開示四聖諦，在本章中都有生動的描寫。我們還可看到，佛陀一度因佛法深奧曾決定不說法，這在很大程度上，解釋了佛陀致餘生之力，以各種方法深入淺出地講解佛法的必要性。

佛陀順觀、逆觀緣起

阿難：如是我聞。世尊剛覺悟時，住在優樓頻羅村尼連禪河邊的菩提樹下。當時，世尊在菩提樹下連續禪坐七天，感受解脫之樂。

七天過後，世尊出定，在初夜時分，世尊順觀緣起：「此有故彼有，此生故彼生。換言之：以無明爲緣而有行；以行爲緣而有識；以識爲緣而有名色；以名色爲緣而有六入；以六入爲緣而有觸；以觸爲緣而有受；以受爲緣而有愛；以愛爲緣而有取；以取爲緣而有有；以有爲緣而有生；以生爲緣而有老死、愁、悲、苦、憂、惱。這是全苦蘊之集起。」

了知其中的意義，世尊不禁發出如下的感嘆：

精進禪修婆羅門❶，諸法向其顯現時，
了知諸法有其因，彼之疑惑悉滅盡。

中夜時分，世尊逆觀緣起：「此無故彼無，此滅故彼滅。換言之：無明滅則行滅；行滅則識滅；識滅則名色滅；名色滅則六入滅；六入滅則觸滅；觸滅則受滅；受滅則愛滅；愛滅則取滅；取滅則有滅；有滅則生滅；生滅則老死、愁、悲、苦、憂、惱滅。這是全苦蘊之滅盡。」

了知其中的意義，世尊不禁發出如下的感嘆：

精進禪修婆羅門，諸法向其顯現時，
了知諸緣之息滅，彼之疑惑悉消除。

　　後夜時分，世尊順、逆觀緣起：「此有故彼有，此生故彼生；此無故彼無，此滅故彼滅。換言之：以無明爲緣而有行；以行爲緣而有識……以生爲緣而有老死、愁、悲、苦、憂、惱。這是全苦蘊之集起。無明滅則行滅；行滅則識滅……生滅則老死、愁、悲、苦、憂、惱滅。這是全苦蘊之滅盡。」

　　了知其中的意義，世尊不禁發出如下的感嘆：

　　精進禪修婆羅門，諸法向其顯現時，
　　則彼端立破魔軍，如照虛空之日輪。　（Ud. 1:1-3；參Vin. Mv. 1:1）

去除渴愛入涅槃

　　第七天結束時❷，世尊出定，以佛眼審視世間。他看到眾生受諸火燒灼，被貪、瞋、痴所生的各種熱惱吞噬。了知其中的意義，世尊不禁發出如下的感嘆：

　　受制諸觸世間苦，世間之「我」實已病，
　　不論以何因立「我」，事實永遠實非彼。
　　變化世間達生有，執生有，陷於生有，
　　而惟喜彼之生有。人若喜時是怖畏，
　　若有怖畏是爲苦，今修梵行可斷苦❸。

　　「任何沙門與婆羅門若聲稱，透過執取生有①可解脫生有，我說他們並未解脫生有。任何沙門與婆羅門若聲稱，透過執取非有可解脫生有，我說他們並未解脫生有。透過存在的本質，於是產生苦，一旦執取盡除，痛苦就會不再生起。」

廣見如此之世間，眾生喜陷於無明，
未曾解脫於生有。任何形態之生有，
隨方隨處之生有，皆是無常、苦、變易。
如實見者斷有愛，亦斷無有之愛喜，
無餘滅盡與涅槃❹，隨除渴愛而生起。
比丘藉由無執取，入於涅槃不再生，
魔王戰敗而消逝，因彼超脫諸生有。（Ud. 3:10）

堪稱婆羅門的條件

優婆離：那時，世尊過七天之後出定，從菩提樹下走到阿闍波羅榕樹處。他在阿闍波羅榕樹下連續禪坐七天，感受解脫之樂。

這時，有位憍慢❺的婆羅門走到世尊處，與世尊問候、寒暄畢，立於一旁，說道：「沙門喬達摩！什麼是婆羅門？具足什麼條件才堪稱婆羅門？」

了知其中的意義，世尊不禁發出如下的感嘆：

婆羅門若除惡法，無慢無染且自制，
知識圓滿成梵行，不以世事為榮傲，
方不愧稱婆羅門。（Vin. Mv. 1:2；參Ud. 1:4）

龍王於風雨中守護佛身

那時，世尊過七天之後出定，從阿闍波羅樹下前往目支鄰陀樹下。

　　此時，一場非時節的暴風雨驟然而至，連續大雨七日，冷風
呼嘯，天空烏雲密佈。此時，目支鄰陀龍王從棲息處鑽出，盤纏
世尊的身體七圈，並將自己的冠頂展開高懸在世尊頭上，心想：
「不讓世尊受冷、熱所擾，或受虻、蚊、風、陽光和爬蟲所觸。」

　　第七天結束時，目支鄰陀龍王見天空清朗無雲，它才從世尊
的身體放鬆下來，捨去龍身，變現成婆羅門青年，雙手合十，恭
敬地立在世尊面前。

　　了知其中的意義，世尊不禁發出如下的感嘆：

　　知足者寂靜爲樂，既知法又能見法；
　　心寬容於眾生者，以與世親善爲樂；
　　征服於諸欲樂者，以於世無求爲樂；
　　然而去除我慢者，此是最上之快樂。（Vin. Mv. 1:3；參 Ud. 2:1）

世間最早的歸依者

　　那時，世尊過七天之後出定，從目支鄰陀樹下移到羅闍耶他
那樹下，連續禪坐七天，感受解脫之樂。

　　此時，多婆富沙和跋利迦兩位商人自鬱迦羅村取道而來。一
位過去生中曾爲兩人親戚的天人，告訴他們：「仁者！前面羅闍
耶他那樹下有位剛剛成道的佛，你們應獻上糕餅和蜂蜜去供養
他，這會使你們獲得長遠的利益與安樂。」

　　兩位商人於是帶著糕餅與蜂蜜去見世尊，敬禮世尊後，立於
一旁，然後說道：「世尊！請納受這些糕餅與蜂蜜，以使我們獲
得長遠的利益與安樂。」

　　世尊思惟：「諸如來不以手受食，我該以何器皿盛此糕餅與

蜂蜜呢？」此時，四大天王心知世尊的念頭，從四方各帶了一只水晶缽：「世尊！請用這些?盛此糕餅與蜂蜜。」

世尊以新的水晶缽接受並服用了糕餅與蜂蜜後，兩位商人說：「我們願意皈依世尊與法。從今日起，請世尊接受我們為盡形壽追隨世尊的弟子。」

因為他們是世間最早的皈依者，他們皈依的對象只有二寶②。（Vin. Mv. 1:4）

娑婆主梵天讚嘆五根、四念處

那時，世尊過七天之後出定，從羅闍耶他那樹下前往阿闍波羅樹下。

阿難：此時，世尊獨處靜默，心中思惟：「有五種根，若修習並增長它，便可契入不死、趣向不死、終止於不死。哪五根？它們是信根、精進根、念根、定根、慧根。」

這時娑婆主梵天覺知世尊的想法，在如力士屈伸臂之頃間，從梵天界消失，現於世尊之前。他偏袒一肩③，合掌恭敬地向世尊說：「如是，世尊！如是，善逝④！若修習並增長這五根，便可契入不死、趣向不死、終止於不死。過去，我曾跟隨迦葉佛修梵行，名為娑婆比丘。藉著修習並增長這五根，我遠離五欲，當身壞命終後，我投生善趣，而生於梵天界，在此我被稱作娑婆主梵天。如是，世尊！如是，善逝！我了知且見到這五根於修習並增長之後，如何契入不死、趣向不死、終止於不死。」（S. 48:57）

此時，世尊獨處靜默，心中思惟：「道者，即四念處，是使眾生清淨，超越愁悲，滅除苦憂，成就聖道，體證涅槃的唯一道

路❻。哪四念處呢？比丘安住於身，隨觀身體，熱忱、正知、正念，去除對世間的貪欲與憂惱。或他安住於受，隨觀感受，熱忱、正知、正念，去除對世間的貪欲與憂惱。或他安住於心，隨觀心識，熱忱、正知、正念，去除對世間的貪欲與憂惱。或他安住於法，隨觀諸法，熱忱、正知、正念，去除對世間的貪欲與憂惱。」

這時，娑婆主梵天又出現於世尊前，如上次一般表示贊同。（S. 47:18, 43）

失敗的魔王

此時，世尊獨處靜默，心中思惟：「我已解脫苦行，已解脫無益的苦行⑤。我有絕對的肯定與正念，我已達到覺悟了。」

那時，惡魔覺知世尊的心念，便到世尊處，而說偈頌：

汝棄苦行道，自淨化之法；
不淨思為淨，遠離清淨道。

世尊認出他是惡魔，便以偈頌答道：

不死之苦行，知無一切利；
如陸舟艫舵，一切無護益。
增長戒、定、慧，我已得證悟，
而汝破壞者，如今已戰敗。

此時，惡魔知道：「世尊已識破我！善逝已識破我！」傷心

與失望的他，便立即消失了。（S. 4:1）

親近法、恭敬法、尊重法而住

此時，世尊獨處靜默，心中思惟：「人若缺少恭敬與順從的對象，其生活是苦惱的。但我可以在哪一位沙門或婆羅門座下生活，尊敬並讚仰他呢？」

然後，他又心想：「我可以在另一位沙門或婆羅門座下，尊敬他，以便成就自己不圓滿的戒蘊、定蘊、慧蘊、解脫蘊與解脫知見蘊。但在這諸天、魔與梵天的世界，乃至沙門、婆羅門、國王與臣民的眾生界中，我看不到哪一位沙門或婆羅門在這些品德上比我更圓滿，足可令我親近而住，足可令我對他恭敬、尊重。不過，還有我所證悟的法——我或許該親近法而住，恭敬、尊重法吧？」

此時，梵天娑婆主覺知世尊的心念。他出現在世尊面前，說道：「善哉！世尊。過去諸佛得成應供、等正覺者，皆親近法而住，恭敬、尊重法。未來諸佛亦將如是。」（S. 6:2; A. 4:21）

娑婆主梵天勸請佛陀說法

優婆離：此時，世尊獨處靜默，心中思惟：「我所證悟的法，甚深、難見、難解，它是最寂靜、最高超的，不能只靠純邏輯而證悟，它是微妙的，唯智者所能體驗。但今世之人依賴愛執，喜好愛執，享受愛執，讓世人見到真理是困難的，也就是說，見到十二緣起是不易的。再者，讓世人見到真理是困難的，也就是說，見到諸行寂止，諸有淨除，滅盡渴愛、離貪、滅、涅

槃是不易的。所以，我若說法，他人不了解時，將使我感到疲乏與困擾。」

這時，他自然地地誦出如下未曾聽聞的偈頌：

莫說弘揚於正法，我甚感難以領悟；
爲貪瞋所困惱者，永遠不悟此正法。
欲著痴闇所覆者，是人永遠不得見，
彼深妙而難見的，逆流而上的正法。

世尊如此一想，心念偏向於少事少業，不欲說法。

這時，梵天娑婆主覺知世尊的想法，他思惟：「此世間將敗壞，世界將徹底地敗壞！因爲如來、應供、等正覺的心偏向於少事少業，不欲說法。」

然後，在如力士屈伸臂之頃間，從梵天界消失，現於世尊之前。他偏袒一肩，右膝著地，合掌恭敬地向世尊說：「世尊，願世尊說法！願善逝說法！眾生中有少許塵垢者，若未聽聞正法，將枉度此生，有些人在聞法後，便可證悟。」

梵天娑婆主說完後又補充說：

曾於摩揭陀現前，垢者所思不淨法，
願打開不死之門，令聞無垢所覺法。
聖者攀登正法塔，恰如壁立山頂峰，
普見低處諸眾生。無憂普眼之聖者，
人類陷溺憂苦中，生、老皆受其操控。
英雄、勝者、持智者，奮起無債遊世間。
願請世尊爲說法，能悟入者應有人。

　　世尊聽了梵天娑婆主的請求，出於對眾生的慈悲，以佛眼觀察世間。正如池塘裡生有青蓮花、紅蓮花或白蓮花，有些蓮花長在水中，還未突出水面，有些蓮花正長在水面上，還有些則突出水面，湛然獨立卻不為池水所濕。同樣地，在眾生中，他看到有塵垢少者、塵垢多者、利根者、鈍根者、資質好者、資質差者、易教導者、難教導者，還有知道其他世界與罪過之怖畏而住者。看到了這些，他答道：

　　　　不死之門已開啟，普令聞者展信心。❼
　　　　我所覺法不宣說，因知說法之艱鉅。

　　這時，梵天娑婆主思惟：「我已促成世尊演說正法了。」敬禮世尊後，他右繞而去❻。（Vin. Mv. 1:5；參 M. 26 & 85；S. 6:1）

選擇最先對五比丘說法

　　世尊思惟：「我應先為誰說法？誰能很快地了悟佛法呢？」之後，他思惟：「阿羅邏迦摩羅聰穎、多聞、敏捷。長久以來，他只有少許塵垢。我先教他佛法如何？他會很快地了悟的。」

　　此時，有位隱身的天人告訴世尊：「世尊！阿羅邏迦摩羅在七天前過世了。」世尊心中便浮現這樣的知見：「阿羅邏迦摩羅的損失慘重，如果讓他聽聞佛法，他一定會很快地了悟的。」

　　世尊又思惟：「鬱陀迦羅摩子聰穎、多聞、敏捷。長久以來，他只有少許塵垢。我先教他佛法如何？他會很快地了悟的。」

　　此時，有位隱身的天人告訴世尊：「世尊！鬱陀迦羅摩子昨

夜過世了。」世尊心中便浮現這樣的知見：「鬱陀迦羅摩子的損失慘重，如果讓他聽聞佛法，他一定會很快地了悟的。」

世尊又思惟：「那麼，我應先為誰說法？誰能很快地了悟佛法呢？」之後，他思惟：「在我專心精進時，那五位比丘十分周到地照顧我。我先為他們說法如何呢？」他接著思惟：「這五位比丘現在住在哪裡呢？」世尊此時以勝過常人的清淨天眼，看到他們正住在仙人住處鹿野苑。

世尊在優樓頻螺村隨意住上一段時間後，就取道向鹿野苑漸次遊行而去。

在世尊覺悟之地與伽耶城之間，沙門優波迦在路上遇到世尊。他對世尊說：「朋友！你諸根清淨，膚色皎潔光明，你是依誰出家？誰是你的老師？你奉行誰的教法呢？」

優波迦問完後，世尊以如下的偈頌作答：

「超越一切❽知一切，不為一切所污染，
　我能遠離於一切，滅盡渴愛而解脫。
　一切因智慧而有，我應傳法予何人？
　我於世間無有師，也無與我同等者；
　包括一切之天人，無人與我堪倫比。
　我為此世間應供，亦為世間無上師，
　我獨為等正覺者，解除飢渴滅欲火。
　我今前往迦尸城，將轉動正法之輪，
　於此盲闇之世間，敲響不死之法鼓。」

（優波迦說：）「朋友！如此說來，你是無邊之聖者。」

（世尊以偈頌說：）「若得諸漏悉滅盡，即與我同為勝者。
　　　　　　　我已滅除一切惡，為此我名勝利者。」

　　如是說時，優波迦說：「朋友！但願如此。」搖搖頭⑦，他
另取別道離去。

　　此後，世尊次第遊行至仙人住處鹿野苑，找到五比丘。比丘
們遠遠地看到世尊取道而來，便相約說：「朋友們！沙門喬達摩
來了，當初他驕縱自己，放棄精進，返求奢侈。我們不應禮敬
他，不起立承迎，不接領他的衣鉢。不過，如果他願意的話，可
準備一個座席讓他坐下。」

　　但是，當世尊真的走近時，他們發現自己無法遵守約定。其
中一位上前迎接世尊並接下他的衣鉢；一位準備座席；另一位準
備洗足水、腳凳與拭足巾。世尊坐於備好之座上，洗足畢。他們
上前問候，直接以名字及「朋友」稱呼世尊。

　　打過招呼，世尊告訴他們：「諸比丘！對如來別直呼其名或
以『朋友』相稱，如來是應供、等正覺。諦聽！諸比丘！我已證
得不死，我應指導你們，我將為你們說法。依循我的教導修行，
你們將於現法自證、現證，具足無上梵行而住。這就是你們離家
過出家生活的目的。」

　　此時，五位比丘說：「喬達摩友！你雖修過苦行、貧乏與自
我折磨，那些尚且無法達到過人法，而得聖者的知見。而你現在
驕縱自己，放棄精進，返求奢侈，你怎麼可能達到那些殊勝的成
就呢？」

　　世尊告訴五位比丘：「如來並未驕縱自己或放棄精進，也無
返求奢侈。如來是應供、等正覺。諦聽！諸比丘！我已證得不
死，我應指導你們，我將為你們說法。依循我的教導修行，你們

將於現法自證、現證,具足無上梵行而住。這就是你們離家過出
家生活的目的。」

再次,五位比丘對世尊說出同樣的話;世尊也再次把同樣的
答覆講了一遍。當五位比丘第三次對世尊說出同樣的話,說完
後,世尊問他們:「諸比丘!你們以前可曾聽過我這麼說?」
「沒有,世尊!」

「如來是應供、等正覺。諦聽!諸比丘!我已證得不死,我
應指導你們,我將為你們說法。依循我的教導修行,你們將於現
法自證、現證,具足無上梵行而住。這就是你們離家過出家生活
的目的。」(Vin. Mv. 1:6;參M. 26 & 85)

初轉法輪,開示四聖諦

世尊就這樣說服了他們。他們傾聽、聆聽,並敞開心胸去了
知。世尊於是對五位比丘作如下的開示:

「諸比丘!出家者須避免走入兩個極端。哪兩個極端呢?一
是縱情地追求感官欲樂,那是下劣、粗俗、粗鄙、卑賤與有害
的。另一個是施行各種自我折磨,那是痛苦、卑賤與有害的。如
來所發現的中道遠離這兩個極端,它能帶來見、知,並導向寂
靜、證智、等覺、涅槃。什麼是中道呢?即是八正道,也就是正
見、正思惟、正語、正業、正命、正精進、正念與正定。這就是
如來所發現的中道,它能帶來見、知,並導向寂靜、證智、等
覺、涅槃。

「此是苦聖諦:生是苦,老是苦,病是苦,死是苦,愁、
悲、苦、憂、惱是苦,怨憎會是苦,愛別離是苦,求不得是苦──
──總之,五取蘊❾是苦。

「此是苦集聖諦：渴愛是導致輪迴之因，伴隨它的是喜與貪，隨處歡喜。換句話說，即是欲愛、有愛、無有愛⑧。

「此是苦滅聖諦：無餘離滅、捨棄、放捨、放下，以及捨離渴愛。

「此是苦滅道聖諦：即八正道，也就是：正見、正思惟、正語、正業、正命、正精進、正念與正定。

「『此是苦聖諦』：這是在我心中所生的眼、智、慧、明與光，是前所未聞之法。『應遍知苦聖諦』：這是在我心中所生的眼、智、慧、明與光，是前所未聞之法。『已遍知苦聖諦』：這是在我心中所生的眼、智、慧、明與光，是乃前所未聞之法。

「『此是苦集聖諦』：這是在我心中所生的眼、智、慧、明與光，是前所未聞之法。『應斷苦集聖諦』：這是在我心中所生的眼、智、慧、明與光，是前所未聞之法。『已斷苦集聖諦』：這是在我心中所生的眼、智、慧、明與光，是前所未聞之法。

「『此是苦滅聖諦』：這是在我心中所生的眼、智、慧、明與光，是前所未聞之法。『應證苦滅聖諦』：這是在我心中所生的眼、智、慧、明與光，是前所未聞之法。『已證苦滅聖諦』：這是在我心中所生的眼、智、慧、明與光，是前所未聞之法。

「『此是苦滅道聖諦』：這是在我心中所生的眼、智、慧、明與光，是前所未聞之法。『應修習⑩苦滅道聖諦』：這是在我心中所生的眼、智、慧、明與光，是前所未聞之法。『已修習苦滅道聖諦』：這是在我心中所生的眼、智、慧、明與光，是前所未聞之法。

「只要我對四聖諦三轉十二行相⑨的如實知見，未達悉皆清淨時，我在諸天、魔、梵天的世界，以及沙門、婆羅門、國王與人民的眾生界裡，便不能宣稱已證得無上的正覺。但是，一旦我

對四聖諦的三轉十二行相的如實知見已達悉皆清淨時,我在諸天、魔王、梵天的世界,以及沙門、婆羅門、國王與人民的眾生界裡,便能宣稱已證得無上的正覺。

「我生起如是知見:『我心解脫不動,這是我的最後一生,不會再受後有。』」(Vin. Mv. 1:6;S. 56:11)

開示「無我」,五比丘成阿羅漢

聽了以上的開示,憍陳如尊者獲得清淨無染的法眼❿:「凡是生法者,即是滅法。」

當世尊轉法輪時,地居諸天高聲唱道:「在仙人住處鹿野苑,世尊、應供、等正覺者已轉動無上法輪了。不論沙門、婆羅門、天、惡魔、梵天或世間的任何人,誰都無法止住它。」聽到地居諸天的唱誦,四大天王也高聲唱道:「在鹿野苑……」之後,忉利天(三十三天)……兜率天……夜摩天……化樂天……他化自在天……梵眾天的天人都高聲唱道:「在鹿野苑……」

在那一時、那一刻、那一剎那間,這信息迅速地傳於梵天界,十千個世界為之搖動、震動與顫動,世間出現了一道無量廣大的光,其光明勝過諸天人的身光。

此時,世尊讚嘆說:「憍陳如已知法,憍陳如已知法!」所以,這位比丘名為「阿若憍陳如」(Aññāta Koṇḍañña)——憍陳如是已知法的人。

此時阿若憍陳如已見法、得法、知法、悟入於法⓫並超越疑惑,棄除猶豫,獲得不壞的信心,依世尊的教法修行,再不依其他因緣。他對世尊說:「我願隨世尊出家,受具足戒。」

「來!諸比丘!」世尊說:「正法已善說,你應修清淨梵

行，以滅盡諸苦。」如此，他們便受了具足戒 。

之後，世尊說法、教導、教誡其餘比丘，在說法時，婆頗尊者與跋提尊者獲得清淨無染的法眼：「凡是生法①者，即是滅法。」他們於是也要求出家並受具足戒。

之後，世尊食用他們帶給他的食物，並說法、教導、教誡其餘比丘，六個人就靠著三個人乞回的食物維生。然後，摩訶男尊者與阿說示尊者獲得清淨無染的法眼：「凡是生法者，即是滅法。」他們也要求出家並受具足戒。

之後，世尊給予比丘們如下的開示：

「諸比丘！色是無我。若色是我，此色便不會導向惱害，且於色應有：『讓我的色如此，讓我的色不如此。』因為色本無我，所以它便會導向惱害，且於色不會有：『讓我的色如此，讓我的色不如此。』

「受是無我……

「想是無我……

「行是無我……

「識是無我。若識是我，此識便不會導向惱害，且於識應有：『讓我的識如此，讓我的識不如此。』因為識本無我，所以它便會導向惱害，且於識不會有：『讓我的識如此，讓我的識不如此。』

「諸比丘！你們認為色是常或無常？」——「世尊！無常。」「那麼，無常是苦或樂呢？」「世尊！是苦。」「將無常、苦、會變異之法視為：『此是我的，此是我，此是有我』，如此恰當嗎？」——「世尊！不恰當。」

「你們認為受是常或……

「你們認為想是常或……

「你們認爲行是常或……

「諸比丘！你們認爲識是常或無常？」──「世尊！無常。」「那麼，無常是苦或樂呢？」「世尊！是苦。」「將無常、苦、會變異之法視爲：『此是我的，此是我，此是有我』，如此恰當嗎？」──「世尊！不恰當。」

「所以，諸比丘！無論過去、未來、現在一切色，或內、外、粗、細、劣、勝、遠、近，一切色皆應以正見如實觀之：『此色非我所有，此色非我，此色非有我。』

「任何受，無論是……

「任何想，無論是……

「任何行，無論是……

「任何識，無論過去、未來、現在一切識，或內、外、粗、細、劣、勝、遠、近，一切識皆應以正見如實觀之：『此識非我所有，此識非我，此識非有我。』

「諸比丘！多聞聖弟子，若如此觀察，便厭患色，厭患受，厭患想，厭患行，厭患識。若厭患，則離貪；若離貪，則心解脫；當解脫時，即生「此爲解脫」之智。同時，他也了知：『我生已盡，梵行已立，所作皆辦，不受後有。』

世尊說法畢，五位比丘歡喜、信受世尊所說的法。在世尊宣說此教法時，五位比丘因放下執取而從諸漏中得心解脫。

那時，世間有了六位阿羅漢。（Vin. Mv. 1:6；參S. 22:59）

原註

❶ 有三個文字相近、意義相關的巴利語：brāhmaṇa（婆羅門階級、僧侶、祭祀師）；brahmā（神聖的、美妙的、完美的）與Brahmā（天神、梵天、在六欲天之上的天人）。祭祀師出自婆羅門種姓的原因，在於婆羅門與梵天有特殊關係，因而理所當然地譯為「神聖的」。通常此詞只翻其音不譯其意，在別處也出現類似情形，如慈心的「梵住」（brahmāvihara，見第十章）等；梵行（brah-macariya）──特別以不行淫為戒；以及梵乘（brahmayāna）等。（譯按：「婆羅門」一詞雖源於印度的種姓階級，但此處並非指出身的階級，而指人修行後的境界。）

❷ 這個事件以及後面的幾件事，是根據經文本身而放在此處的，Mālālaṅkāravatthu 一書也將魔王利用其女誘惑佛陀的事件置於此，但覺音論師以為此事發生於佛陀覺悟一年之後（見第四章）。另外一個事件，本書並未收錄，是幾位婆羅門抱怨佛陀對他們不夠恭敬（參第九章），原文見A. 4:22。

❸ 這兩首偈頌不容易理解。文中的bhava在此譯成「生有」（being）比譯成「成為」（becoming）更貼切。「存在的本質」（essentials of existence）在別處解釋為存在的一切元素，從客觀的身外之物到主觀的貪愛與各種態度。

❹ 「息滅」與「涅槃」兩詞在本書中可以互換。「息滅」可視為貪、瞋、痴之欲火及其結果的息滅（S. 35:28，引言見第四章），不應視為「活人的消滅」（見第十一章）。現代語源學從反義詞ni（r）與字根vā（意為「吹」）推知 nibbānā（梵文nirvāṇa），其原意大約是指停止鼓風而達到熄火的目的（如鐵匠之爐火），後來衍伸到以任何手段熄火（nibbāyati M. 140; nibbanti Sn. 2:1, v. 14）。其意又依譬喻延展到貪愛與其他欲望的止息，正如阿羅漢在其人生中的圓滿成就，在其肉身死亡、五蘊分解後，不會再生。「涅槃」一詞有時被誤解為「自我的消滅」或「自我的永存」。（見第十二章）

❺ 巴利原文為huhunka-jātika，註釋書說這是指「因憍慢而好發出『嗯、哼』之聲的人。」

❻ 在此的巴利複合字ekāyana，一般譯為「唯一的道路」而非「單向道」，關於這個複合詞的用法請參考M. 12。

❼ 「讓聆聽的人們展現其信心」（ye sotavanto pamuñcantu saddhaṃ），此句在學者中有許多爭議。最常見的翻譯為「讓聆聽的人們棄捨其信仰」，此意與教導的精神不和，這樣的譯法在於把vissajjentu理解為「讓他們放棄」（註釋書對此詞之增註為pamuñcantu）。但此詞也有「讓他們拿出」或「讓他們提出」之意，所以pamuñcantu就可以是「讓他們展現、表達」之意，註釋書便慣常以註釋段落最後所說的：sabbo jano saddhā-bhājanaṃ upanetu（「讓每個人拿出他的信仰之舟」，M. 26的註釋），而採用此意，其中以upanetu去解述pamuñcantu一詞。這一句話語還出現於Sn. 1146，（不幸的是，在那裡，它經常與另一個令人混淆的詞saddhā-vimutto──「信解脫者」合用）。

❽ 「超越一切者」（sabbābhibhū，一切勝者）是從bhū（生物）字根演化而來，具有「超越生命」或「超越一切生命之人」的意思。有些譯者將Abhibhū（後文還會出現）譯為「主宰」（如在abhibhāyatana中）或「戰勝者」，用以形容大梵天。這可視為佛陀在不同的背景下，使用通行語詞說話的例子。

❾ 「五取蘊」（upādānakkhandha），在第十二章有進一步的討論。

❿ 「修習」（bhāvetabhaṃ）意指「必須被培養、被發展」。（向智）

譯註

① 「生有」指的是生命的存在。這整段可以理解為佛陀對於「無我」或去除我見對解脫所具的重要關係。

② 二寶即指佛寶與法寶,當時僧寶尚未出現世間。

③ 偏袒一肩,即露出右臂,表示荷擔佛法。偏袒一肩與右膝著地都是印度當時集會請法時,必用的一種崇重的禮節。

④ 「善逝」是佛陀的十種德號之一,「逝」亦名「行」,「善逝」是指佛陀的行(聖道)是善淨而無染的,是善妙的,可行於不死的涅槃。

⑤ 佛陀主張中道,同時避免兩個極端,意即縱欲享樂與自我折磨的苦行。

⑥ 「右繞而去」的陳述在本書出現多次,是印度的禮節。行走時保持尊者(人、像、塔)在行者的右邊,是表示禮敬的走路方式。

⑦ 現代印度人搖頭常表示肯定或贊成,在此顯然並非此意。

⑧ 欲愛是對感官欲望的強烈執取。有愛即對「有」(存在)的渴愛,以各種的盼望、想像來渴望生命的永恆,是推動生命輪迴的力量,其合理化的形式表現是「常見」。無有愛即對「無有」(不存在)的渴愛,是對存在全然絕望的結果,這種渴愛的表現是「斷見」。

⑨ 世尊轉四諦法輪時,每一聖諦都依三個項度解說(即示相轉、勸相轉與證相轉),每一轉各具四行相,合起來共有十二行相,故稱「三轉十二行相」。

⑩ 「法眼」是指「有關法的智慧之眼」,「法」是指四諦或緣起法。充分理解四諦或緣起法,而證得初果,即稱為「得法眼」。

⑪ 「阿若」(Aññāta)意指「了知」、「已知」。

⑫ 具足戒是比丘、比丘尼應受持的戒律,乃親近涅槃之意,受持具戒才算取得比丘或比丘尼的資格。

秋色

| 喜団緒 |

引言

　　初轉法輪之後，佛陀便開始了他長達數十年之弘法生涯。本章所記錄的便是佛陀在這一時期初階的歷程。從中可看到作為一位卓越的思想家、教育家與組織者，佛陀不但在民眾中迅速地建立起威望，而且在很短的時期內便使僧伽從五比丘增長到上千之眾。

　　本章的內容包括最早的信眾、比丘與阿羅漢，以及他們在佛陀的教導下覺悟的過程，從而在佛教史上佔有重要的地位。一些廣為流傳的佛教故事也收錄在本章中，富家子耶舍見侍女夜睡現穢狀而出走；佛陀以神通度化頑固的優樓頻螺迦葉；三魔女妄圖誘惑佛陀；以及頻婆娑羅王獻竹林園等。

　　細心的讀者也許會注意到，這些源於巴利原典的故事，在內容上與後來其他出處的情節常有出入。以夜睹侍女穢狀而出走的故事為例，巴利經藏中講的主角是耶舍尊者，而後來一些傳說則將其轉換為佛陀本人。本書也因此為那些有意探究尋源的讀者，提供了一個寶貴的研究機會。

耶舍的出家因緣

優婆離：那時，曾有位同族的人耶舍，父親是位商人，他從小在奢華的環境中長大。耶舍有三個宮殿，一個供冬季使用，一個供夏季，另一個則供雨季之用。在雨季的宮殿裡，有清一色的女性為他歌舞作樂。在這四個月裡，他從來不下樓到別的殿去。

有一次，耶舍沉溺於五種感官欲樂中，雖然當時天色尚早，但他不自覺地睡著了，那些在旁的侍女也跟著進入夢鄉。待耶舍一覺醒來，剩一盞常明燈還亮著，滿眼看到的盡是睡著了的侍女。其中有人或把琵琶夾在手臂下，或把小鼓夾在頷下，或把樂鼓夾在腋下。有人或髮亂不整，或口水流溢，或喃喃囈語，那景觀讓他聯想到塚間。這不堪入目的情景震撼了他，不由從心底感到厭惡，大聲感嘆道：「可怕啊！可惡啊❶！」

然後，他套上金拖鞋，走向房門。這時非人為他把門打開，不讓任何人阻撓他離家出家。他走到了城門，非人又為他把城門打開，不讓任何人阻撓他離家出家。

他走到仙人住處鹿野苑時正是黎明時分，世尊早起後正在空地上來回地經行。當世尊看到耶舍從遠處走來，便停下腳步，坐在為他設好的座位上。在離世尊不遠之處，耶舍不由地喊道：「可怕啊！可惡啊！」

世尊對他說：「這裡不可怕，這裡不可惡。耶舍！你過來坐下，我為你說法。」

他想：「看來這裡不可怕，這裡不可惡。」於是感到快樂並滿懷希望。他脫下金拖鞋，走上前去，敬禮世尊後，坐於一旁。然後，世尊依次為他說法，也就是開示布施、持戒、生天；解說感官欲樂的過患、邪害與雜染，以及出離的安樂。當他看到耶舍

的心已純熟、調柔、離障、熱切並充滿信心，他便傳授耶舍諸佛所特有的教誡：苦、苦集、苦滅與滅苦之道。正如一塊已去除所有污漬的潔淨布料，能迅速且均勻地吸收染料，耶舍坐在那裡，獲得清淨無染的法眼：「凡是生法者，即是滅法。」（Vin. Mv. 1:7）

最早皈依三寶的在家弟子

後來，耶舍的母親前來他的宮殿，見不到耶舍，便告訴丈夫說：「你的兒子耶舍不見了！」

這位商人向四方派出使者，然後自己到仙人住處鹿野苑，看到金拖鞋的鞋印，他尋蹤而去。世尊看到他，心想：「讓我以神通使這位商人雖坐在這裡，卻看不到耶舍也坐在這裡。」世尊於是顯現神通。商人來到世尊跟前便問道：「世尊！您可見到耶舍嗎？」

「請坐！也許當你坐在這裡時，你會看到耶舍也坐在這裡。」

他聽到此言心中歡喜，敬禮世尊後，坐於一旁，世尊於是像對耶舍那樣開始對其父依次說法。商人因而見法、得法、知法、悟入於法，並超越疑惑，棄除猶豫，獲得不壞的信心，依世尊的教法修行，再不依其他因緣。他說：「世尊，真是神妙啊！世尊，真是神妙啊！世尊以不同的方法清楚地闡釋法，如扶正傾覆，或能揭露覆藏，或指點迷津，又如於黑暗中提舉燈火，令有眼者見色。我要皈依世尊、法與比丘眾，從今日起，請世尊接受我為盡形壽追隨世尊的弟子。」如此，他成為世間第一位皈依三寶的人。

當父親聆聽佛法時，耶舍重溫自己所見並親證的法，他的心

無有執取，而從諸漏中解脫。世尊此時思惟：「當耶舍獲得這個成就後，再不可能返回世俗，如過去那般耽溺在家生活的感官欲樂。我何不在此刻停止顯現神通？」

停止顯現神通後，商人看到兒子就坐在旁邊。他對兒子說：「我兒耶舍！你的母親正充滿悲憂，你要救她一命。」

耶舍看看世尊，世尊對商人說：「你意下如何？若耶舍已跟你一樣以有學❷之知見洞悉佛法；若他重溫自己所見並親證的法，心無有執取，而從諸漏中解脫。耶舍可能再返回世俗，如過去那般耽溺在家生活的感官欲樂嗎？」

「不可能的，世尊！」

「這正恰是耶舍所作，他再也不可能返回世俗，如過去那般耽溺在家生活的感官欲樂了。」

「世尊！這是有利益的，耶舍無有執取，而從諸漏中解脫，對他真是有莫大的利益。世尊！我請求您今天受我請食，並請允許耶舍作您的侍者隨同而來。」世尊默然同意。商人明白世尊已接受，便起身敬禮世尊後，右繞而去。

他離開不久，耶舍就對世尊說：「世尊！我願隨世尊出家，受具足戒。」

「來！比丘！」①世尊說：「正法已善說，你應修清淨梵行，以滅盡諸苦。」如此耶舍比丘便受了具足戒。

那時，世間有了七位阿羅漢。（Vin. Mv. 1:7）

最早皈依三寶的在家女弟子

世尊於清晨著下衣，持缽與大衣，與侍者耶舍尊者一同來到商人的家，坐於備好之座上。

這時，耶舍尊者的母親與其前妻出來迎接世尊，敬禮世尊後，坐於一旁。世尊便像對耶舍與其父那樣跟她們說法，她們的心也獲得清淨無染的法眼：「凡是生法者，即是滅法。」她們所見的法與商人所見的並無差別，於是便皈依三寶：「從今日起，請世尊把我視爲盡形壽追隨世尊的弟子。」如此，她們就成爲世間最早皈依三寶的女弟子。

然後，耶舍的父母與前妻就親手服侍世尊與耶舍尊者，以各種美食供養他們。用齋畢，世尊放下鉢，他們才坐到一旁。這時，世尊說法，以教示、勸導、激勵、鼓舞他們之後，起身離去。（Vin. Mv. 1:8）

耶舍領眾友聞法出家

耶舍尊者有四個朋友，全都出身於波羅奈的商賈名門，他們分別是離垢、善臂、滿勝與牛主。他們聽說：「耶舍已剃除鬚髮、著袈裟，出家而過無家的生活了。」他們聽說後就想：「能讓耶舍剃除鬚髮、著袈裟，出家而過無家的生活，那肯定不是尋常的法與律，也不是尋常的出家之舉。」

他們來到耶舍尊者處，敬禮後，立於一旁。耶舍尊者領他們去見世尊，他說：「世尊！請教導、教誡他們。」世尊像對別人那般爲他們說法，同樣地，他們依世尊的教法修行，再不依其他因緣。他們對世尊說：「我們願隨世尊出家，受具足戒。」

「來！諸比丘！」世尊說：「正法已善說，你應修清淨梵行，以滅盡諸苦。」如此，他們便受了具足戒。在世尊以法來教導與教誡下，他們的心因無有執取，而從諸漏中解脫。

從此，世間就有了十一位阿羅漢。（Vin. Mv. 1:9）

　　後來，耶舍尊者故鄉的五十位好友，都是富貴出身，他們也聽到耶舍出家的事，他們去見耶舍尊者，耶舍帶他們去見世尊。在聽了世尊的開示後，他們也乞求出家受具足戒。在世尊以法來教導與教誡下，他們的心因無有執取，而從諸漏中解脫。從此，世界上就有了六十一位阿羅漢。　（Vin. Mv. 1:10）

解脫惡魔的束縛

　　那時，世尊對眾比丘說：「諸比丘！我已解脫了人、天一切的束縛，你們也已解脫了人、天一切的束縛。諸比丘！為了眾生的福祉與安樂，基於慈悲，為了世間，為了人天的福祉、安樂與利益，請你們到四處遊行！教導佛法，此法不論是文字或義理上，不論是初、中、後，都是善妙的，要為人們解說此圓滿清淨的梵行。有些眾生只有少許塵垢，若未聽聞正法，將枉度此生；有些人在聞法後，便可證悟。我將前往優樓頻螺將軍村說法。」

　　這時，惡魔來到世尊面前，以偈頌說：

「不論是天或是人，汝為惡魔鐐銬縛；
　汝受惡魔囚禁縛，沙門休想掙脫我。」

「不論是天或是人，我解脫惡魔鐐銬，
　解脫惡魔之囚禁，消滅者！汝今自敗。」

「鐐銬無形布空中，汝心已為其所銬，
　以此我永束縛你，沙門休想掙脫我。」

「我於色塵已無欲，於聲香味觸亦然，
　縱令諸塵甚美妙，消滅者！汝今自敗。」

這時，惡魔知道：「世尊已識破我！善逝已識破我！」傷心與失望的他，便立即消失了。（Vin. Mv. 1:11）

佛陀允許眾比丘爲人剃度、授戒

那時，四處遊行的比丘們，從各國、各地帶回了許多立志出家受戒者，請世尊爲之剃度與授戒。諸比丘與志願出家者對此事都感到疲勞，世尊斟酌情況後，一天傍晚爲此事而召集比丘。在說法後，世尊告訴諸比丘：

「諸比丘！當我獨處靜默，心中思惟：『諸比丘如今從各國、各地帶回立志出家受戒者，以便由我爲其剃度授戒，諸比丘與志願出家者對此事都感到疲勞。我何不允許諸比丘在任何地方或國家，就爲發心者剃度並授戒呢？』我現在允許你們如此做。此事應當如此做：先剃除鬚髮；然後著袈裟，令偏袒一肩，再向比丘頂禮。長跪合掌，而說：『我皈依佛，我皈依法，我皈依僧。如是二說……如是三說……』我允許以此三皈依，使之出家與授戒。」（Vin. Mv. 1:12）

惡魔自敗

世尊在波羅奈度過夏安居後，對諸比丘說：

「諸比丘！以如理作意與如理精進，我獲得無上解脫，現證無上解脫。諸比丘！你們也以如理作意與如理精進，而獲得無上

解脫，現證無上解脫。」

　　這時，惡魔來到世尊面前，以偈頌說：

「不論是天或是人，汝爲惡魔鐐銬縛；
　汝受惡魔囚禁縛，沙門休想掙脫我。」

「不論是天或是人，我解脫惡魔鐐銬，
　解脫惡魔之囚禁，消滅者！汝今自敗。」

　　這時，惡魔知道：「世尊已識破我！善逝已識破我！」傷心
與失望的他，便立即消失了。（Vin. Mv. 1:13）

三十人林中得法

　　世尊在波羅奈隨意住了一段時間後，便漸次遊行前往優樓頻
螺。途中他離開大路走入一座森林，在一棵樹下靜坐。恰好當時
有三十多人帶著妻子一同在林中取樂。其中一位沒有妻子，於是
帶了位妓女隨行。在眾人毫不設防地沉浸於歡樂之際，妓女竟偷
走他的財物而逃。爲幫助這位男子，大家便一同尋找妓女。在森
林中尋找時，他們看到世尊在樹下靜坐。他們走上前去，問道：
「世尊！您可曾見到一位婦人在此？」「年輕人！你們與這婦人做
了什麼事呢？」他們便把發生的事告訴世尊。

　　「你們認爲在尋找一位婦人與尋找自己之間，哪一個更重
要？」

　　「世尊！尋找自己更重要。」

　　「那麼，何不坐下讓我爲你們說法。」

「遵命，世尊！」他們答道。敬禮後，分坐一旁。

世尊於是爲他們次第說法，在這過程中，他們獲得清淨無染的法眼，最後依世尊的教法修行，再不依其他因緣。他們對世尊說：「我們願隨世尊出家，受具足戒。」

「來！諸比丘！」世尊說：「正法已善說，你應修清淨梵行，以滅盡諸苦。」如此，他們便受了具足戒。（Vin. Mv. 1:14）

度化迦葉三兄弟

世尊次第遊行，最後終於到達優樓頻螺。那時，正好有三位螺髻（譯按：結髮於頂）的苦行沙門住在那裡。他們分別是優樓頻螺迦葉、那提迦葉與伽耶迦葉。其中，優樓頻螺迦葉是五百位螺髻苦行沙門的領袖、導師與上首；而那提迦葉與伽耶迦葉，則分別是三百位與二百位螺髻苦行沙門的領袖、導師與上首。

降服火堂的猛龍

世尊去到優樓頻螺迦葉的隱居處，對他說：「迦葉！若你不介意，我想到你的火堂過夜。」

「大沙門！我不介意，不過那裡面有一條具有神通的兇猛龍王，他有毒，非常可怕的劇毒，能致你於死地。」

世尊第二次要求，又第三次要求，都得相同的答覆。他說：「迦葉！或許他不會毀害我，就允許我使用火堂吧！」

「大沙門！你就隨意而住吧！」

世尊於是進入火堂，舖了一個燈心草的蒲團，結跏趺坐，端正其身，置念面前。龍王見到世尊進來，就開始憤怒、吐煙。世

尊思惟：「讓我以火治火，卻不傷害他的外膚、內膚、肉、筋、骨與髓。」世尊於是顯現吐煙神通。這時，龍王不再控制自己的憤怒，立刻噴火；世尊也入火界三昧而放火燄。火堂內一時烈燄騰空，熾然如焚，那些螺髻的苦行沙門紛紛從四處聚來，叫道：「那位莊嚴的大沙門，將被龍王所害。」

那天晚上結束時，世尊已以火治火降伏了龍王，且未傷害到他，他把龍王放鉢中，展示給優樓頻螺迦葉：「迦葉！這是你的龍王，他的火燄已被火燄制服了。」優樓頻螺迦葉心想：「這位大沙門有大神通、大威力，能以火燄制服火燄，降伏那條具神通、有毒，有非常可怕劇毒的兇猛龍王，但他並不像我是個阿羅漢。」（Vin. Mv. 1:15）

四大天王來聽法

然後，世尊到離迦葉隱居處不遠的樹林中去住。夜深之後，四大天王來到世尊住處，他們色相殊妙，光明照亮整片樹林。敬禮後，分別立於四角，猶如四根火柱。是夜過後，優樓頻螺迦葉來到世尊跟前，說道：「大沙門！飯食已備。昨夜是誰造訪呀？」

「迦葉！他們是四大天王，來我這裡是為了聽法。」

迦葉心想：「這位大沙門果然有大神通、大威力，連四大天王也到他那裡聽法，但他並不像我是個阿羅漢。」（Vin. Mv. 1:16）

隨後的夜晚，諸天之王釋提桓因與娑婆主梵天前來拜見世尊。迦葉雖把這些事看在眼裡，但他的態度仍然不變。（Vin. Mv. 1:17-18 濃縮）

到北俱盧洲乞食

那時，優樓頻螺迦葉將舉行大祭典，鴦伽國與摩揭陀國人，攜帶了各式豐盛的食品趕來。那時，迦葉心想：「我將舉行大祭典，鴦伽國與摩揭陀國人，攜帶了各式豐盛的食品趕來。若那位大沙門在這些人面前顯現神通，那麼他的名聞利養將會增加，而我的則會消減。我希望明天大沙門不要出現。」

世尊覺知迦葉的念頭，所以到北俱盧洲乞食。他帶著乞來的食物到喜馬拉雅的阿耨達池用食，並度過一天。是夜過後，迦葉來到世尊面前，說道：「飯食已備，敢問大沙門昨天為何不來呢？我們納悶你為何不來，還為你留了一份飯菜呢！」世尊於是告訴他自己不露面的緣由。迦葉於是心想：「這位大沙門果然有大神通、大威力，他能知道我心中的念頭，但他並不像我是個阿羅漢。」（Vin. Mv. 1:19）

釋提桓因來侍候

當世尊用畢優樓頻螺迦葉所備的食物，又回到那片樹林中住。此時，世尊得到一塊被人棄置的破布。他想：「我該到何處清洗這塊破布呢？」此時，諸天之王釋提桓因覺知世尊的念頭，便用手挖出了一個水池，然後對世尊說：「世尊！請在這裡洗濯破布。」

然後，世尊心想：「我應該在何處捶打破布呢？」此時，諸天之王釋提桓因覺知世尊的念頭，便放置了一塊大石，說道：「世尊！請在這裡捶打破布。」

之後，世尊心想：「我應在何處懸掛這塊破布呢？」此時有

位住在迦休樹上的天人，彎下一根枝幹，說道：「世尊！請在這裡懸掛破布。」

後來，世尊心想：「我用什麼來曬破布呢？」此時，諸天之王釋提桓因又安置了一塊巨石，說道：「世尊！請在這裡曬破布。」

是夜過後，迦葉來到世尊面前，說道：「大沙門！飯食已備。但大沙門，此處原本並無水池，為何現在有水池呢？此處原本並無石頭，是誰將它放在這裡呢？那棵迦休樹原本並不彎曲，為何枝幹現在會彎曲下來呢？」

世尊告訴他諸事的原委，迦葉心想：「這位大沙門果然有大神通、大威力，連諸天之王的釋提桓因都侍候他。但他並不像我是個阿羅漢。」（Vin. Mv. 1:20）

後行摘果卻先到

又一次，天明時分，迦葉來到世尊面前，說道：「大沙門！飯食已備。」為了讓他先行，世尊說：「你先去吧，迦葉！我隨後就到。」他去到一棵閻浮樹（南贍部洲即以此樹而名為閻浮提）摘下一顆果子。然後，他先一步抵達，在火堂內坐下。迦葉見他坐在那裡便問道：「大沙門！你取何路而來？我比你先上路，你倒反比我先到，且已坐在火堂內了。」世尊於是告訴他自己曾去何處，並補充說：「這便是閻浮果，它的顏色正紅，溢著香氣，味道正鮮。如果你喜歡的話，可享用它。」

「不，大沙門！既然是你把它摘回，應當你自己享用。」

迦葉於是心想：「這位大沙門果然有大神通、大威力，他讓我先行，之後到閻浮樹摘了一粒果子，卻在我之前抵達這裡，人

已坐定在火堂內。但他並不像我是個阿羅漢。」餐後，世尊又回到林中住。

在類似的情況下，世尊到閻浮樹附近的樹上摘了一粒芒果……在其附近的樹上摘了一粒沒食子……在其附近的樹上摘了一粒黃色的沒食子……到三十三天從波利質多羅樹上摘了一朵花。但每一次迦葉都抱持著相同的看法。（Vin. Mv. 1:20）

以神通劈柴火

有一次，那些螺髻苦行沙門想保持火種不斷，但發現自己無法劈柴，他們想：「這一定是那位大沙門以神通使我們不能劈柴。」

世尊便問迦葉：「迦葉！這些木頭應當被劈成柴火嗎？」……「是的，大沙門！應當被劈成柴火。」

話音一落，五百根圓木立即被劈成柴火。迦葉於是心想：「這些圓木原本是劈不開的，這位大沙門果然有大神通、大威力。但他並不像我是個阿羅漢。」（Vin. Mv. 1:20）

化火爐為苦行沙門取暖

又有一次，那些螺髻苦行沙門，想保持火種不斷，卻無法點著火……卻無法把火熄滅……。但對每次迦葉都抱持著相同的看法。

又一次，在寒冬之夜，從降雪之季，月前分第八日至後分第八日止②，那些螺髻苦行沙門浸身於尼連禪河，浸後又走出水面，他們不斷地如此做，世尊於是變化出五百個火爐，供螺髻苦

行沙門於出水時取暖。他們心想：「這些火爐肯定是那位大沙門的神通力所生。」迦葉心想：「這位大沙門果然有大神通、大威力，他竟然能化作了這麼多座火爐。但他並不像我是個阿羅漢。」（Vin. Mv. 1:20）

逼退洪水而經行

那時又趕上一場非時節的暴雨，結果引起大洪水，大水淹沒世尊原來的居處。他想：「我何不讓四面的水退開，以便在其中的乾地上經行？」他於是就如此作了。

迦葉心想：「我希望那位大沙門未被洪水沖走。」於是他與幾位螺髻苦行沙門共乘一舟前往世尊的居處探視。不料見到世尊讓四面的水退開，就在其中的乾地上經行。當他看到這一幕，說道：

「大沙門！是你嗎？」

「迦葉！是我。」

世尊此時騰空而起，坐到迦葉的船上。迦葉於是心想：「這位大沙門果然有大神通，大威力，即使洪水也無法沖走他。但他並不像我是個阿羅漢。」

此時，世尊如是思惟：「這個迷途的人會永遠如此想下去：『但他並不像我是個阿羅漢。』我何不喝斥他？」於是他告訴優樓頻螺迦葉：「迦葉！你既非阿羅漢，也不具阿羅漢道。你的修行當中，沒有一項能使你成就阿羅漢，或引導你進入阿羅漢道。」（Vin. Mv. 1:20）

三兄弟出家受具足戒

聽到這話，這位螺髻苦行沙門終於頭面頂禮世尊之足，說道：「世尊！我願隨世尊出家，受具足戒。」

「迦葉！但你是五百位螺髻苦行沙門的領袖、導師與上首。你必須與他們商量，好讓他們各依其判斷行事。」

優樓頻螺迦葉於是到那些螺髻苦行沙門處，告訴他們：「我準備在大沙門座下修習梵行，你們可各依自己的判斷行事。」

「我們對大沙門早有信心，若你隨他修習梵行，我們全部也將隨從而去。」

這些苦行沙門於是剪去髮髻，剃掉了髮，連同隨身的物品與拜火的法器，一齊扔到河裡，任其漂流而去。他們到世尊處，頭面頂禮世尊之足，說道：「世尊！我願隨世尊出家，受具足戒。」

「來！諸比丘！」世尊說：「正法已善說，你應修清淨梵行，以滅盡諸苦。」如此，他們便受了具足戒。

螺髻苦行沙門那提迦葉看到河中漂流而過的頭髮、髮髻、隨身物品與拜火的法器。他心想：「願我的哥哥無有災禍。」他對幾位螺髻苦行沙門說：「去探視一下我哥哥！」然後與三百位螺髻苦行沙門一同來到優樓頻螺迦葉尊者處，他問道：「這是更好的修行之道嗎？」

「是的，朋友！這個更好。」

於是，這些苦行沙門剪去髮髻，剃掉頭髮，連同隨身的物品與拜火的法器，一齊扔到河裡，任其漂流而去。他們到世尊處，頂禮世尊之足後，他們要求並也得到允許隨世尊出家，受具足戒。那位螺髻苦行沙門伽耶迦葉與追隨他的二百位螺髻苦行沙

門，也與那提迦葉一樣地隨世尊出家，受具足戒。（Vin. Mv. 1: 20）

惡魔無機可乘

　　阿難：如是我聞。一時，世尊住在優樓頻螺村的尼連禪河邊，一棵阿闍波羅榕樹下。其時，惡魔已跟蹤世尊七年，一心想找下手的機會，但始終無所得。他到世尊面前，而說偈頌：

「林中沉思浸悲傷？失財或欲求復得？
　汝於村中可犯罪？何故不與人交往？
　難道無人可為友？」

「我已掘除悲傷根，無悲無罪我禪思，
　解脫諸漏放逸族，如是人捨生存欲。」
「人稱彼物屬於我，凡言必說我所有，
　若汝同於此意念，沙門休想掙脫我。」
「人稱我所我不稱，我不隨他作此說，
　惡魔諦聽我說此，此道我知汝未見。」
「汝若真獲此道路，通往不死安全處，
　趕緊獨行而離去。何須說與他人知？」
「意圖越度彼岸者，問我何處有不死，
　如是之問我告汝，無餘涅槃永不生。」

「世尊！猶如離村不遠有處池塘，有隻螃蟹住在其中。有一群男女兒童出村來到池塘邊，撈出水中螃蟹而放在乾地上。每當螃蟹伸出爪，他們就將它切掉、弄斷，用杖石砸碎，以至於螃蟹

所有的爪都被切掉、弄斷、砸碎，再不可能像往常一樣回到池塘去——同樣地，魔王的歪曲、嘲弄與曲解全被世尊切掉、弄斷、砸碎。我現在連找機會接近世尊，都不可得了。」

之後，惡魔說出如下的偈頌以表達失望：（S. 4:24）

我亦步亦趨地跟隨世尊七年，
等正覺者之世尊，
具足正念，我無機可乘。（Sn. 3:2）

烏鴉繞飛於空中，見一石塊如凝脂：
「於此我是否獲得，柔軟與美味之食？」
不得美食而飛離，我等猶如襲石鳥，
亦從喬達摩身旁，於失望中而遠離。

心中充滿悲傷，他的琵琶從腋下掉落，然後他悻悻地消逝。
（Sn. 3:2; S. 4:24）

惡魔之女的誘惑

惡魔失望地對世尊誦出以上的偈頌後，離座而去，跌坐於離世尊不遠處，默然、沮喪、低頭垂肩、怏怏不樂、無話可說，以杖畫地而坐。

此時，惡魔的三個女兒——渴愛、不快與貪欲，來到他的身旁，以偈頌對他說：

「父何故如此愁苦？因誰而如此氣惱？

佈下貪欲的羅網，我等逮捕綑綁彼，

　　猶如逮捕林中象，將彼重置汝手中。」

「阿羅漢出現於世；當人逃離惡魔界，

　　以任何貪欲詭計，皆無法將之誘回，

　　我因此而甚悲傷。」

　　惡魔的三個女兒渴愛、不快與貪欲，便到世尊處，對世尊說：「沙門！我們今歸你的足下。」世尊不理會她們，因為他已徹底滅除輪迴的因，獲得解脫。

　　她們退到一旁，一起商量：「男子有種種隨形愛欲，我們何不每個人變出一百個童女相？」她們便如此做了，然後到世尊處，說道：「沙門！我們今歸你的足下。」世尊再次地出於同樣的原因，對此不予理睬。

　　她們又退到一旁，一起商量：「男子有種種隨形愛欲，我們何不每個人變出一百個處女？……一百個生產過一次的女子？………一百個生產過二次的女子？……一百個中年的女子？……一百個年老女人？」每次議論後，她們就依著做了。每次她們都到世尊處，對世尊說：「沙門！我們今歸你的足下。」但世尊一次次地出於同樣的原因，對那一切都不予理睬。

　　這次，她們退到一旁，說道：「看來父親是對的，假如我們這般地誘惑任何一位未離欲的沙門或婆羅門，他的心臟便早已破裂，或口吐熱血，或狂心亂氣，或老化、乾枯、萎縮如同割截下的燈心草。」她們到世尊處，立於一旁。然後，渴愛以偈頌向世尊說：

「林中沉思浸悲傷？失財或欲求復得？

汝於村中可犯罪？何故不與人交往？
難道無人可爲友？」

「已戰勝可愛樂軍，獨自禪思獲安樂，
證果而得之安樂，此樂源於心寂靜。
故不於人中交友，因中無人可爲友。」

然後，不快以偈頌向世尊說：

「比丘修習心何住，已越度五道瀑流❸，
復欲度第六道否？究竟修習何禪法，
杜絕欲樂近於彼？」
「身得輕安心解脫，於三業行無所作，
持守正念無貪著，知法心定不生尋，
不瞋不憂與不惑。比丘修習心住此，
已越度五道瀑流，亦能越度第六道。
如是修習此禪法，杜絕欲樂近於彼。」

然後，貪欲以偈頌向世尊說：

「斷除渴愛率眾行，眾多有情跟隨彼，
此無貪欲之大眾，得越死域導彼岸。
諸如來與大雄者，以善法引渡眾生，
我等妒恨與惡意，何損善法攝引力？」

然後，惡魔的三個女兒渴愛、不快與貪欲，回到惡魔處，一

看到她們，他就說出以下的偈頌：

> 汝是愚人持蓮莖，戳刺欲破碎岩石，
>
> 欲以指甲鑿山巖，欲以牙齒嚼硬？，
>
> 欲於頭上頂巨石，於峭壁尋立足處，
>
> 欲以胸膛推樹倒，汝等從喬達摩處，
>
> 挫敗無功而歸來。（S. 4:24-25）

一切都在燃燒

優婆離：世尊在優樓頻螺隨意停留了一段時間後，動身前往伽耶城象頭山，這一次，隨行的包括原先那些螺髻苦行沙門，共有上千位比丘。世尊於是與眾比丘在伽耶城附近的象頭山停留，在那裡他給比丘如下的開示：

「諸比丘！一切都在燃燒，什麼是一切都在燃燒呢？

「眼在燃燒，色在燃燒，眼識在燃燒，眼觸③在燃燒。由眼觸所生之受，不論是樂、苦或不苦不樂之受，也在燃燒。以什麼火燃燒呢？以貪火、瞋火、痴火燃燒；以生、老、死、愁、悲、苦、憂、惱燃燒，我如是說。

「耳在燃燒，聲在燃燒……

「鼻在燃燒，香在燃燒……

「舌在燃燒，味在燃燒……

「身在燃燒，觸在燃燒……

「意在燃燒，法在燃燒，意識在燃燒，意觸在燃燒。由意觸所生之受，不論是樂、苦或不苦不樂之受，也在燃燒。以什麼火燃燒呢？以貪火、瞋火、痴火燃燒；以生、老、死、愁、悲、

苦、憂、惱燃燒，我如是說。

「諸比丘！多聞聖弟子如是觀察，便會厭患眼，厭患色，厭患眼識，厭患眼觸。厭患緣眼觸所生之受，不論是樂、苦或不苦不樂之受。」

「他便會厭患耳，厭患聲……

「他便會厭患鼻，厭患香……

「他便會厭患舌，厭患味……

「他便會厭患身，厭患觸……

「他便會厭患意，厭患法，厭患意識，厭患意觸，厭患緣意觸所生之受，不論是樂、苦或不苦不樂之受。

「若厭患生，即離貪；離貪則心解脫；當心解脫時，生起「此是解脫」之智，我證知：『我生已盡，梵行已立，所作皆辦，不受後有。』」

在宣說此法時，一千位比丘因心無有執取，而從諸漏中解脫。（Vin. Mv. 1:21；S. 35:28）

頻婆娑羅王率眾聞法

世尊在象頭山隨意住了一段時間後，動身前往王舍城，這一次，隨行的包括原先那些螺髻苦行沙門，共有上千位比丘。世尊次第遊行至王舍城，住到杖林園善住靈廟。

摩揭陀國的頻婆娑羅王聽說：「看來那位出家的釋迦族之子沙門喬達摩來到了王舍城，住在杖林園善住靈廟，如今人們稱揚喬達摩大師的美名：『世尊是阿羅漢、等正覺、明行足、善逝、世間解、無上士、調御丈夫、天人師、佛、世尊④。他於現法自證、現證的名聲，遍傳諸天、魔、梵天的世界，以及沙門、婆羅

門、國王與人民的眾生界。他教導佛法，此法不論是文字或義理上，不論是初、中、後，都是善妙的，且爲人解說此圓滿清淨的梵行。』應去見識這般阿羅漢。」

然後，摩揭陀國中有十二萬婆羅門與居士，分成十二隊，伴隨著摩揭陀國頻婆娑羅王拜見世尊，國王敬禮後，坐於一旁。但那十二隊婆羅門及居士，有的敬禮後，坐於一旁；有的與世尊問候寒暄後，坐於一旁；有的雙手合十，對世尊致敬後，坐於一旁；有的向世尊報上名字與族姓後，坐於一旁；有的則是一言不發地就坐於一旁。

他們內心納悶著：「到底是大沙門在優樓頻螺迦葉的指導下修梵行，還是優樓頻螺迦葉在大沙門的指導之下修梵行呢？」世尊覺知他們的念頭，便以偈頌對優樓頻螺迦葉說：

「優樓頻螺居住者，瘦骨嶙峋之老師，
　汝何所見捨火祭？迦葉我以此相詢，
　汝何故捨火祭法？」

「色、聲、勝味與佳人，此乃火祭之報償。
　我視一切爲垢染，祭火犧牲我不樂。」

迦葉我以此告汝：「汝心於此處不樂，
　不樂色、聲與勝味，人天世間有何處，
　可有何物取悅汝？若有迦葉請告我。」

「我見世間無寂靜，寂靜之中無所著，
　無所有不執欲有，不變異難令變異，

祭火犧牲我不樂。」

說畢，優樓頻螺迦葉尊者從座而起，偏袒一肩，頂禮世尊之足，說道：「世尊是我的導師，我是弟子；世尊是我的導師，我是弟子！」

這十二隊摩揭陀國的婆羅門與居士因而心想：「是優樓頻螺迦葉在世尊的指導之下修梵行。」世尊覺知他們的念頭，而為他們次第說法。最後，他們之中有十一隊的人獲得清淨無染的法眼：「凡是生法者，即是滅法」。另外的一隊婆羅門與居士則成為虔誠的信徒。

這時摩揭陀國頻婆娑羅王已見法、得法、知法、悟入於法，並超越疑惑，棄除猶豫，獲得不壞的信心，依世尊的教法修行，再不依其他因緣。

他對世尊說：「世尊！當我年幼時，曾立下五個願望，現在一一實現了。當我年幼時，我想：『願我受灌頂為王』，那是我的第一個願望，如今它已實現。第二個願望是：『願我此生能值遇一位完全證悟的阿羅漢。』如今它已實現。第三個願望是：『願我能承事供養這位世尊。』如今它已實現。第四個願望是：『願世尊能為我說法。』如今它已實現。第五個願望是：『願我能證悟世尊之法。』如今它也已實現。妙哉，世尊！妙哉，世尊！世尊以不同的方法清楚地闡釋法……世尊！請把我視為盡形壽追隨世尊的弟子。世尊！請世尊與眾比丘明日接受我請食。」

世尊默然同意。國王明白世尊已接受，便起身敬禮世尊後，右繞而去。（Vin. Mv. 1:22）

赴王舍城應供

是夜過後，國王已經準備了各式各樣的美食，於是便去通報：「世尊！時間已到，飯食已備。」

這時正是清晨，世尊著下衣，持鉢與大衣，前往王舍城，隨行的包括原先那些螺髻苦行沙門，共有上千位比丘。在前往的路上，諸天之王釋提桓因化為一位婆羅門青年，站在世尊面前，雙手合十，面對以世尊為上首的比丘眾，說出如下的偈頌：

世尊來到王舍城，彼已調伏與解脫，
率領螺髻苦行眾，彼已調伏與解脫，
如閃亮金色珠寶，世尊來到王舍城。

世尊來到王舍城，彼已寂靜與解脫……

世尊來到王舍城，彼已捨執與解脫……

世尊來到王舍城，彼已成就與解脫……
彼住十居❹，具十力，了知十法，十具足⑤，
追隨者達千人眾，世尊來到王舍城。

當人們看到諸天之王釋提桓因便說：「這位年輕的婆羅門如此英挺、俊美、優雅。他是誰呢？」如此說時，釋提桓因以偈頌回應他們：

彼為調伏之聖者，清淨於世無倫比；

彼爲善逝、阿羅漢；我爲其一追隨者。（Vin. Mv. 1:22）

頻婆娑羅王獻竹林園

世尊到了頻婆娑羅王的住處，在預備好的座位上坐下，諸比丘則環繞而坐。國王親手供奉飯食給以世尊爲上首的僧伽，使他們都獲得飽足。當世尊放下鉢後，國王坐於一旁。坐下後，他心想：「世尊應住於何處，能離城既不甚遠，也不太近，有入口、出口，便利前去拜見的人。白天少人至，夜間寂靜，不被聲音所擾，離群索居，適合獨處靜默？」然後他就想到：「我們的竹林園具足這些特點，正適合這個用途。讓我把它獻給以世尊爲上首的僧伽吧！」

於是他淨手後拿出一個金瓶，把竹林園獻給世尊，說道：「世尊！我把竹林園獻給以世尊爲上首的僧伽。」

世尊接受了竹林園，然後他說法，以教示、勸導、激勵、鼓舞摩揭陀國頻婆娑羅王之後，起身離去。（Vin. Mv. 1:22）

原註

❶ 雖然後來的文獻將此事歸為佛陀出家前的經歷,並視它為佛陀出家修道的直接動機。但在三藏典籍中,歌舞伎的這些睡態,只出現在耶舍尊者的經歷中,

❷ 此處指的是證初果(向智)。

❸ 根據註釋書,五道瀑流指的是「與五根門相關的貪欲等煩惱」,第六道則是「意根上的煩惱瀑流」。

❹ 十居乃聖人的十種生活方式 (見D. 33),十力述於第十一章;十法指的是十種善與不善的行為 (見M. 9);十支具足是指無學者的十種境界 (見D. 33),註釋書亦如是說。

譯註

① 「來!比丘!」是佛陀接受有特別善業的人成為比丘時,所說的話。在佛陀說完這句話後,那些人就會即刻現出家相,這是最初加入僧團的方式。

② 於印度,一個月之前分是指由滿月之隔日至月末,後分是指由新月至滿月為止。月前分第八日至後分第八日,相當於中國陰曆的二十三日至隔月的初八日。

③ 根、塵、識三者和合生觸。根者指眼、耳、鼻、舌、身、意六根;塵者指色、聲、香、味、觸、法六塵;識者指眼識、耳識、鼻識、舌識、身識、意識六識。

④ 這些是佛陀的十種德號中的九種。「明行足」意指具足「明」(天眼明、宿命明、漏盡明)與「行」(戒律儀等十五種聖弟子趨向涅槃的法行)。「世間解」意指完全了解、通達於世間。「無上士調御丈夫」意指佛陀是能調伏丈夫(男子)的無上調御士,使那些受調御者能發心修行。

⑤ 「十具足」指具足「十無學」,即無學之正見、無學之正思惟、無學之正語、無學之正業、無學之正命、無學之正精進、無學之正念、無學之正定、無學之正智、無學之正解脫。「無學」意指已無可學的學盡者,是證得第四最高阿羅漢果的聖者。

第五章

兩位上首弟子

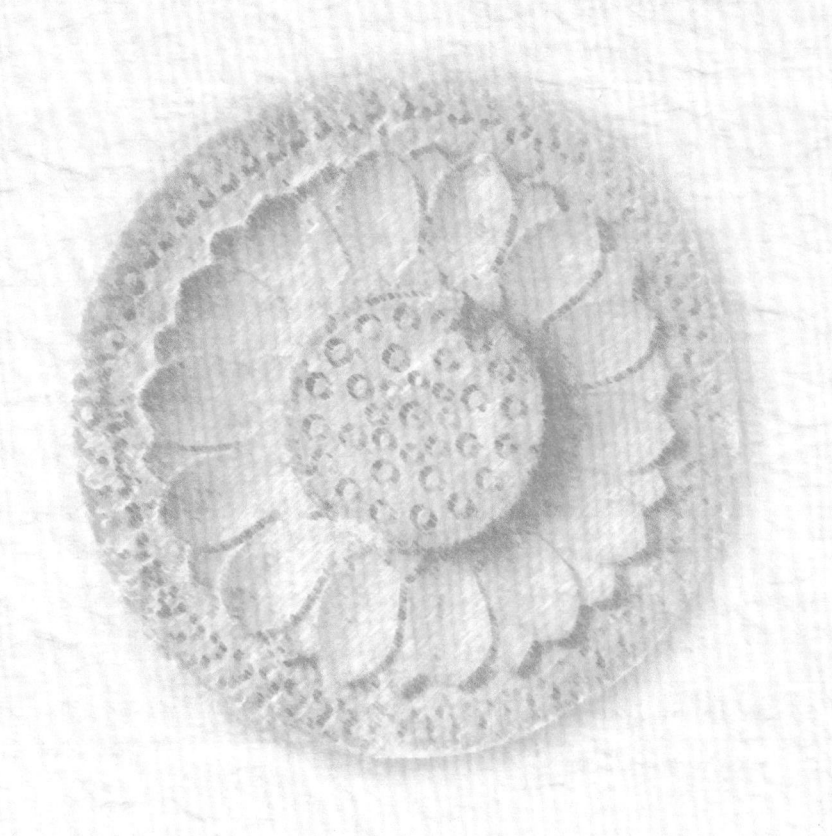

引 言

　　本章除了描述舍利弗途遇阿説示尊者，而導致他與目犍連投佛的故事，還談到佛史上其他一些重要人物的來歷，其中包括佛陀的異母弟難陀、親子羅睺羅，以及釋迦族人阿難、提婆達多、剃髮師優婆離。上述這些人物的出家，除了舍利弗和目犍連兩大弟子，都分別以本章中所講述的兩個事件爲背景：其一是佛陀歸國訪親，其二是釋迦族諸王子相攜出家。故事中，諸多王子能毅然捨棄舒適的世間生活而清苦修行，既反映他們本人的決心，也説明佛陀的感召力。

　　令人感動的還有一段小插曲，即王子們向世尊要求先爲侍者優婆離剃度，從而置己於其下，後來優婆離果然在佛教經典的結集上，誦出律藏，作出關鍵性的貢獻。本章也記載佛陀與遊方沙門長爪之間著名的辯論，其中他輕而易舉地點出長爪論議的悖理處，再次顯示佛陀熟練的思辨力。文中阿説示尊者那聞名的四句偈，不僅在當時就導致舍利弗與目犍連棄師投佛，且至今仍然被認爲是對佛教核心思想的高度概括。

舍利弗與目犍連以佛陀爲師

優婆離：那時，王舍城裡住著一位遊方沙門刪闍耶，擁有許多從學的弟子，計有兩百五十名之多。舍利弗與目犍連那時跟隨刪闍耶修習梵行，兩人約定不論是誰先證得「不死」①，必須要告訴另外那個人。有天早上，阿說示尊者著下衣②，持鉢與大衣，到王舍城乞食。他的威儀舉止令人一見便產生信心，無論是前行、後退、瞻前、顧旁、彎身或起身，他的眼光總是低垂且具足威儀。遊方沙門舍利弗看到他在王舍城中乞食時的舉止，心想：「世間若有阿羅漢，或已入阿羅漢道者，這位比丘當是其中之一，我何不上前去請問他是依誰出家？誰是他的老師？他信奉誰的教法？」但繼之又想：「當比丘正挨家挨戶地乞食時，並不適合上前詢問。我何不跟隨在後，探查求道者究竟發現了什麼？」

當阿說示尊者結束乞食，帶著食物離開王舍城。跟隨在後的舍利弗走上前去，行禮問候。雙方寒暄後，他立於一旁，對他說：「朋友！您的諸根寧靜、安詳，膚色皎潔、光明。請問您依誰出家？誰是您的老師？您信奉誰的教法呢？」

「朋友！有位大沙門，是釋迦族的後裔，從釋迦族捨俗出家。我是依此世尊出家，世尊是我的老師，我所信奉的是他的教法。」

「但是，您的老師說了什麼？他教示的是什麼法呢？」

「朋友！我才出家不久，剛接觸到法與律，因此無法爲你詳盡地教導法。不過，我可以簡略地告訴你它的意義。」

舍利弗說：「那麼也好啊！朋友。」

無論話語多或少，唯有意義請直陳，
但明深義吾所願，語多於我並無益。

阿說示尊者於是就為舍利弗簡要地說出如下的法：

從因所生之諸法，如來說明其因緣，
諸法復從因緣滅，此即大沙門之法。③

遊方沙門舍利弗一聽到這樣的法，心中立刻獲得清淨無染的法眼：「凡是生法者，即是滅法。」

雖是簡扼乃真諦，無憂之境汝證得，
我等縱經千萬世，雖有眼而不曾見。

遊方沙門舍利弗就去見遊方沙門目犍連。目犍連看到舍利弗前來，說道：「您的諸根寧靜、安詳，膚色皎潔、光明。莫非你已證得了『不死』？」「是的，朋友！我已證得『不死』。」「朋友！你如何發現它的？」

遊方沙門舍利弗於是告訴他自己所遇到的事。當目犍連行者聽到那段關於法的偈頌：

從因所生之諸法，如來說明其因緣，
諸法復從因緣滅，此即大沙門之法。

於是，心中立刻獲得清淨無染的法眼：「凡是生法者，即是滅法。」

雖是簡扼乃眞諦，無憂之境汝證得，
我等縱經千萬世，雖有眼而不曾見。

這時，目犍連說：「朋友！讓我們去見世尊，以世尊爲師。」

「但是，朋友！這兩百五十位遊方沙門都依止我們，以我們爲楷範。我們必須與之商量，好讓他們各個能依自己的判斷行事。」

於是，他們一同去見其他的遊方沙門，告訴他們：「朋友們！我們要去見世尊，以世尊爲師。」

「我們都依止他們，以他們爲楷範。倘使他們於大沙門座下修習梵行，那我們也要如此做。」

於是，舍利弗和目犍連就去見遊方沙門刪闍耶，把他們的打算告訴他。

「別說了，朋友！你們不要走。讓我們三個人一同領導眾人修道吧！」

舍利弗與目犍連第二次、第三次向他說明，但總是得到相同的答案。

然後，舍利弗與目犍連便和其餘的二百五十位遊方沙門一同前往竹林園。刪闍耶見狀，難過到口吐鮮血。

世尊見到舍利弗與目犍連從遠處走來，便對眾比丘說：「拘律陀和優波提舍④這兩位朋友攜手而來，他們將是我最優秀的一對上首弟子⑤。」

大師如是親口說──
兩位來者已解脫，

入於甚深之智境，
斷除輪迴之根本，
住於無上之解脫。
人未到達竹林園——
世尊如是親口說：
「拘律陀與優波提舍，
　兩位好友同到來
　將成我上首弟子，
　上首之雙賢弟子。」

　　舍利弗與目犍連走到世尊跟前，頂禮世尊之足。對他說：
「世尊！我們願隨世尊出家，受具足戒。」

　　「來吧！諸比丘！」世尊說：「正法已善說，你應修清淨梵
行，以滅盡諸苦。」如此，他們便受了具足戒。

　　那時，有幾位出身於摩揭陀國世族的人於世尊座下修習梵
行。眾人感到不滿而竊竊私語、抗議：「沙門喬達摩斷人子孫，
製造寡婦，毀滅族姓。已有一千位螺髻苦行沙門在他門下出家，
還有那二百五十位遊方沙門，現在這些出身世族之人也要在他座
下修習梵行。」當他們碰到比丘時，就以偈頌予嘲弄他們：

沙門瞿曇當眞來，摩揭陀國堡壘下；
誘光刪闍耶之徒，今日復將誘何人？

　　比丘們聽了這話，便將此事稟報世尊。世尊說：「這事情不
會拖延很久，它只會持續七天。七日過後，它自己就會停止。當
人們以這種話嘲弄你時，你可以如下的偈頌責備他們。

彼等以法爲引導，彼等爲大雄如來；

如是以法引導時，以何而生嫉妒心？

當人們再嘲弄比丘時，比丘便以此語責備對方。人們於是開始思考：「那些沙門釋子確實是以正法來引導人們，看來並無違反正法。」如此，這件事持續了七天，七日過後，它自己就停止了。（Vin.Mv.1:23-24）

遊方沙門長爪與佛陀論法

註釋者：目犍連在投入佛門後的第七天證得阿羅漢果。但舍利弗卻花了兩個星期不斷複習，並以智慧分析心識的所有層面。至於他如何證得阿羅漢果，有如下的記載。

阿難：如是我聞。一時，世尊住在王舍城的豚掘穴，有遊方沙門長爪來見，彼此問候寒暄後，他說：「沙門喬達摩！我的理論和見解是這樣的：『我對一切法無所愛』。「長爪！你對此『我對一切法無所愛』的見解，是否也無所愛呢？」

「即使我對自己的見解實有所愛，對它也應是如此，沙門喬達摩！對它也應是如此。」

「如你所說，不過世上有許多人在說『對它也應是如此』時，不但並未捨棄當初的見解，且實際上還更執著於其他的觀點。這世上很少人在說『對它也應是如此』時，既能捨棄當初的見解，也能不執著於其他的觀點。

「有些沙門與婆羅門抱持如此的理論和見解：『我對一切法無所不愛』；有人說：『我對一切法無所愛』；又有人主張：

『我對一切法有所愛，有所不愛。』那些抱持『我對一切法無所不愛』之見的人，接近於貪著、繫縛、歡喜、耽著與執取。但那些抱持『我對一切法無所愛』之見的人，接近於無貪著、無繫縛、無歡喜、無耽著與無執取。」

此刻，長爪說：「沙門喬達摩贊同我的見解，沙門喬達摩贊同我的見解。」

「至於那些抱持『我對一切法有所愛，有所不愛』見解的人，在其有所愛的方面接近於貪著、繫縛、歡喜、耽著與執取，但在其有所不愛的方面則接近於無貪著、無繫縛、無歡喜、無耽著與無執取。

「智者若身處於抱持『我對一切法無所不愛』之見的沙門與婆羅門中，他會這麼想：『我的見解是，我對一切法無所不愛。但若我固執此見，堅持此觀點而說：『唯有此見解是正確的，其他的見解都是錯誤的。』那麼我將與其他抱持『我對一切法無所愛』、『我對一切法有所愛，有所不愛』的沙門與婆羅門等兩類人發生衝突。我將與這兩類人發生見解上的衝突，有衝突，就會有爭執；有爭執，就會有口角；有口角，就會有傷害。

「當他預知時，就能捨棄原所抱持的見解，同時也不執取其他的觀點。如此，上述各種見解便被捨斷並棄除了。」

註釋者：經文中又出現了與上同樣的段落，但用於抱持著「我對一切法無所愛」與「我對一切法有所愛，有所不愛」的智者身上。

阿難：「長爪！此色身由四大種（地、水、火、風）所成，由父母所生，由稻、麥所養；它是無常、抹滅、磨滅、衰滅與分

解之法；應視它為無常、苦、瘡、箭、災難、苦惱、敵、壞滅、空與無我。當人能如是觀察時，就會捨棄對身體的欲望與愛著，且會捨棄視身體為一切推理之必要基礎的習慣❶。

「現在有三種受：樂受、苦受、不苦不樂受。當人感覺到其中一種，便不會感覺其餘兩種受。樂受是無常的、有為的、緣生的，是滅法、壞法、衰法、滅盡法。而苦受與不苦不樂受也是如此。

「當多聞的聖弟子明白了這些，便會厭離樂受、苦受、不苦不樂受。一旦厭離，貪愛便會消逝，他便獲得解脫。一旦心獲得解脫，他便生起『解脫』之智，而明白：『我生已盡，梵行已立，所作皆辦，不受後有。』如是心解脫的比丘，便不會偏袒任何人，也不會與任何人爭論，他使用世間現行的言論，但心無任何誤解。」

此時，一直站在世尊身後，為他搖扇的舍利弗尊者想到：「偉大的世尊、善逝！看來是透過捨斷和棄捨這些法的證智，才會如此說。」當他如此思惟時，心中無有執取，而從諸漏中解脫。

這時，遊方沙門長爪心中立刻獲得清淨無染的法眼……他說道：「我皈依大沙門瞿曇，我皈依法，我皈依僧。」（M.74）

迦留陀夷勸佛陀歸國

註釋者：在這段時間，淨飯王派出大臣之子迦留陀夷，到王舍城去勸說他的兒子——佛陀，到迦毘羅衛城來探訪。在未聲明自己的使命之前，迦留陀夷便已成為比丘。但是在世尊成道之後的第一個冬天即將結束時，他以如下的偈頌表明自己來此所肩負

的使命，以此勸說佛陀動身前行。

唱誦者：

樹花盛開如熾燃，捨去葉幕求果實，

如紅烈焰猛燃燒，大雄動身今適時。

樹花盛開心喜悅，香氣飄溢普四方，

為求果實讓葉落，大雄上路今適時。

冷暖相宜好時節，世尊旅行今適時，

讓釋迦族、拘利族，見世尊面向西行，

越渡過盧奚多河❷。

耕作時滿懷希望，撒籽時滿懷希望；

商賈出航懷希望，為積財富渡重洋。

祈我滿懷之希望，所願必定得實現。

人們再再來播種；天王再再降甘雨；

農夫再再耕田地；國王再再收穀物；

乞士再再巡迴乞；施主再再行布施；

再再奉上其供養，彼等再再生天界。

不論出身何種姓，雄者擁有真智者，

上溯七代使尊貴，世尊偉大勝諸天，

我想能成偉大業，依此汝名真牟尼。　（Thag.527-33）

難陀於新婚日出家

優婆離：世尊在王舍城隨意地住上一段時間後，就動身前往迦毘羅衛城。次第遊行，最後終於到達迦毘羅衛城，住於尼拘律樹園。世尊於清晨著下衣，持鉢與大衣，至釋迦族淨飯王的住所，坐於備好之座上。（Vin.Mv.1:54）

敘述者：這次歸返祖國，在三藏中的記載簡略到了不連貫的地步。所以在進入三藏典籍之前，先從註釋書中擷取一些細節，使情況更清楚一些。

註釋者：當佛陀到達迦毘羅城後，釋迦族的人擺出慣為人知的驕傲，不願對他行禮致敬。佛陀於是施展雙神變⑥，四肢同時噴出火與水。之後，佛陀為眾人講了尾施縛多羅的本生故事⑦。在他父王宮殿中的一個正式宴會之後，他又講到護法的本生故事⑧。國王在聽法之後，證得第三果（國王四年後去世時，已是個阿羅漢。）此時，摩訶波闍波提王后——難陀王子的母親、佛陀的姨母⑨，也證得初果。那一天恰好也逢上摩訶波闍波提的獨子——難陀王子的結婚慶典，當佛陀起身，把鉢遞給難陀之後離去時，難陀王子不知如何是好，便持鉢追隨在後。在離開時，他的未婚妻叫住他：「王子！快快回來吧！」當他們到達佛陀的住處後，佛陀問他是否要出家，出於對佛陀的敬畏而好樂，難陀同意了。第七天，佛陀又一次到他父王的宮殿用餐。

淨飯王的請求

敘述者：以下是三藏經典對這一事件的敘述。

優婆離：羅睺羅王子的母親對他說：「羅睺羅！這是你的父親，去向他索求你世襲的財產。」⑩羅睺羅王子於是去站在世尊面前，說道：「沙門！你的身影使我感到愉快。」

世尊從座位上起身離去，羅睺羅王子跟隨在後，說道：「沙門！給我世襲的財產；沙門！給我世襲的財產。」

世尊於是對舍利弗尊者說：「舍利弗，度他出家吧！」

「世尊！我如何度羅睺羅王子出家呢？」世尊於是依此因緣說法，對諸比丘說：「我允許以此三皈依使之出家，但應按此步驟進行。首先剃除鬚髮；然後著袈裟，令偏袒一肩，再向比丘頂禮。長跪合掌，而說：『我皈依佛，我皈依法，我皈依僧。如是二說⋯⋯如是三說⋯⋯』」

舍利弗便為羅睺羅王子剃度。此時，釋迦族淨飯王前來見世尊，敬禮後，坐於一旁，說道：「我懇求世尊施恩。」

「喬達摩！諸如來已給予所願了。」

「世尊！這是可允許的，也無過失，」

「既然如此，那麼就請說吧，喬達摩！」

「世尊！當你出家時，我心中有極大的痛苦。之後，難陀出家，現在羅睺羅也出家，這痛苦真令人難以承受。世尊！父母對子女的愛猶如割皮，割皮而切膚，切膚而割肉，割肉而斷筋，斷筋而入骨，入骨而徹入骨髓，並駐留在那裡。世尊！今後比丘剃度弟子時，應先徵得其父母的同意才好。」

世尊說法，以教示、勸導、激勵、鼓舞釋迦族淨飯王。然後，淨飯王從座而起，敬禮之後，右繞而去。

世尊依此因緣說法，對諸比丘說：「諸比丘！沒有徵得其父母的同意，不可剃度兒童出家。若比丘如此做，便是犯惡作⑪。」（Vin.Mv.Kh.1:54）

那伽娑摩羅遇見強盜

敘述者：根據傳說，世尊的堂弟阿難與其他人出家的事發生在佛陀這次返國探訪之行。以下兩件事雖未顯示出確切時間，但可能發生在佛陀離開迦毘羅城，而仍停留在憍薩羅國北部一帶時。

阿難：如是我聞。一時，世尊與侍者那伽娑摩羅尊者在憍薩羅國一帶遊行時，見到一條岔路。他對世尊說：「世尊！那邊走，讓我們朝那條路走。」

他講完後，世尊回答：「那伽娑摩羅！這邊走，讓我們朝這條路走。」

那伽娑摩羅第二次、第三次講相同的話，都得到相同的回答，於是他把世尊的衣鉢放在地上，隻身離去。他沿著那條路走下去時，強盜出現了。他們對他拳打腳踢，砸碎他的鉢，撕碎他的袈裟。後來，他拿著碎鉢與破衣去見世尊，並將發生的事稟告世尊。了知其中的意義，世尊不禁發出如下的感嘆：

智者與愚人，
共行並共住，

飲乳之鶴知棄沼澤之水：⑫

有智之人能避險惡之道。（Ud.8:7）

思惟行如法之治

有一次，世尊住在憍薩羅國，於喜馬拉雅山腳下的森林小屋。此時世尊獨處靜默，心中思惟：「統治是否能依不殺、不教人殺、不抄家與查封、不悲傷、不施加悲傷？換言之，是否能行如法之治呢？」此時，惡魔覺知世尊的心念，他往見佛，說道：「讓世尊、善逝統治，而依不殺、不教人殺、不抄家與查封、不悲傷、不施加悲傷。換言之，即是行如法之治。」

「惡魔！你對我如此說的目的何在？」

「世尊！世尊修習四如意足❸，多修習，以它為車乘，以它為立足處，常行、慣行，並妥善地運用。因此，若世尊決心如此祈願：『讓眾山之王喜馬拉雅山變成金山』，它就可以變成金山。」

即使此山點成金，雙倍難滿貪者心，
心明此理身行正，人若觀察苦與集，
豈肯耽溺於五欲？一旦了知輪迴因，
因緣繫彼於世間，一心專修除因法。（S.4:20）

此時，惡魔知道：「世尊已識破我！善逝已識破我！」傷心與失望的他，便立即消失了。

阿那律與諸王子出家

優婆離：那時，世尊住在阿奴夷國末羅族的村落阿奴夷。那時已有許多聞名的釋迦族王子在世尊座下出家。那時釋迦族有兩兄弟──摩訶男與阿那律⑬，其中阿那律驕生慣養。他有三個宮殿；一個供冬季使用，一個供夏季，另一個則供雨季之用。在雨季的宮殿裡，有清一色的女性爲他歌舞作樂。在這四個月裡，他從來不下樓到別的殿去。

有一天，摩訶男忽然想到：「現在已有這麼多聞名的釋迦王子在世尊座下出家。但我們家族中卻無人出家，我或阿那律何不出家呢？」

他於是去找阿那律並說出自己的想法。阿那律說：「但我一直驕生慣養，不可能出家而過無家的生活，還是你去出家吧！」

「好的，阿那律！那麼讓我來指導你在家的生活。首先，要耕耘土地，然後要播種、灌溉，接著要排水出田、除草，再來要收割穀物、集中穀物、堆積穀物，然後要打穀、去稈、碾殼、篩穀，最後要入倉。這些工作明年要重複一次，後年也是如此，永無結束，也永無止盡。」

「如此說來，工作何時才能結束？我們何時才能悠閒地享受五欲之樂，這些上天賦予、賞賜給我們的快樂呢？」

「親愛的阿那律！這些工作永無結束，永無止盡。我們的父親乃至祖父直至過世時，也尙未完成他們的工作。所以，現在是你學習過這種在家日子的時候了，我就要出家而過無家的生活。」

阿那律於是去告訴母親：「母親！我要出家而過無家的生活，請允許我。」

聽到這話，她說道：「我的兩個兒子都是我鍾愛的寶貝，並非苦惱！你若死去，我會失去你，別無選擇。但當你活著時，我

為何要允許你出家而過無家的生活呢？」他第二次、第三次地請求，母親說道：「親愛的阿那律！若釋迦族的統治者跋提王也出家的話，你也可以出家❺。」

身為釋迦族的統治者跋提王其實是阿那律的朋友，他母親私下想：「跋提是阿那律的朋友，他不會急於出家的。」這其實是她對阿那律提到跋提的原因。

阿那律於是去告訴跋提：「我能否出家將取決於你是否出家。」

「若你能否出家取決於我是否出家，那麼讓它不再如此。你我將……那麼，你想何時出家就何時出家吧！」

「來吧！還是讓我們一同出家而過無家的生活好了。」

「我做不到！我願意為你做任何其他我做得到的事。你先出家吧！」

「我母親說：『親愛的阿那律！若釋迦族的跋提王出家的話，你也可以出家。』但你的回話是：『若你能否出家取決於我是否出家，那麼讓它不再如此。你我將……那麼，你想何時出家就何時出家吧！』來吧！讓我們一同出家而過無家的生活吧！」

那個年代，人們慣吐真話，信守諾言，跋提對阿那律說：「等待七年，七年之後，我們可一同出家。」

「七年太久，我無法等待七年。」

「等待六年，六年之後，我們可一同出家。」

「六年太久，我無法等待六年。」

「等待五年……四年……三年……二年……一年……七個月……二個月……一個月……等待半個月，半個月之後，我們可一同出家。」

「半個月太久，我無法等待半個月。」

「等待七天，七天之後，我們可一同出家。如此，我可將王國交接給孩子與兄弟。」

「七天不算太久，我願意等。」

然後，釋迦族的跋提、阿那律、阿難、婆咎、金毘羅，提婆達多與剃髮師優婆離一行七人，如往常去遊樂地出遊般，帶領著一支四組的軍隊出門。走了一段路後，他們遣退軍隊，穿越邊界進入另一個國家。過境之後，他們卸下衣飾，包於上衣之中，告訴剃髮師優婆離：「優婆離！你最好回去，這裡足夠資助你的生活。」

在回程的路上，優婆離心想：「這些釋迦族的人性格兇猛，他們可能以慫恿釋迦族王子出家之罪而處我於死。這些釋迦族的王子現在出家去了，我該怎麼辦呢？」他打開包袱，把裡面的東西掛到樹上，說：「讓發現此物的人，接受它為贈禮吧！」然後，他回到釋迦族王子們那裡。他們看到他走來，便問道：「你為何返身折回呢？」

他於是告訴他們事情的經過，並補充說：「所以我便返身折回。」

「優婆離！你這樣做是明智的，因為釋迦族的人性格兇猛，他們可能以慫恿釋迦族王子出家之罪而處死你。」

之後，釋迦族的王子們便與剃髮師優婆離一起前往世尊處，敬禮後，坐於一旁。坐定之後，他們對世尊說：「世尊！我們是驕慢的釋迦族，這位剃髮師優婆離服侍我們多年，請世尊先度他出家，以令我們能向他敬禮、迎送、合掌、恭敬。如此，釋迦族的傲氣便在我們幾位釋迦族人的身上轉為謙恭。」世尊於是先令剃髮師優婆離出家，然後才為釋迦族的王子剃度。

那時，跋提尊者於雨安居中，證得三明，阿那律尊者生起天

眼通,阿難尊者證得入流果,提婆達多則修得凡夫的神通。

那時,每當跋提尊者進入樹林,或坐於樹下,或獨處空室,總不斷地自喜大喊:「啊!真是喜樂!啊!真是喜樂!」

幾位比丘到世尊處稟報此事,又補充說:「世尊!看來跋提尊者毫無疑問地不滿出家的生活,或老在追憶過去身為王者的安樂。」

世尊於是派人把他找來,問他在林中自喜大喊的這一說法是否屬實。

「是的,世尊!」

「跋提!但是你在林中、樹下或空處時,是見到些什麼利益呢?」

「世尊!當我從前身居王位時,我的衛士嚴備在王宮內外、城市內外,區域內外。雖然如此地警戒與防衛,我心中仍然充滿了畏懼、憂慮、猜疑與擔心。但如今,我進入樹林,或坐於樹下,或獨居一室,心中無有憂慮、猜疑與擔心。我生活安樂、寧靜,乞食維生,心如野鹿一般。這是我所見到如此做的利益。」

了知這其中的深義,世尊不禁發出如下的讚嘆:

心無潛藏矛盾者,便駕凌眾生之上,

無畏、安樂與無憂,諸天無能競榮耀。 (Vin.Cv.7:1參Ud.2:10)

佛陀訓斥難陀

阿難:世尊同父異母的弟弟難陀尊者,穿著上漿熨燙過的袈裟,在眼皮塗油,使用上釉的鉢。他到世尊處,敬禮後,坐於一旁。坐定之後,世尊對他說:「難陀!你身為釋迦族人,既然以

信心出家為無家者，就不應穿著上漿熨燙過的袈裟，在眼皮塗油，使用上釉的鉢。身為釋迦族人，既然以信心出家為無家者，便應住森林、行乞食、著糞掃衣⑭，不望於感官欲樂而住。」（S.21:8）

以潑水教導羅睺羅

註釋者：當沙彌羅睺羅十一歲時，住在菴婆羅樹園，由舍利弗照料著。世尊那時回到離該處不遠的王舍城。

阿難：如是我聞。一時，世尊住在王舍城迦蘭陀竹園，羅睺羅尊者住在菴婆羅樹園。一天傍晚，世尊靜坐完畢，到菴婆羅樹園去看望羅睺羅。羅睺羅尊者見世尊來，便準備座位與洗足水。世尊坐在那備好的座位上並洗足。羅睺羅尊者向世尊敬禮後，坐於一旁。世尊在一個水盤中倒入少許的水，對羅睺羅尊者說：「羅睺羅！你看到水盤中少許的水嗎？」

「是的，世尊！」

「除非人們謹慎地避免故意妄語，他們身上的善將如這少許的水般，不足為道。」

然後，世尊倒掉了那少許的水，又問：「羅睺羅！你看到我所倒掉的那少許水嗎？」

「是的，世尊！」

「除非人們謹慎地避免故意妄語，他們身上的善將如這少許的水般，一灑而盡。」

然後，世尊倒置水盤，問道：「羅睺羅！你看到水盤已被倒置嗎？」

「是的，世尊！」

「除非人們謹慎地避免故意妄語，他們身上的善將如此盤，顛倒覆置。」

然後，世尊把水盤朝上擺正，問道：「羅睺羅！你看到這水盤已空了嗎？」

「是的，世尊！」

「除非人們謹慎地避免故意妄語，他們身上的善將如此盤，空無一物。羅睺羅！假如有一隻象王，其牙之長，猶如車轅，身軀壯大，品種優良，身經百戰，在戰場上它用前腳、後腳、前身、後身、頭、耳、牙與尾，但卻把象鼻藏在後面，騎象的人就會想：『牠雖用四肢，卻藏住象鼻，所以牠未把生命完全獻給國王。』但是，一旦牠用上四肢，再加上象鼻，那麼騎象的人就會想：『牠用四肢，也用象鼻，所以牠已把生命完全獻給國王，已無須任何訓練。』同樣地，除非人們謹慎地避免故意妄語，否則我不會說他們無須任何訓練。所以，羅睺羅！你必須訓練自己永不說妄言，甚至戲笑。羅睺羅！你以為鏡子的功用是什麼呢？」

「省察自己，世尊！」

「同樣地，你應不斷地省察自己的身、口與意業。」（M.61）

註釋者：世尊然後給他詳細的教導，告訴他如何在行為發動的前、中、後檢核它。若發現這個行為導致自身的傷害，或他人的傷害，或自他的傷害，那麼這個行為則判斷是惡行，反之則判斷是善行，將來的行為全依這個準則行事。

原註

❶ 「視身體為一切推理之必要基礎的習慣」（kāyanvayatā，身滅），是指那種將物質的身體當作實相——實證的真理，而以此建立起其系統（唯物主義——心的生理學觀點，或將意識視為物質副現象的觀點）。這種看法與其相對的觀點——把物質視為心的附屬，在《長部》第36經的前段有詳盡的討論。

❷ 根據《長老偈》的註釋，盧奚多河由北向南流，把拘利與釋迦兩族分別隔在河的東、西兩岸。王舍城在恆河南端，所以旅行者從王舍城啟程，取道跋耆族，經過拘利族，須西渡此河。

❸ 「四如意足」（又稱通往神通之路）在經典上的描述是：「彼欲依於定與精進之行，而得成就如意足。」(M.16) 這是第一個基礎，其他三個基礎分別是精進、（自然純淨的）心與智慧。他們分別代表依據各人的特性而有的四種修鍊方法。

❹ 無法確定阿難長老出家的日子，但他在《長老偈》中的話顯示其出家的日子遠在此之後（譯按：由後文得知阿難與跋提等七位一同出家）。將王放在釋迦族的跋提身上，並不清楚究竟是意味著國王（這意味著淨飯王已死）或攝政王。我們在此沿用註釋本的詮釋。

譯註

① 「不死」是指印度修行人所追求的永恆生命，在佛教而言，即是指止息一切煩惱，解脫生死輪迴的「涅槃」。

② 佛陀准許比丘最多擁有三衣：（一）僧伽梨：即大衣，托缽或奉召入王宮時所穿之衣。（二）鬱多羅僧，即上衣，為禮拜、聽講、布薩時所穿用。（三）安陀會，即下衣，是日常工作時或就寢時所穿著的貼身衣。

③ 這首偈頌後來成為最著名與傳誦最廣的佛教典型，時時提醒世人舍利弗首度接觸佛法，以及對他啟蒙恩師阿說示比丘的紀念意義。本首偈頌在《佛本行集經》云：「諸法從因生，諸法從因滅；如是滅與生，沙門說如是。」

④ 優波提舍與拘律陀是兩個離王舍城不遠的婆羅門村落，舍利弗出生於優波提舍村，目犍連則出生於拘律陀村，兩人皆以村落之名為名，兩個家族也很親近，七代交好。

⑤ 根據註釋書，每位佛陀都有兩位上首弟子。如佛陀便有舍利弗（智慧第一）與目犍連（神通第一）兩位「上首弟子」，和他一起擔負指導比丘與共統管理僧伽的責任。

⑥ 雙神變就是佛陀從展現上身出水、下身出火的神通，以懾服外道。

⑦ 尾施縛多羅即佛陀的前生，他是個愛好布施的王子，由於將名貴的御象贈送給求乞者而遭放逐，與妻兒流亡於山林。後來，釋提桓因為了要圓滿其布施的修持，喬裝成婆羅門向其妻兒乞討，在得到後旋歸還，並滿其所求。最後，尾施縛多羅再為其父母及人民所接受。在那一生，淨飯王亦為其父。

⑧ 佛陀回國見到淨飯王時，淨飯王告知魔王曾通報他，其子因修行疲極而身亡，淨飯王回應說其子絕不會在未成道前死亡。佛陀告訴淨飯王，他對其子的信心，在過去世即是如此。久遠以前，他們也是父子，當時亦有人謊稱其子死亡，並以遺骸示之；父親堅信以他們歷代持戒清淨，其子絕不可能夭折。

⑨ 摩訶波闍波提與佛陀之母摩耶夫人都是淨飯王的妃子。釋尊出生七日，其母摩耶夫人即去世，由姨母摩訶波闍波提代為養育。

⑩ 羅睺羅王子的母親即佛陀出家前的妻子耶輸陀羅。此事發生時羅睺羅年方六歲，他受母親之意索取的是王位繼承權。佛陀並未給他世上必歸消滅的財產，而是把證悟之法傳授給他。

⑪ 惡作（dukkata）：音譯為「突吉羅」，指與身、口有關的微細惡行，是戒律中最輕等級的違犯。

⑫ 飲乳之鶴：根據《說一切有部律》，鶴的嘴裡分泌酸，酸與乳和合後，乳便凝結，凝結後便與水分離，所以鶴可飲乳而棄水。

⑬ 摩訶男與阿那律是淨飯王之弟甘露飯王的兒子，是佛陀的堂弟。

⑭ 糞掃衣即「塵堆衣」。「糞掃」意指置於道路、墓塚、垃圾堆等塵土之上的，或指被視如塵土可厭的狀態。「糞掃衣支」是十三頭陀支其中一支，比丘受持此一頭陀支，可捨棄對多餘之衣的貪著，而能少欲知足。

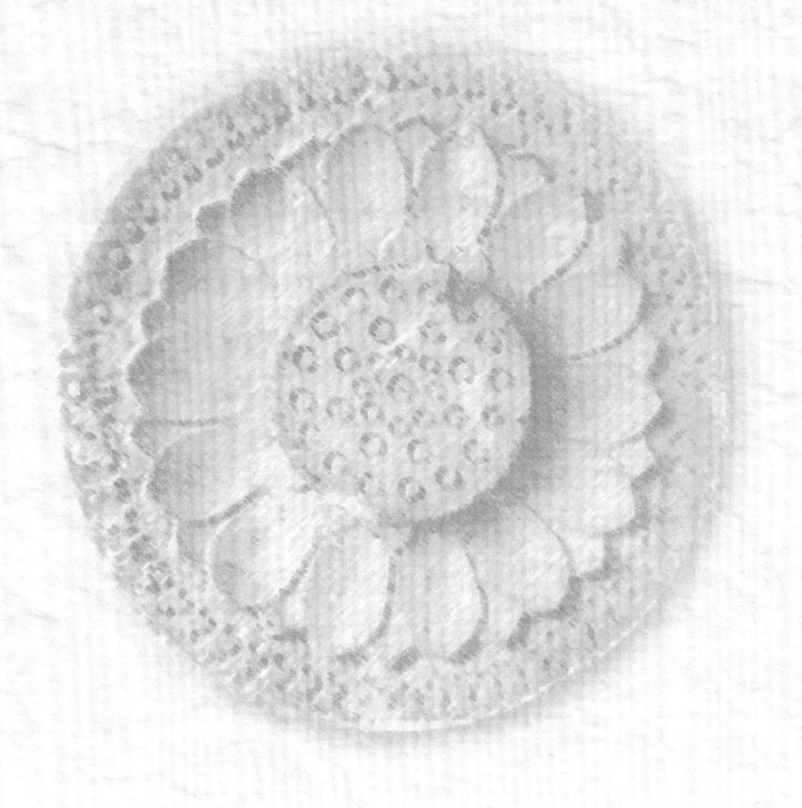

| 第六章 |

給孤獨長者

引 言

　　即使對佛教了解不多的人，也很可能已在佛經中注意到給孤獨長者的名字，這是因為許多重要的經典就是佛陀在祇樹給孤獨園所宣講的。本章不僅敘述給孤獨長者當年以黃金鋪地從祇陀太子手中購得祇園的有趣情節，且提供他皈依佛陀的因緣始末。他聽說佛陀消息之後的急切感，不待天明當夜外奔，與佛相會皈依的事蹟，至今還不失為對其他信徒的一種激勵。

　　佛陀當年所說鷓鴣鳥、猴子與大象機巧地判定年歲，以教導比丘互相尊重的故事，在後世廣為流傳，在本章中可見其在巴利經藏中的原貌。本章中還包括末利王后為領悟由愛生苦的道理先派人拜會佛陀，再以愛女與眾親為例，終於使波斯匿王對佛陀生出敬意的生動故事。在本章所含括的時間裡，魔王並未放棄對佛陀的騷擾。這一回，他化身為巨龍，妄圖恐嚇佛陀，在被佛陀識破後，一如既往地在失望中消逝。

王舍城富商造屋設食

註釋者：佛陀成道之後的第一個夏安居是在波羅奈度過的，第二與第三個夏安居則於王舍城迦蘭陀竹林園度過。給孤獨長者的出現，則是在第三個夏安居之後的事了。

優婆離：那時，世尊住在王舍城的迦蘭陀竹林園，尚未為諸比丘制立坐臥處。當時眾比丘散居各處，林中、樹下、岩窟、深谷、山洞、墓地、密林、露地、草堆處，無處不住。每天早晨離開居處時，他們的威儀舉止令人一見便產生信心，無論是前行、後退、瞻前、顧旁、彎身或起身，他們的眼光總是低垂且具足威儀。

那時，王舍城有一富有的商人到園中來訪，他注意到眾比丘的威儀舉止，對他們生起信心。他走近前去，問道：「諸尊者！若我建造精舍，你們會去住嗎？」

「世尊尚未允許建造精舍。」

「尊者們！如此可否詢問世尊，再告訴我他的答覆？」比丘們稟報此事之後，世尊允許了。爾後，比丘們轉告那位商人。於是一天之內，商人建好了六十間精舍。然後，他邀請世尊與比丘於次日應供。食畢，他將居所正式地奉獻給僧伽。（Vin. Cv. 6:4）

給孤獨長者皈依世尊

這位商人的妹妹即是給孤獨長者的妻子，給孤獨長者正巧在世尊與眾比丘前來應供的前一天有事來訪。那時商人正指揮奴僕：「早點起床，煮粥、煮飯、煮湯，作好甜食。」

　　給孤獨長者心想：「以往我來訪時，他總是放下一切雜務來
歡迎我，現在他看來卻被什麼事分心，指揮著僕人，莫非家中有
婚嫁大事？或正逢隆重的祭典？或邀請摩揭陀國的頻婆娑羅王及
其隨從？」

　　商人對僕人下達完命令後，轉身歡迎給孤獨長者，當他坐在
長者身旁時，長者說出他的猜疑。他於是回答：「並非爲了婚
禮，也不是爲了國王及其隨從。但我確實有個盛大的祭典，邀請
以佛陀爲首的僧伽。」

　　「你是說『佛陀』嗎？」

　　「我是說『佛陀』。」

　　「你是說『佛陀』嗎？」

　　「我是說『佛陀』。」

　　「你是說『佛陀』嗎？」

　　「我是說『佛陀』。」

　　「『佛陀』出現世間是極難得的，可否現在就去見此世尊、應
供、等正覺者呢？」

　　「現在去並不相宜，但明日一早就能見到他。」

　　給孤獨長者於是想：「明日一早，我就能見到世尊、應供、
等正覺者了。」

　　他躺下後心中仍憶念著佛陀，夜裡醒來三次，以爲天已破
曉，然後他到尸婆迦城門，有非人爲他開門。一出城門，光明即
滅，眼前一片漆黑，他立刻怖畏、驚愕、身毛豎立，想轉身而
回，但隱身的尸婆迦夜叉卻出聲說道：

　　「一百頭象、一百匹馬，
　　　一百輛母騾拖曳的馬車，

十萬個珠光寶色的少女，

所有這一切，

不及你前進一步的十六分一之功德。

前進！居士，前進！前進勝於後退。」

當夜叉第三遍重複此語時，黑暗即滅，眼前一片光明，怖畏、驚愕、身毛豎立在長者心中退落，於是來到世尊當時所住的寒林。那時，世尊早已在拂曉之前起身，在露地經行。看到給孤獨長者前來，他停了下來，回到爲他備好的座位上，坐下後對給孤獨長者說：「來！須達①。」

給孤獨長者心想：「他叫我的名字！」於是歡喜踴躍，他走上前去，頂禮世尊之足，說道：「想必世尊一夜安眠。」

成就涅槃婆羅門❶，隨處皆能臥安樂，

感官欲望皆捨離，清涼無有所依者。

彼已斷一切執著，無有苦惱於心中，

內心已然得寂靜，寂靜之人臥安樂。

然後，世尊次第爲給孤獨長者說法。給孤獨長者坐在那裡，獲得清淨無染的法眼：「凡是生法者，即是滅法。」依世尊的教法修行，再不依其他因緣。他說：「妙哉！世尊……從今日起，請世尊接受我爲盡形壽追隨世尊的弟子。世尊！請世尊與諸比丘明日接受我請食。」

世尊默然同意。他明白世尊已接受，便起身敬禮世尊後，右繞而去。（Vin. Cv. 6:4；S. 10:8）

給孤獨長者黃金舖地

　　王舍城的富商聽說：「看來以世尊為首的僧伽已受到給孤獨長者之邀應供。」於是，他對給孤獨長者說：「以世尊為首的僧伽已接受你明天的邀請，但你也是個客人，讓我出資給你，去為以世尊為首的僧伽備辦飲食吧！」

　　「無此必要，我自有資金支付以世尊為首的僧伽之飲食。」

　　王舍城有位住民聽說此事，自願出資，但遭到給孤獨長者的謝絕。摩揭陀國頻婆娑羅王也表示出資意願，同樣也遭到謝絕。

　　是夜過後，給孤獨長者已在商人家中準備好各種豐盛的食物，並特別向世尊通報：「時間已到，食物已備。」

　　世尊於清晨著下衣，持鉢與大衣，與眾比丘一同來到商人住處，坐於備好之座上。這時給孤獨長者親手供奉飯食給以世尊為上首的僧伽，使他們都獲得飽足。當世尊食畢，放下鉢後，給孤獨長者坐於一旁。他對世尊說：「世尊！請世尊與比丘眾與我一同在舍衛城雨安居。」

　　「居士！如來歡喜於空寂之舍。」

　　「世尊！我知道；善逝！我知道。」

　　世尊說法，以教示、勸導、激勵、鼓舞給孤獨長者之後，起身而去。

　　那時，給孤獨長者還有許多朋友與相識者招待他，在王舍城辦完事後，便啟程返回舍衛城。一路上，他指示人們：「諸位大德！要造僧園、建精舍與備辦飲食。佛陀已出現世間，他已接受我的邀請，將沿此路前來。」

　　人們於是按照他的指示去做。

　　給孤獨長者到達舍衛城，立即著手尋找一個適於安居的場

所，最後找到祇陀太子的林園，因其具足所有理想的條件，於是便去見祇陀太子，並說：「殿下！請把您的林園賜予另用。」

「除非有人在園中舖上十萬黃金，此園不賣。」

「此園已經賣了。」

「長者！此園尚未變賣。」

他們請一個官員仲裁此事，官員說：「王子！在您開價的那一刻，它就已經賣了。」

給孤獨長者以馬車把金子載來，在祇陀太子的園中舖上了十萬個金幣。因帶來的金子不夠，在園門附近尚有一小片土地未被舖上。給孤獨長者命令隨從去取更多的金子來舖蓋這空地，祇陀太子此時心想：「給孤獨長者花費如此巨資，這肯定不是尋常的事。」於是，他對給孤獨長者說：「夠了！這空地別舖金，留給我，我要布施。」

給孤獨長者心想：「祇陀太子是個有威望的人，像他這樣有威望的人能對法與律產生信心，是件非常好的事。」所以，他把那塊空地留下給祇陀太子，而祇陀太子就在那塊空地上蓋了一座樓門。給孤獨長者又在祇陀太子的園子中建造精舍、露台、門樓、等候堂、火堂、倉庫、廁所、經行處，備妥井堂，建造澡堂，佈置澡堂，挖掘水池，豎起大帳篷。（Vin. Cv. 6:4）

佛陀不受惡魔驚嚇

阿難：如是我聞❷。世尊住在王舍城的迦蘭陀竹林園時，於細雨濛濛的闇夜裡，露地獨坐。惡魔有意使世尊心生恐怖，毛髮豎立，於是便化作大蛇王相，接近世尊。它的身體大如獨木舟；頭如製酒者所用的箕；眼睛圓大如憍薩羅國的銅盤；不斷地吐

舌，猶如烏雲中乍隱乍現的分岔閃電；牠的呼吸聲猶如鐵匠鼓動
中的風箱。

此時世尊認出惡魔，便以偈頌對他說：

圓滿律儀之隱士，獨居隱處度一生，
出離者應如此活，彼與同道正合宜。
野獸縱多遍恐怖，蚊虻紛擾多爬蟲，
荒野修鍊之聖者，無一能令毛髮豎。
天可碎裂地可震，一切有情盡驚嚇，
縱有短劍刺胸膛，世間一切輪迴本，
覺者不向彼求護。

此時，惡魔知道：「世尊已識破我，善逝已識破我。」傷心
與失望的他，便立即消失了。（S. 4:6）

窮裁縫師的怨言

優婆離：世尊在王舍城隨意地住上一段時間後，便漸次遊行
前往毘舍離，當他終於抵達時，就住在大林的重閣講堂。那時人
們正在趕著各種建造工作，那些監工的比丘，也從人們那裡獲得
衣服、飲食、床座與醫藥等豐富的供養。

有位窮裁縫師心想：「人們如此忙於建造，肯定不是尋常的
事，而且那些監工的比丘，從人們那裡得到衣服、飲食、床座與
醫藥等豐富的供養。我何不也參與建造？」

於是窮裁縫師便捏泥、作磚，並搭了一個鷹架。但因他並無
這方面的技巧，所砌的牆傾斜而倒塌了。當他第二次、第三次砌

牆時，同樣的事情還是發生了。這時窮裁縫師感到十分煩惱，低聲地抱怨：「諸沙門釋子②教導、教誡那些提供衣服、飲食、床座與醫藥的人，而我身爲窮人，便無人教導、教誡我任何建造營事。」

比丘們聽到這話，將之稟報世尊。世尊以此因緣而說法，告訴諸比丘：「諸比丘！我允許把建造的工作分配出去，負責監工的比丘應當注意，要快速有效地蓋起精舍，要修補毀壞與破損處。」（Vin. Cv. 6:5）

鷓鴣之梵行

世尊在毘舍離隨意地住了一段時間後，就漸次遊行至舍衛城。那時，有六比丘③的隨從比丘走在以世尊爲首的僧伽之前，佔用住處與床位，並想：「這位置要給我們的和尚，這位置要給我們的教誡師，這位置要給我們自己。」當舍利弗尊者在世尊與眾比丘之後到達時，所有的住處與床位都已被佔用。找不到床位，他於是坐在樹下。當夜將盡，天將破曉時，世尊起床，輕輕地咳了一聲，舍利弗尊者也咳了一聲。

「誰在那裡？」

「世尊！是我，舍利弗。」

「你爲何坐在那裡，舍利弗？」

舍利弗尊者於是告訴世尊其中的原委，世尊以此因緣召集眾比丘，問他們自己聽到的是否眞實？他們給予肯定的回答後，世尊便呵斥道：「諸比丘！這種行爲不會使未信者生信，也不會使已生信者增長信心；相反地，它使未生信者更無信心，又會傷害一些已生信心者。」

　　世尊對眾比丘呵斥、說法後，說道：「諸比丘！誰應得到第一座、第一水與第一食呢？」

　　有些比丘回答應是剎帝利種出家者；有些比丘回答應是婆羅門種出家者……居士種④出家者；還有些比丘認為應是能複誦經藏者、複誦律藏者、說法者……；應是得了初禪者……第二禪者……第三禪者……第四禪者⑤……；應是入流者……一來者……不來者……阿羅漢⑥……；應是獲得三明者；又有比丘認為應是獲得六神通者⑦。最後，世尊對比丘們說：

　　「諸比丘！從前在喜馬拉雅山下有棵巨大的榕樹，樹下住著鷓鴣、猴子與象三個夥伴，他們互相都不尊重、不恭敬、不和合。他們想道：「若能知道我們三個之中誰最年長，那麼便應恭敬、尊重、尊敬、供養他，並聽從他的忠告。」

　　「鷓鴣與猴子向大象問道：『你記得的最早的事情是什麼？』

　　「當我還是頭幼象時，我曾從這棵榕樹上跨過，那時此樹從我的腿間穿過，樹頂剛好擦到我的腹部。」

　　「然後，鷓鴣與大象問猴子：『你記得的最早的事情是什麼？』

　　「當我還是隻小猴子，我曾坐在地上，一點點地吃著這棵榕樹樹尖的新芽。」

　　「然後，猴子與大象問鷓鴣：『你記得的最早的事情是什麼？』

　　「在某處有一棵大榕樹，我吃了它的一粒種籽，後來到此地排泄，這棵榕樹就由那顆種籽長出。所以，我比你們年長。」

　　「猴子與大象於是對鷓鴣說：『你比我們年長，我們應恭敬、尊重、尊敬、供養你，並聽從你的忠告。』從此，鷓鴣又教猴子與大象受持五戒，牠自己也受持五戒。牠們互相禮讓、尊

重，彼此體諒。身壞命終之後，牠們投生善趣，生到天界。這就
是所謂的『鷓鴣之梵行』。

恭敬年長者，是人通曉法，
稱譽當下得，來世生善趣。

「諸比丘！這些動物尚可互相禮讓、尊重，彼此體諒，應試
著向他們學習。如果你們對他人宣稱自己在修習法與律，但行為
卻粗魯，不尊重別人，生活上也不互相體諒，這種行為不會使未
信者生信，也不會使已生信者增長信心；相反地，它使未生信者
更無信心，又會傷害一些已生信心者。」（Vin. Cv. 6:6）

給孤獨長者獻祇樹林

世尊次第遊行至舍衛城，住在祇樹給孤獨園。給孤獨長者前
來見佛後，邀請世尊第二天至他家應供，世尊默然同意。當世尊
食畢，放下鉢後，給孤獨長者坐於一旁，問道：「世尊，關於祇
樹林我當如何做呢？」

「居士！你可將之獻給過去、現在與未來的四方僧⑧。」

「是的，世尊！」他答道，並照做了。然後，世尊以偈頌對
他說：

防暑又防寒，惡獸拒於外，
蛇蚊等不侵，遮蔽冷風雨。
毒日與劇風，此處供庇護，
身穩心得安，能修定與慧。

施精舍與僧，佛讚爲最上，
故期有智者，觀福何所來，
建立淨居處，安住多聞者。
供養以飲食，衣服與臥具，
置其淨信心，於正直之人。
行道者說法，爲令得離苦，
覺法便證得，涅槃及離垢。

然後，世尊在祝願之後，起座而去。 （Vin. Cv. 6:9）

末利王后以法開導波斯匿王

敘述者：在遷往憍薩羅國的首都舍衛城之前，佛陀居住在摩揭陀國，該國的首府是王舍城。當時，摩揭陀國是中印度兩大強國之一。它位於恆河以南，北邊以恆河爲界。那時摩揭陀國的頻婆娑羅王，已皈依三寶，作佛陀的弟子。頻婆娑羅王的內弟波斯匿王是另一個強國憍薩羅國的國王，其疆土從恆河的北岸一直延伸到喜馬拉雅山山麓，但直到此時看來，波斯匿王還未與佛陀有緣相遇。

阿難：如是我聞。一時，世尊住在舍衛城。城中有位居民不幸失去珍愛的獨子。這位父親去見世尊，世尊對他說：「長者！你的心似乎已從諸根處走脫，諸根都在不正常的狀態。」

「我的諸根怎麼可能會在正常狀態呢？世尊！我珍愛的獨子死掉了。自從他死了之後，我再也無心於工作或飲食。我不斷地到墓園哭喊：『我唯一的孩子，你在哪裡？我唯一的孩子，你在

哪裡？』

「事情誠然如此，長者！誠然如此。親愛的人讓人感到喜愛，也會帶來愁、悲、苦、憂與惱。」

「世尊！誰會相信你的想法呢？讓人喜愛的人帶來的是快樂與喜悅。」

他不同意、不接受世尊的話，起身便離去了。那時，有一群賭徒正在離世尊不遠處賭博，長者便到那裡，向他們複述與世尊的對話。他們一致認為：「事情誠然如此，長者！誠然如此。讓人喜愛的人帶來的是快樂與喜悅。」

然後，長者想：「我贊同賭徒們的看法。」他起身繼續上路。

這故事最後傳到了王宮，憍薩羅國的波斯匿王對王后說：「末利！沙門喬達摩怎麼會說『讓人喜愛的人，會帶來愁、悲、苦、憂與惱』呢？」

「大王！這句話若出於世尊之口，那麼必然是如此的。」「不論沙門喬達摩說什麼，這位末利都要鼓掌贊同：『這句話若出於世尊之口，那麼必然是如此的。』所以，她猶如一個不論老師講什麼都會讚嘆的學生，總是說：『誠然如此，老師！誠然如此。』下去吧，末利，你去吧！」

末利王后就召見那利鴦伽婆羅門：「到世尊處，以我之名敬禮世尊。然後請問他：『世尊！讓人喜愛的人會帶來愁、悲、苦、憂與惱，此話是否出自世尊之口。』牢記他的回答，再告訴我，因為諸如來不說妄語。」

他依照囑咐去做，世尊說：「誠然如此，婆羅門！誠然如此。讓人喜愛的人帶來愁、悲、苦、憂與惱，何以見得？可由此事而了解：在這座舍衛城中曾有一位女子因母親去世而傷心過

度，心神錯亂，發狂地於街道上四處徘徊，從一個街口到另一個街口，不停地問道：『你見到我母親了嗎？你見到我母親了嗎？』」

註釋者：佛陀此時又講了很多類似的故事，然後在結尾時說：

阿難：「在這座舍衛城中，曾有位婦女結婚後住在丈夫家中，她的親族卻想把她與丈夫分開，好把她嫁給另一個她不喜歡的人。她把此事告訴丈夫，他刺死她後又自殺，心想：『死後我們就可在一起了。』從這一故事也可明白，讓人喜愛的人如何帶來愁、悲、苦、憂與惱。」

那利鴦伽回到王后處，告訴她世尊所說的話，王后就去見波斯匿王，問道：「大王！你意下如何？你是否?愛王女婆夷利？」

「是的！我寵愛她。」

「大王！你意下如何？若王女婆夷利發生什麼變易、變異⑨，那是否會帶給你愁、悲、苦、憂與惱？」

「若王女婆夷利發生任何變故，那我的生活也將發生變異，我怎麼會不感到愁、悲、苦、憂與惱呢？」

「大王！正因如此，知者、見者、應供、等正覺者的世尊才說：『讓人喜愛的人帶來愁、悲、苦、憂與惱。』」

註釋者：王后又進一步以雨日蓋⑩王妃、毘琉璃太子、她自己，以及他的迦尸國和憍薩羅國為例，作了同樣的對話，以強調所得的結論。最後，國王說：

阿難：「末利，這眞是稀有啊！不可思議啊！世尊是依慧而洞察與觀察。來！爲我備好淨水。」

波斯匿王從座而起，偏袒一肩，合掌面向世尊所在的方向，連續三遍發出如下的讚嘆：「榮耀歸於世尊、應供、等正覺者！」（M. 87）

波斯匿王皈依佛陀

敘述者：下面記錄的是國王與佛陀的初次會面。

阿難：如是我聞。一時，世尊在舍衛城時，憍薩羅國的波斯匿王前來拜訪，彼此問候，寒暄畢，國王坐於一旁。坐定後，他便說：「沙門喬達摩是否宣示已證悟無上的等正覺？」

「大王！若有人宣示已證悟無上的等正覺的話，那麼我便是那個有理由如此說的人。」

「但是，沙門喬達摩！有那麼多的僧伽、婆羅門，每個又有各自的門派與團體，領導一群人，每群人中總有一位名聲響亮並被公認爲聖哲的人——我指的是如富蘭那迦葉、末伽梨瞿舍利、尼乾陀若提子、珊闍耶吠羅底子、迦求陀迦旃延與阿耆多翅舍欽婆羅⑪。我問他們是否已證悟無上的等正覺，他們都未如此宣示。現在是怎麼回事呢？沙門喬達摩難道不是既年輕，又出家不久嗎？」

「大王！有四種東西人們不可以其年輕之故而輕視它們，哪四種？刹帝利、蛇、火與比丘。」

如此說後，世尊又接著說：

人不可輕視蔑視，名門出身刹帝利，
只因彼為青年人。彼刹帝利之青年，
或為懷恨之暴君，以王罰施輕視者。
是故令彼免王罰，保全自己之身命。

人不可輕視蔑視，村落、森林之小蛇，
只因見彼尚幼小。速行之蛇多偽裝，
無時不攻擊咬囓，不慎靠近之男女。
是故令彼免蛇囓，保全自己之身命。

人不可輕視蔑視，熾火所現微弱煙，
一旦其獲得柴薪，火即壯大並擴延，
無時不攻擊燒灼，不慎靠近之男女。
是故令彼免火害，保全自己之身命。

野火雖燒林成炭，經數晝夜新芽生，
持戒比丘戒火❸燒，無子孫可得其財，
如截斷多羅樹　頭，如是無子也無嗣。

是故智者明己利，正確看待小蛇、細火、
刹帝利與持戒比丘。

語畢，波斯匿王對世尊說：「世尊，真是殊勝啊！……請世
尊接受我為盡形壽追隨世尊的弟子。」（S. 3:1）

佛陀制定雨安居

優婆離：那時，世尊住在王舍城的迦蘭陀竹林園。那時，他還未爲諸比丘制定雨時安居。所以，比丘們在冬季、夏季、雨季時四處遊行。人們爲此感到煩擾，彼此低語抗議：「如何這些沙門釋子，不分季節地四處遊行，踐踏草地，擾亂一根之命❸，傷害很多小動物？連那些不傳正道的外道，至少也在雨季時安居；連在樹頂築巢的兀鷹，至少也在雨季時安居於巢中。可是這些沙門釋子卻不分季節地四處遊行，踐踏草地，擾亂一根之命，傷害很多小動物。」

比丘們聽到後，便把此話稟報世尊。世尊以此因緣而說法，他對諸比丘說：「諸比丘！我允許雨季時安居。」（Vin. Mv. 3:1）

舍利弗尊者爲給孤獨長者說法

敘述者：給孤獨長者的逝世雖然是很久以後的事（確實的時間不詳），但將之記錄於此也許還是恰當的。

註釋者：給孤獨長者在病重之際，派人禮請舍利弗尊者來訪。結果舍利弗尊者與阿難尊者赴約而來，給孤獨長者告訴舍利弗尊者他的病情如何地惡化，舍利弗尊者便給他如下的指導：

阿難：「長者！你應如是訓練自己：『我不應執著眼，依眼所生之眼識也不存在。』你應如是訓練自己。」

註釋者：之後，他又以同樣的原則講到其他的五根、六塵、

六識、六觸、六受與地、水、火、風、空、識等六界⑭，以及五蘊、四無色界、此世界、他世界，最後又說到以心所見、聞、覺知（由鼻、舌、身所覺知）、察覺、希求與可及的一切。

　　阿難：如此說之後，給孤獨長者涕淚悲泣，阿難尊者不由問道：「長者！你是言猶未盡，或體力不支？」——「阿難尊者！我並非言猶未盡，也非體力不支。我雖然敬事世尊與修道比丘多年，但未曾聽聞過如此的法。」——「長者！這樣的法並非針對在家人，而是對出家人說的。」——「儘管如此，舍利弗尊者！讓在家人也能聽到如此的法。有些只有少許塵垢者，未聽到正法將枉度此生，他們之中的某些人將能獲得最究竟的法智。」（M. 143）

　　註釋者：給孤獨長者在當天過世了，據說他投生天道時，已是個入流者，所以最多還有七次的生死。

原註

❶ 比喻阿羅漢之詞。（菩提）
❷ 實際上並無資料證明魔王的這一事件確實發生在何時。
❸ 覺音論師對此句的註釋是：「當比丘以暴制暴時，他不可能以比丘之火燃燒。可是當比丘不以暴制暴時，那位施暴者因未恭敬比丘，而被比丘的戒火所燃燒。他無子、無女、無畜牲，這句話意指這些都將變為空無，有如『截斷的多羅樹頭』。被比丘之火燃燒，他們猶如一棵斷頭的多羅樹，僅僅留下一截殘樁；其意在指他們無子、無女等無後的狀態。」

譯註

① 「須達」為長者之名，因其悲憫孤獨者，喜好布施，人譽之為「給孤獨長者」。
② 「沙門」是印度人對各類出家者的通稱，意指「淨志」或「息心」。佛陀於證悟後，創立佛教僧伽，也依沙門生活的方式生活，因為佛陀出身於釋迦族，所以印度人就稱依佛陀出家之弟子為「沙門釋子」。
③ 佛世時有六位惡比丘，他們好樂勾結群黨，不守規矩，做許多惡事，佛陀制定戒律多因他們的行為而起。又稱為「六群比丘」。
④ 佛世時，居士種姓是指吠舍種姓之富豪或在家有道之士，與現代對此詞的詮釋稍有不同。
⑤ 初禪至第四禪，是屬於色界的四種禪定。諸禪由稱為「禪支」的心所而分別，通過逐一捨棄較粗的禪支，增強定力以提昇較微細的禪支，即能進入較高的禪定。初禪有尋、伺、喜、樂、一境性等五禪支；第二禪有喜、樂、一境性；第三禪有樂、一境性；第四禪有捨、一境性。
⑥ 這四者即是獲得四種果位者。入流者意指進入聖者之流，至多生於欲界七次，一來者至多生於欲界一次，不來者不再生於欲界，他們其後必定得正覺而入涅槃。
⑦ 六神通為天眼通、天耳通、神足通、他心通、宿命通與漏盡通。
⑧ 在別的版本（漢譯或英譯）中，都只列舉現在與未來的四方僧伽。
⑨ 變異：據菩提比丘對《中部》的註釋，這句話指的是生嚴重的疾病或死亡。
⑩ 波斯匿王即位時欲娶釋迦種姓之女，摩訶男畏其威勢，佯將婢女雨日蓋作王女而嫁給他。波斯匿王不明真相，立之為第一夫人，後生一子名為毗琉璃。
⑪ 即六師外道，是佛世時中印度勢力較大的六位外道之師。
⑫ 多羅樹屬棕櫚科喬木，學名扇棕櫚，盛產於印度、緬甸，錫蘭等地，此樹之樹葉呈扇狀，葉面平滑堅實，其嫩葉是刻寫貝葉經最好的材料。
⑬ 「一根之命」即指植物。
⑭ 地、水、火、風四界是組成眾生色身的元素，一切組合還要有空間方能成就，故有在四界之外加一「空」界。識界是心的總說。眾生只是地、水、火、風、空、識和合而已。

第七章

比丘尼的出現

引言

　　佛陀出生七日後喪母，由姨母摩訶波闍波提‧瞿曇彌撫養成年。本章的兩個主角分別是摩訶波闍波提之子、佛陀同父異母的弟弟難陀尊者，以及摩訶波闍波提本人。難陀尊者一時不堪對美麗未婚妻的思念而想還俗，佛陀在聽到其中的原委後，不但未指責他，反而將難陀帶到三十三天，將五百位鴿足天女許諾給難陀，以作爲他繼續修行的獎賞。難陀爲這一安排備受同修的譏諷，促使他獨處精進，而證得阿羅漢果，主動解除了佛陀的許諾。

　　佛陀的姨母摩訶波闍波提發心出家修行，卻一再地爲佛陀所拒。她仍不放棄，又自行剃髮，帶領一群釋迦族的婦女遠行至佛陀所在之處。富有同情心的阿難尊者見到摩訶波闍波提的一片誠心苦意，代爲女眾請願出家，亦遭到佛陀的斷然拒絕。聰敏的阿難轉而問到女眾出家是否可證得四果。終於促成佛陀訂下八敬法而接受女眾出家。摩訶波闍波提於是成了歷史上的第一位比丘尼。

　　值得注意的是對女眾出家一事，佛陀不僅訂下相當嚴格的督導制度，將她們的地位置於比丘之下，且預言女眾出家將使佛法無法久住於世。相信不少讀者會有興趣對這些題目作進一步的討論，可惜這些已超出本書的範圍。

難陀不喜於梵行

敘述者：上一章我們說到佛陀是如何同意到舍衛城結夏❶。所以，如果史料中對佛陀成道之後前三個夏安居的記載是正確的話，那麼，第四個夏安居應當是在祇樹給孤獨園度過的。下面就是可能發生在那個期間的一個故事。

阿難：如是我聞。一時，世尊住在舍衛國祇樹給孤獨園時，難陀尊者對其他比丘說：「朋友們！我不喜於梵行，我無法繼續保持梵行，我要捨道還俗。」

諸比丘到世尊處，稟報難陀尊者所講的話。世尊對其中一位比丘說：「去！比丘！以我之名對難陀比丘說：『朋友！老師召喚你。』」

「遵命，世尊！」比丘應道。他去見難陀尊者，把消息告訴他。難陀於是去見世尊，世尊問道：「難陀！真的是這樣嗎？你不喜於梵行，你無法繼續保持梵行，你要捨道還俗？」

「是的，世尊！」

「難陀！這是爲什麼呢？」

「世尊！在我出家時，釋迦族之國美①正梳頭梳到一半，她凝視著我說：『王子，快快回來吧！』當我憶起這一幕，便不喜於梵行。」

世尊握住難陀的手臂，在如力士屈伸臂之頃間，他們已從祇樹給孤獨園消失，而出現在三十三天的天人之間。這時正好逢上五百位鴿足天女正在服侍諸天之王釋提桓因。世尊便問難陀尊者：「難陀！你可見到那五百位鴿足天女？」

「是的，世尊！」

「難陀！你認為在釋迦族之國美與這五百位鴿足天女之間，那一個更可愛、美麗、動人？」

「世尊！釋迦族之國美與五百位鴿足天女相比，猶如一隻被燙傷且耳、鼻被削落的雌獼猴。她根本算不上什麼，完全不像這些天女，她實無法相比。這五百位天女比她更為可愛、美麗、動人。」

「那麼，好樂梵行吧！難陀！你好樂梵行，我保證你一定能得到五百位鴿足天女。」

「世尊！若您保證我能得到這些，我就好樂梵行。」

世尊於是又握住難陀尊者的手臂，如同他們來到三十三天那般，又出現在祇樹給孤獨園中。

諸比丘聽說：「看來難陀尊著是為了天女而修習梵行，因為世尊已向他保證可獲得五百位鴿足天女。」於是，他的比丘之友將他視為出賣自己的受雇者。他們議論著：「看來難陀尊者是個雇傭，他已出賣了自己，因他修習梵行是為了得到天女。世尊看來已保證他將有一日獲得五百位鴿足天女。」

對這些來自同伴的議論，他感到受辱、羞恥與厭惡。於是他離群索居，精進努力地調伏自己，於現法自證、現證，進入並住於善男子離家而出家所追求梵行的無上目的。他證知：「我生已盡，梵行已立，所作已辦，不受後有。」難陀尊者如此成為一位阿羅漢。

深夜時分，一位十分美麗的天女現身，照亮了整個祇樹給孤獨園，她來見世尊，敬禮後，立於一旁。天女說：「世尊！世尊同父異母之弟、您姨母之子難陀尊者已滅盡諸漏，於現法自證、現證，進入並住於心解脫、慧解脫②。」而世尊其實對此事早已了知。

是夜過後，難陀尊者來見世尊，他說：「世尊！對於世尊對我保證獲得五百位鴿足天女的事，我想解除這個允諾。」

「難陀！我以我的心已知你的心。此外，天女也向我通報。你的心已解脫諸漏，我的承諾也已解除。」了知其中的意義，世尊不禁發出如下的感嘆：

當一比丘度過苦海，折斷那欲望的荊棘，
穿破那愚痴的迷茫，他不再為苦樂所動。 （Ud. 3:2）

敘述者：下一個雨季——第五個夏安居是在毘提訶的首府毘舍離度過的。毘提訶位於憍薩羅國的東南與恆河的北岸。這是一個由長老聯合治理的盟邦，而非帝王統制的國家。

註釋者：在接下來的幾個月裡，淨飯王病倒了，過世時他已是個阿羅漢。佛陀再次造訪故鄉。

阿難懇請佛陀允許女人出家

優婆離：那時，世尊與釋迦族人住在迦毗羅衛國的尼拘律園，摩訶波闍波提‧瞿曇彌來見世尊。她在敬禮後，立於一旁，說道：「世尊！若女人得於如來所說的法與律之下出家而過無家的生活，那就太好了。」

「瞿曇彌！夠了，別說了！莫再要求女人得於如來所說的法與律之下出家而過無家的生活。」

她第二次、第三次請求，都遭到同樣的拒絕。然後，她想：「世尊不允許此事。」於是感到悲傷與不樂。她在向世尊敬禮

後，右繞而去。

世尊在迦毗羅衛國隨意住上一段時間後，就漸次遊行前往毗舍離。當最後終於抵達那裡時，他住在大林的重閣講堂。

摩訶波闍波提在這一段時間已自行剃髮，著袈裟。與好幾位釋迦族的婦女同行，動身前往毗舍離。到達之後，她找到大林的重閣講堂，就站在講堂外的玄關。她的雙腳腫脹，四肢蒙著塵土，心情悲傷與不樂，淚流滿面，啜泣不已。當她站在那裡時，阿難尊者見到她，問道：「瞿曇彌！如何你這般模樣站在此處？」

「阿難尊者！因世尊不允許女人得於如來所說的法與律之下出家。」

「原來如此，瞿曇彌！請在這裡等候，讓我向世尊詢問一下。」阿難尊者於是去見世尊，稟報世尊剛才的事。他說道：「世尊！若女人得於如來所說的法與律之下出家而過無家的生活，那就太好了。」

「阿難！夠了，別說了！莫再要求女人得於如來所說的法與律之下出家而過無家的生活。」

他第二次、第三次請求，都遭到同樣的拒絕。然後，他想：「世尊不允許此事。但我何不以另一個方式詢問世尊呢？」於是，他又問道：「世尊！女人若得於如來所說的法與律之下出家而過無家的生活，是否能證得入流果、一來果、不來果或阿羅漢果呢？」

「可以的，阿難❷！」

「既然如此，世尊！作為世尊的姨母、保母、養母、奶媽——在世尊的母親過世後，哺乳世尊——摩訶波闍波提一直是對世尊有恩的人。世尊！如此說來，女人若也可出家就太好了。」

「阿難！摩訶波闍波提如能受八敬法，即以此爲其受具足
戒。這八敬法的是：比丘尼雖受戒百年後，仍要禮拜、迎送、合
掌與恭敬今日才受戒的比丘。比丘尼不得在無比丘指導處結夏安
居。每半個月比丘尼應從比丘僧中請二法：一是訂好每半月布薩
日之事，二是比丘前來教誡。夏安居結束時，比丘尼必須請大眾
僧（比丘與比丘尼）就是否有任何見、聞、疑三方面的不當行
爲，提出指正。若比丘尼有嚴重的違犯時，必須在比丘與比丘尼
兩部僧之前出罪。學法女❸在接受六法訓練的兩年之後，應於比
丘與比丘尼二部僧中求受比丘尼戒。比丘尼不得以任何事由，指
責或罵詈比丘。從即日起，比丘尼不得訓誡比丘，但比丘可訓誡
比丘尼。此八敬法必須予以恭敬、尊重、奉行、讚嘆，盡形壽不
違犯，若摩訶波闍波提能受此八敬法，即以此爲其受具足戒。」

聽世尊說完八敬法後，阿難回到摩訶波闍波提處，告訴她世
尊所說的話。

「阿難尊者！如正值青春年華的年輕女子或男子，樂於裝
飾，若在洗完頭後，得到一個以蓮花、茉莉花或玫瑰花❸串成的
花環，就會用雙手接過來戴到頭上。同樣地，我也接受八敬法，
盡形壽不違犯。」

阿難尊者又回到世尊處，告訴他：「世尊！摩訶波闍波提已
受八敬法，她已受具足戒了。」

「阿難！若女人未於如來所說的法與律之下出家而過無家的
生活，梵行將能久住，會延續千年之久。 但因女人出家的緣
故，梵行已不可能久住，如今只得再延續五百年。正如一個女多
男少的家族，很容易遭盜匪侵害。同樣地，女人若於法與律中得
以出家，梵行便不得久住。正如即將成熟的稻田，一旦白黴疫病
侵入，稻田便不得久住；又如即將成熟的蔗田，一旦紅黴疫病侵

入,蔗田便不得久住。同樣地,女人若於法與律中得以出家,梵
行便不得久住。正如預先修築堤防可防止大壩之水不氾濫,我亦
在此預制八敬法,使比丘尼盡形壽不違犯。」(Vin. Cv. 10:1; A.
8:51)

　　註釋者:當摩訶波闍波提後來為隨她而來的釋迦族婦女請問
佛陀的指示時,佛陀指示應由比丘們授戒而成為比丘尼。這些剛
受戒後的比丘尼,卻說摩訶波闍波提跟她們的儀軌不同,所以不
能算是受具足戒。她於是透過阿難尊者向佛陀求助,佛陀重申在
她這一例中,當她接受八敬法時便是受具足戒了,由此解決了這
個爭議。她後來又透過阿難尊者,向佛陀請求允許比丘與比丘尼
向戒臘長的僧眾頂禮,不論對方是比丘或比丘尼。對這一請求,
佛陀的回答是比丘不可向比丘尼頂禮。

摩訶波闍波提請佛陀略說教法

　　優婆離:又有一次,摩訶波闍波提到世尊處,敬禮後,立於
一旁,然後說:「世尊!可否請求世尊略說教法,以使我在聽聞
之後,便可獨居、遠世、精進、熱忱且自律。」

　　「瞿曇彌!在你所知道的事中:『這些事導致貪欲而非離
欲;導致執著而非離執;導致積集而非損減;導致多欲而非少
欲;導致不滿足而非知足;導致聚會而非獨處;導致懈怠而非精
進;導致奢華而非節儉。』對這些事你能果斷地判斷:『這不是
法,這不是律,這不是大師的教義。』但是,在你所知道的事
中:『這些事導致離欲而非貪欲;導致離執而非執著;導致減損
而非積集;導致少欲而非多欲;導致知足而非不滿足;導致獨處

而非聚會；導致精進而非懈怠；導致節儉而非奢華。』對這些事你能果斷地判斷：『這是法，這是律，這是世尊的教義。』（Vin. Cv. 10:5; A. 8:53）

原註

❶ 在*Mālālankāravatthu*一書中提到，這些雨安居是在王舍城的竹林園是明顯的錯誤。

❷ 經藏中至少有兩部艱深的經（M. 44; S. 44:1）是由比丘尼所宣說的。有數位比丘尼被認定具有特殊的戒德（A. 1:14）；尼眾證得阿羅漢果後，所誦的詩偈也自成一個集子（稱為《長老尼偈》〔Therīgāthā〕，編譯者為戴維茲〔Rhys Davids〕女士）。

❸ 巴利文的直譯並非玫瑰，但在這處譯為「玫瑰」，大概要比字典上嚴肅的串狀花為貼切。

譯註

① 國美即難陀之未婚妻。

② 「心解脫」是指息滅渴愛，心由一切束縛中解脫；「慧解脫」是指息滅無明，以智慧解脫。

③ 學法女是未受具足戒前學法中的尼眾，音譯為「式叉摩那」。女眾在出家後兩年內學習四根本戒與六法後，方能受具足戒。

| 第八章 |

憍賞彌的爭執

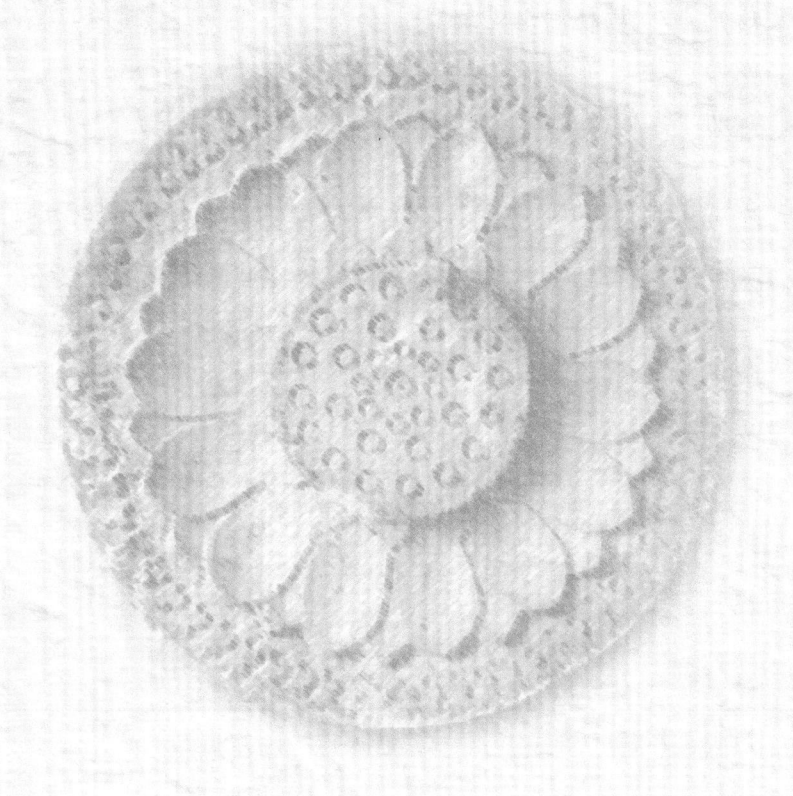

引 言

　　本章所說的是在憍賞彌僧伽中，由一個淨瓶所引起的一場嚴重爭執。這事件一度威脅到僧伽的完整，令佛陀深感無奈，促成他出走到林中獨居。這事件惡劣的起端和圓滿的收場，不但說明平息糾紛的途徑是慈愛而非怨恨，且說明了人們多麼容易被區區小事所困擾。

　　觀察佛陀處理這一爭紛的方法，我們可看到他關心的是雙方處理爭執的心念與態度，這是一種我們至今仍可從中獲益的智慧。此事發生在佛陀成道之後的第九年，它忠實地反映了年輕的僧伽在成長中自然會碰到的問題，以及當時佛教的長老比丘們在解決這些問題時，所表現出的探索精神。

　　註釋者：根據記載，佛陀第六個雨安居是在摩拘羅山度過的，爾後的一年，佛陀於舍衛城再度展現雙神變之後，就升到三十三天，將第七個雨安居的時間用於對天人講說論藏，其中一位天人即是前世曾爲佛母的摩耶夫人。所謂「天人降世」指的就是佛陀在這個雨安居之後回到人間。佛陀在失收摩羅山度過了第八個雨安居，而第九個則是在憍賞彌度過的。

　　敘述者：憍賞彌是夾在恆河與閻牟那河之間跋蹉國的首府。其國王優填王在經藏中幾無記載。多數在這些年發生的事件，例如上三十三天與天人降世的傳說，只見於後世的增補，在原始藏經中並無記錄。

憍賞彌諸比丘的紛爭

　　註釋者：首先要講到的是區區小事如何會引起第一場嚴重的爭執，並幾乎導致了僧伽的分裂。那時，在一個精舍有分別持律與持法的兩位比丘。一天，持法的比丘如廁後將淨瓶留在那裡，裡面有些未用過的水。不久，持律的比丘到廁所去發現了它，於是去問持法的比丘：「你在廁所留下這個瓶子與水嗎？」「是的。」「你不知道那是有罪嗎？」「是的，我不知道！」「朋友！那是罪。」「如此，我應當承認這一點。」「但若此事出於無意或遺忘，就不算是有罪了。」於是持法的比丘離去時，以爲自己並無過失。但持律的比丘對自己的學生說：「那位持法老師在犯罪時並不自知。」這些學生又將此話傳給持法比丘的學生：「你們的老師犯罪尚不自知。」當他們把這話又說給老師聽時，老師說：「那位持律比丘先說無罪，之後又說相反的話，他是個說謊

的人。」他的學生於是又把此話回應給持律比丘的學生：「你們老師是說謊的人。」持律比丘召集了一個會議，且糾舉持法比丘之罪。

敘述者：下面是原始典籍對這場風波進一步發展的記載。

優婆離：那時，當世尊住在憍賞彌瞿師羅園時，某位比丘涉嫌犯罪。他把此事視為犯罪，但其他比丘卻視為無罪。後來他自己不再把此事視為犯罪時，其他比丘卻視為犯罪。那些比丘對他說：「朋友！你已犯罪，你見到自己的罪過嗎？」

「朋友！以我所知，我實無犯罪。」

其他的比丘於是決定糾舉這位比丘之罪，儘管他仍未看出自己有何罪。這位比丘多聞、通曉經藏、持法、持律；他賢明、聰敏、有慧、有恥、有悔且好學。他找到與自己相親的諸比丘，告訴他們：「這是無罪的，這不是罪，我並無犯罪⋯⋯我未被舉罪，因這舉罪的決定是錯誤的、無效的、無根據的。請諸位尊者和我一起站在法與律的一邊。」

他讓這些比丘站在自己一邊後，又派信使到四處的朋友與相親的諸比丘處。之後，那些支持這位被舉罪者的比丘們，就跑到那些舉罪的比丘處與他們理論。在此之後，反對他的那一派重申了舉罪的正當性，並說：「請諸位尊者別支持、跟隨被舉罪的比丘。」那些支持被舉罪者的人聽完舉罪比丘的這些話之後，繼續支持並跟隨著他。

這時，有位比丘到世尊面前，將此事稟報世尊。世尊聽後說：「僧伽將會分裂，僧伽將會分裂。」之後，世尊離座而起，去到那些支持舉罪的比丘處，坐於備好之座後，對他們說：「諸

比丘！別以爲某某比丘理應被舉罪，只因爲『我們認爲如此』。以一比丘犯罪爲例，他自己雖不見其罪，其他比丘卻見其罪，若他們如此認爲：『他多聞且好學，若我們在他不見自罪的情況下舉罪，我們將不能與他一起在布薩日誦戒①，不能於雨安居結束時與他一起自恣（邀請他人諫舉自己的過失），不能執行僧伽的議決，不能同席而坐，不能分享粥食，不能同堂用食，不能同簷而住，還不能同禮長老，我們做這些事將沒有他的參與。因此，將會發生爭論、爭吵、激辯與紛爭，而最終導致僧伽的分裂、別住與分歧。』那麼，那些深知僧伽分裂嚴重後果的人，就不應在他不見自罪的情形下，對他舉罪。」

這一席話講完，世尊起身又到支持被舉罪者的諸比丘處。他坐於備好之座後，對他們說：「諸比丘！別以爲犯罪不應受到糾正，僅因你們認爲『我們並無違犯』。以一比丘犯罪爲例，他自己雖不見其罪，其他比丘卻見其罪。若他如此認爲：『他多聞且好學，若爲自己或爲他人的緣故，透過貪、瞋、痴、畏而墮落是愚蠢的。若這些比丘以我不自見罪而對我舉罪，他們將不能與我一起在布薩日誦戒，不能於雨安居結束時與我一起自恣，不能執行僧伽的議決，不能同席而坐，不能分享粥食，不能同堂用食，不能同簷而住，還不能同禮長老，他們做這些事將沒有我的參與。也因爲如此，將會發生爭論、爭吵、激辯與紛爭，而最終導致僧伽的分裂、別住與分歧。』那麼，那些深知僧伽分裂嚴重後果的人，就應出於對他人的信任而承認犯罪。」

這一席話講完，世尊起身離去。（Vin. Mv. 10:1）

諸比丘不聽佛陀的勸誡

阿難：但這時僧伽內部已發生爭辯、爭吵與紛爭，眾比丘以唇槍舌劍彼此攻擊。他們解決不了這一爭執，有位比丘就到世尊處，敬禮後，立於一旁，向世尊講述所發生的事後，又說道：「世尊！為慈悲故，請到眾比丘處一行。」

世尊默然准許。他來到眾比丘處，對他們說：「夠了，諸比丘！別爭辯、別爭吵、別激辯、別紛爭。」

語畢，一位比丘說：「世尊，諸法之主！請您等等，請安住於現前的法樂，不為這一爭執所擾。是我們將因這爭辯、爭吵、激辯、紛爭而為人所知。」

世尊第二次、第三次地重複勸誡，但每次都得到相同的回答。這時他想：「這些迷途者心已迷失，已無法使他們看清是非。」他便起身而離去了。

次日清晨，世尊著下衣，持鉢與大衣，進入憍賞彌乞食，食畢後返回，收好座具後拿起衣鉢，說出如下的偈頌。（M. 128；參 Vin. Mv. 10:2-3）

人悉出大聲，不覺自己愚；
破壞僧伽時，無人自思惟：
「我亦在其中，我助長其勢。」
遺忘智慧語，心逐於言詞；
眾口無遮攔，隨意任咆哮。
何故如此行，眾皆不自知。

（M. 128; Jā. 3:488; Ud. 5:9; Thag. 275; Vin. Mv. 10:3）

「彼罵我打我，彼勝我奪我！」
　執於此怨念，瞋恨永不息。
「彼罵我打我，彼勝我奪我！」
　不執此怨念，瞋恨必然息。
　此處怨報怨，怨念永不息；
　和睦使怨息，此是古常法。
　有人未認清，人當自約束❶；
　有人覺知此，爭辯由此息。

　（M. 128; Dh. 3-6; Jā. 3:212, 488; Vin. Mv. 10:3）

　斷骨害命者，奪去牛馬財，
　盜國一切者，彼等尚和合，
　汝等為何故，不作如是行？

　（M. 128; Jā. 3:488; Vin. Mv. 10:3）

　若得可信友，具德且忠誠，
　可與汝同行，歡喜與正念，
　如是而同行，克服諸危險。
　若無可信友，具德且忠誠，
　可與汝同行，寧可獨自行。
　猶如王戰敗，棄國而獨行；
　猶如林中象，獨行於森林。
　不與愚者伴，獨行不傷人，
　不與人爭執，猶如林中象，
　獨行於森林。

　（M. 128; Jā. 3:488; Vin. Mv. 10:3; Dh. 328-30; 參 Sn. 45-46）

和合相處的三位比丘

說完這些偈頌，世尊便前往婆羅樓羅村。當時，婆咎尊者正住在那裡。他見到世尊從遠處走來，就備好座位、洗足水、腳凳與拭足巾。然後他出來迎接世尊，接下世尊的衣鉢。世尊坐而洗足。婆咎尊者敬禮世尊後，坐於一旁。此時，世尊對他說：「比丘！健康否？安適否？乞食不疲倦否？」

「我確實健康、安適，乞食也不疲倦。」

之後，世尊說法，以教示、勸導、激勵、鼓舞婆咎尊者。然後起身到竹林精舍，當時阿那律、難提與金毘羅尊者住在那裡。守園人看到世尊走來，便說：「沙門！不要入園。三位同族的人住在此處，修身自好。請莫打擾。」

阿那律尊者聽到守園人對世尊說的話，就告訴守園人：「守園的朋友！別阻擋世尊入園，這是我們的導師——世尊，從遠道而來。」

阿那律尊者找到難提與金毘羅尊者，說：「來，尊者等，快來！我們的導師世尊來了。」

於是三位尊者都來迎接世尊。一人接下衣鉢，一人準備座位，另一人準備洗足水。世尊坐而洗足。三人敬禮後，坐於一旁。世尊說：「阿那律！願你們都健康、安適，乞食不疲倦。」

「我們都健康、安適，乞食不疲倦。」

「阿那律！你們和合相處否？彼此和諧無爭，如水乳交融否？互以和善之眼相視而住否？」

「是的，世尊！我們正是如此。」

「那麼，阿那律！你們的生活究竟如何？」

這時，阿那律尊者回答：「世尊！我想能與這樣的梵行者共

住,是我得利,我的善利。我在人前人後都能於身、語、意中,保持對他們的慈善之心,我作如是想:『我何不將自己想做的事放到一旁,而來做他們想做的事呢?』如此一想,我就這樣做了。世尊!我想我們的身體雖相異,但心是同一的。」

其他兩位尊者各自說了同樣的話,他們補充說:「世尊!我們就這樣和合相處,彼此和諧無爭,如水乳交融,互以和善之眼相視而住。」

「善哉!善哉!阿那律,你們各自不放逸、精勤、自制否?」

「是的,世尊!我們正是如此。」

「那麼,阿那律!你們究竟如何生活?」

「世尊!我們之間不論是誰最先從村落乞食回來,都會先備好座位、飲用水與洗濯水,並把廢物桶放好。最後回來的人,若有需要則可吃任何剩餘的食物,否則就把剩飯扔到無草之處或無生物的水中。他會收拾好座位、飲用水與洗濯水,把廢物桶洗淨後放好,然後清掃食堂。不論是誰注意到裝飲用、洗濯或廁所水的甕不滿或空無時,都會去打水。如果太重,他會打手勢招呼另一個人,兩人一起合作完成。我們不會為此而交談,但我們每五日會共坐徹夜談法。我們就如此不放逸、精勤、自制地生活。」

(M. 128;Vin. Mv. 10:4)

象王與佛陀心相應

優婆離:世尊說法,以教示、勸導、激勵、鼓舞他們之後,起身離去。他次第遊行到波陀聚落,當最後終於抵達那裡時,他住在護寺林中吉祥的婆羅樹下。當他獨處靜默時,心中思惟:「之前我活在不安當中,受憍賞彌的比丘所擾,他們在僧伽中爭

論、爭吵、激辯與紛爭，現在我獨處無伴，遠離他們而自在安樂。」

有一頭長牙大象，牠也被其他的象、母象、小象與幼象所擾，吃著被毀損的草、破碎的枝幹，喝著混濁的水。當牠從池塘洗澡出來，身體被許多母象推擠。對此作過思索後，牠心想：「我爲何不遠離象群，獨自生活？」於是牠離開了象群，而到波陀聚落護寺林吉祥的婆羅樹下，世尊正好也在那裡。牠照顧世尊，爲世尊準備飲食，以象鼻把樹葉清開。他心想：「之前，我的生活被眾象所擾……如今，離群獨處，遠離其他眾象而安樂自在。」

自喜於獨處，世尊心中覺知長牙大象的想法，不禁發出如下的感嘆：

象王意同於象王，
牙長如矛之大象，
彼等之心俱相應，
歡喜獨住樹林中。（Vin. Mv. 10:4；參Ud. 4:5）

阿難：世尊離開憍賞彌後不久，一位比丘到阿難尊者處，說道：「朋友，阿難！世尊自己整理好臥、坐具，持鉢、衣，獨自遊方，無人陪伴，未告訴侍者，也未通知僧伽。」

「朋友！世尊如此做時，便是要獨處，千萬不要有人跟隨。」

過了一段時間，有幾位比丘到阿難尊者處，說道：「朋友，阿難！已很久未親聞世尊說法了，我們希望再聽到世尊說法。」

阿難尊者於是與這些比丘，到世尊所在的波陀聚落護寺林吉祥的婆羅樹下，敬禮後，坐於一旁。世尊於是說法以鼓舞他們。

（S. 22:81）

憍賞彌兩派比丘的和合

優婆離：在波陀聚落隨意住上一段時間後，世尊就次第遊行前往舍衛城，當最終抵達那裡時，他住在祇樹給孤獨園。

此時憍賞彌的在家信眾心想：「這些憍賞彌的比丘帶給我們很大的傷害，他們一直煩擾世尊，致使世尊離開。我們對他們不再禮敬、迎送，不作合掌、恭敬，不再恭敬、尊重、尊敬、供養他們。當他們從我們這裡得不到恭敬、尊重、尊敬、供養，時間久了，就會離開此地或還俗，或向世尊認錯。」

信眾們如此做之後，憍賞彌的比丘決定：「朋友們！讓我們去舍衛城在世尊面前解決這一紛爭。」於是他們整理好臥、坐具，持缽、衣，前往舍衛城。

舍利弗尊者聽說他們上路的事，便到世尊處，問道：「看來那些在僧伽裡爭論、爭吵、激辯、紛爭與訴訟的憍賞彌比丘們，正往舍衛城走來，世尊！我應如何對待他們？」

「舍利弗！依法而行事。」

「世尊！我要如何判斷什麼是法？什麼是非法？」

「有十八種情況，我們可以得知。比丘非法說爲法，法說爲非法；非律說爲律，律說爲非律；非如來之所言說爲如來之所言，如來之所言說爲非如來之所言；非如來之所行說爲如來之所行，如來之所行說爲非如來之所行；非如來之所制說爲如來之所制，如來之所制說爲非如來之所制；罪說爲無罪，無罪說爲罪；輕罪說爲重罪，重罪說爲輕罪；有餘罪說爲無餘罪，無餘罪說爲有餘罪；粗罪說爲非粗罪，非粗罪說爲粗罪。以相反的方式便可

知那人所說的法。」

摩訶目犍連、摩訶迦葉、摩訶迦旃延、摩訶俱絺羅、摩訶劫賓那、摩訶純陀、阿那律、離婆多、優婆離、阿難、羅睺羅等尊者都聽到憍賞彌比丘在路上的消息。他們每個人分別來見世尊，都獲得相同的教誡。

摩訶波闍波提‧瞿曇彌聽說此事也來世尊處，請教世尊應當如何對待他們。

「瞿曇彌！聽雙方說法，聽完之後，只贊同如法說者所持的觀點、喜、意見與判斷。比丘尼眾對比丘眾的期望，應是期望如法說者。」

給孤獨長者與毘舍佉（彌迦羅母）聽說此事後，也到世尊處請求教導。世尊告訴他們：「要供養雙方，但只贊同那些如法說者的觀點。」

憍賞彌比丘們終於抵達舍衛城，尊者舍利弗到世尊處，問道：「世尊！憍賞彌的比丘已到舍衛城，我們應如何安排他們的住處呢？」

「讓他們分開住。」

「但若無隔開的住處，該怎麼辦呢？」

「那麼，舍利弗！先把住所隔開後再分配給他們。不論在任何情況，都不可以不提供住處給上座比丘，若無就是犯惡作。」

「但是，世尊！食物與其他物品呢？」

「食物與其他物品必須在所有的比丘中平均分配。」

此時，那位被舉罪的比丘開始思惟律，他發現：「那是罪，並非無罪，我有犯……我被舉罪了，我被如法地舉罪，這是不可推翻的，也應是有效的。」於是他到自己的支持者處，把這想法告訴他們，他說：「如此，尊者們可以為我出罪。」

於是他的支持者帶著他到世尊處，敬禮後，坐於一旁。他們重述了那位被舉罪比丘所說的話，然後問道：「世尊！我們應當怎麼做？」

「諸比丘！那是罪，並非無罪，他有犯……他被舉罪了。這舉罪是合法的，是不可推翻的，也應當是有效的。因為這位犯罪且被舉罪的比丘已自見己罪，你們可以為他出罪。」

這位被舉罪比丘的跟隨者為他出罪後，就到那些舉罪的比丘們處，說道：「朋友們！關於這個引起僧伽爭辯與分裂的事件——那位比丘確實犯了罪，也被舉罪，現在他已見罪，且已出罪了。讓我們雙方在僧伽前和合，以結束此事。」

那些原先舉罪的比丘們就到世尊處，告訴世尊剛才發生的事。同意雙方和合，整個事件也就這樣收場了。（Vin. Mv. 10:5）

原註

❶ 對於這句原文的意思有不同的看法，有的說是「我們應自我約束」或「我們可能會毀滅」。

譯註

① 布薩日是特殊的宗教儀式，大布薩是指在陰曆的滿月與新月日。此時比丘們合誦「戒經」，在家佛教徒則誦另外的戒，聆聽開示並修禪。小布薩則在兩個半月日舉行。

第九章

弘法前二十年的尾聲

引 言

　　本章所收集的是發生在佛陀弘法前的二十年尾聲中的一些故事。其中有些由於其生動的情節而廣爲人知，有些因其中精闢的寓意而令人深思，還有一些包含著鮮爲人知的事實而使人驚異。

　　讀者在此既可讀到曾殺人如麻的強盜央掘摩羅放下屠刀皈依佛陀，而終得成道；外道利用女行者有計劃、有步驟地誣陷佛陀的陰謀；眾比丘喧鬧而遭佛遣散；大梵天在佛前理屈詞窮等有趣的情節。此外，還可看到佛陀諄諄善誘地教導親子羅睺羅與侍者彌醯，以及與婆羅門、大梵天、魔王在不同場合機智辨析的景象。從中人們不僅有機會接觸到佛法的一些重要理論，還可學習佛陀在處理誣陷等事情時所表現出的智慧。

註釋者：佛陀成道後的第十個夏安居是在波陀聚落度過的，當時憍賞彌的爭執正值高峰。根據同一資料，佛陀第十一個夏安居是在南山 （即王舍城南面的山丘）度過的，下面的事件便發生在那時。

佛陀耕耘心田

阿難：如是我聞。一時，佛陀住在摩揭陀國的一茅聚落。那時正值播種時節，耕者婆羅墮婆闍婆羅門出動了五百個犁在耕耘。世尊於清晨著下衣，持鉢與大衣，來到耕者婆羅墮婆闍耕耘之處。正巧趕上婆羅門在分發食物。世尊走到分發食物處，立於一旁。婆羅門見世尊在等待食物，便說：

「沙門！我耕耘與播種，耕耘且播種之後才進食。沙門！你也應如此耕耘與播種，耕耘且播種之後才進食。」

「婆羅門！我也是如此耕耘與播種，耕耘且播種之後才進食。」

「但我們未見喬達摩大師的牛軛、犁耙、鋤頭、牛鞭與牛群呢？何以喬達摩大師卻說：『婆羅門！我也是如此耕耘與播種，耕耘且播種之後才進食。』」接著他以偈頌對世尊說：

「汝既自稱耕耘者，我等未見汝耕耘。
　我等問汝耕耘法，請爲我等說耕耘。」
「信心爲種苦行雨，智慧爲軛與犁耙，
　道德是桿心爲繩，正念是鋤與牛鞭。
　守護身口之業行，於飲食能知節量，
　聖諦爲我之收成，忍辱爲所鑿之泉，

　　精進為馴服之牛，為解束縛而前進，

　　邁向無憂之彼岸，向前行進無退轉。

　　行此如是之耕耘，獲致不死甘露果，

　　如是行此耕耘後，即得一切苦解脫。」

　　那時，耕者婆羅墮婆闍手捧一個盛滿乳粥的大銅鉢，供獻世尊，說道：「喬達摩大師！請用此乳粥。喬達摩大師確實是位耕耘者，他耕耘所獲的是不死之甘露果。」

　　「誦偈之食我不受，此乃聖賢所循法。

　　誦偈之食覺者拒，佛法當世佛所行。

　　當聖賢解脫諸漏，惡作寂靜是大仙❶——

　　依偈以外行供養，為求福者之良田。」

　　「喬達摩大師！那麼我應把這碗乳粥供養誰呢？」

　　「婆羅門！在諸天、魔王、梵天的世界，以及沙門、婆羅門、國王與人民的眾生界裡，我不見有任何人，除非是如來或如來的弟子，能吃下並消化這碗乳粥。既然如此，婆羅門！你應把這碗粥拋在無草的地上或無生物的水中。」

　　耕者婆羅墮婆闍婆羅門於是把乳粥投入無生物的水中。乳粥一入水，那水即時嘶嘶作響、沸騰、冒煙、水氣升騰。正如犁鐵在爐中冶煉了一天後被置入水中，水便嘶嘶作響、沸騰、冒煙、水氣升騰，這碗乳粥在水中就是如此。

　　婆羅門心生恐懼，毛髮豎立。他到世尊處，跪倒在世尊腳下，說道：「真是稀有啊！喬達摩大師！……我願在喬達摩大師門下出家受具足戒。」……不久之後，耕者婆羅墮婆闍尊者便成

為一位阿羅漢。（Sn. 1:4; S. 7:11）

佛陀教導羅睺羅

　　註釋者：佛陀之子——羅睺羅沙彌此時已十八歲。那時佛陀住在祇樹給孤獨園，一天早晨，他入城乞食，他的兒子在後面緊緊跟隨，腦子卻開始亂想。他遐想著佛陀若如人預言的不出家，而成為世界之王①的話，那麼他自己會有何種命運。

　　阿難：當羅睺羅尊者緊緊地跟隨世尊身後時，世尊轉過身而注視他，對他說：「羅睺羅！無論是過去、未來、現世之色，或內、外、粗、細、劣、勝、遠、近，一切色皆應以正見如實觀之：『此色非我所有，此色非我，此色非有我。』」

　　「世尊！僅僅色是如此嗎？世尊！僅僅色是如此嗎？」

　　「羅睺羅！色，受、想、行、識皆是如此。」

　　語畢，羅睺羅尊者心想：「有誰在受到世尊教誡後，仍繼續進城乞食的呢？」於是，他轉身返回，於一棵樹下結跏趺坐，端身正坐，置念面前。舍利弗尊者看見他如此，便對他說：「羅睺羅！修習入出息念，若能修習、多修習，它就會帶來大果與大福利。」

　　夜幕低垂時，羅睺羅尊者從禪坐而起，往見世尊，敬禮後，坐於一旁。然後說道：「世尊！如何修習入出息念，如何多修習，而有大果與大福利？」（M. 62）

　　註釋者：於是佛陀首先為他詳細地解釋了色法的四大元素——地（堅韌性）、水（濕黏性）、火（暖性與成熟性）、風（膨脹

與動性），還有虛空，以及如何以看待色法的方式觀察以上的元
素。然後，他又說：

　　阿難：「羅睺羅！應如大地而修習，如此修習，則不論是令
人愉快或不快的觸生起，都不會侵擾心而住於心，猶如人們往地
上拋置淨物、穢物、糞便、尿液、唾液、膿汁、血漬，地並不會
為此感到羞恥、侮辱或厭惡。羅睺羅！應如水而修習，當水在洗
滌這些事物時，它並不會為此感到羞恥、侮辱或厭惡。羅睺羅！
應如火而修習，因為當火在燒灼這些事物時，它並不會為此感到
羞恥、侮辱或厭惡。羅睺羅！應如風而修習，如此修學，不論是
令人愉快或不快的觸生起，都不會侵擾心而住於心，正如風吹走
淨物、穢物、糞便、尿液、唾液、膿汁、血漬，它並不會為此感
到羞恥、侮辱或厭惡。羅睺羅！應如虛空而修習，如此修學，不
論是令人愉快或不快的觸生起，都不會侵擾心而住於心，因為虛
空沒有可著之處。

　「修習慈，以捨斷瞋恚；修習悲，以捨斷惱害；修習喜，以
捨斷冷漠；修習捨，以捨斷憤恨；修習不淨觀，以捨斷貪欲；修
習無常觀，以捨斷我慢；修習入出息念，當修習、多修習，它就
會帶來大果與大福利。」（M. 62）

　　註釋者：佛陀接著講解了入出息念的十六法。

　　敘述者：羅睺羅沙彌證得阿羅漢果的經過在後面將會提到。

婆羅門的詰問

　　註釋者：下一個雨季——第十二個雨安居，佛陀是在毘蘭若村度過的。

　　優婆離：那時，世尊住在毘蘭若村黃竹園的曼陀羅樹下時，追隨著他的有五百位比丘。此時，城中有位婆羅門聽到這消息，便決定去見世尊。他於是來到世尊處，寒暄之後，坐於一旁，說道：「喬達摩大師！我聽說沙門喬達摩對年高、老邁、受歲月壓迫行動不便，飽經滄桑而進入暮年的婆羅門不予歸敬，不為之起身，不邀之入座。我察覺這一說詞確實屬實，因為沙門喬達摩的確不作以上諸事。喬達摩大師！這是不好的。」

　　「婆羅門！在諸天、魔王、梵天的世界，以及沙門、婆羅門、國王與人民的眾生界裡，我不見一人我應對之歸敬、起身、邀坐，因為倘若如來對他這般歸敬行禮、起身、邀座，其頭顱將會綻裂。」

　　「喬達摩大師是無味者❷。」

　　「從一個方面說，沙門喬達摩確實是無味者，世尊對色味、聲味、香味、味味、觸味，全然棄絕，從根斷除，如截斷的多羅樹頭，歸於無有，於未來已無再生起之法。但是，婆羅門！你所指的不是這個意思吧？」

　　「喬達摩大師是無享樂者。」

　　「從一個方面說，沙門喬達摩確實是無享樂者，世尊對色樂、聲樂、香樂、味樂、觸樂，全然棄絕，從根斷除……於未來已無再生起之法。但是，婆羅門！你所指的不是這個意思吧？」

　　「喬達摩大師是非作業論者。」

　　「從一個方面說，沙門喬達摩確實是非作業論者，我的確教導人們不要作身惡業、語惡業、意惡業，以及不要作各種惡不善

法。但是，婆羅門！你所指的不是這個意思吧？」

「喬達摩大師是斷滅論者。」

「從一個方面說，沙門喬達摩確實是斷滅論者，我確實教導人們要斷滅貪、瞋、痴，以及各種惡不善法。但是，婆羅門！你所指的不是這個意思吧？」

「喬達摩大師是厭棄者。」

「從一個方面說，喬達摩大師確實是厭棄者，我厭棄身惡業、語惡業、意惡業，以及各種惡不善法。但是，婆羅門！你所指的不是這個意思吧？」

「喬達摩大師是調伏者。」

「從一個方面說，喬達摩大師確實是調伏者，我確實為調伏貪、瞋、痴，以及各種惡不善法。但是，婆羅門！你所指的不是這個意思吧？」

「喬達摩大師是苦行者。」

「從一個方面說，沙門喬達摩確實是苦行者，我確實說燒滅身惡業、語惡業、意惡業，以及不要作各種惡不善法。若人棄絕應燒滅的惡不善法，從根斷除，如截斷的多羅樹頭，歸於無有，於未來已無再生起之法，如同如來也棄絕這些法……於未來已無再生之法，我稱他為苦行者。但是，婆羅門！你所指的不是這個意思吧？」

「喬達摩大師是離胎者。」

「從一個方面說，沙門喬達摩確實是離胎者。當人棄絕重入母胎與未來的再生……於未來已無再生起之法，那麼，我說他是離胎者。如來棄絕重入母胎與未來的再生……於未來已無再生起之法。但是，婆羅門！你所指的不是這個意思吧？」

「假使一隻母雞細心地孵抱、孵育，孵化八個、十個或十二

個蛋，那麼第一隻用爪尖與喙破殼而出的小雞，應被稱為最年長的或最年幼的呢？」

「喬達摩大師！應稱為最年長的，因牠是那窩小雞中最先出世的。」

「婆羅門！同樣地，在這被無明所困，被無明所攫取，被無明所覆蓋的一代人中，我是那唯一已啄破無明與無知之殼，證得無上正等正覺者。既然如此，我是世間最長、最勝者。」（Vin. Sv. Pārā. 1; A. 8:11）

註釋者：佛陀隨後講解他如何通過四禪與三明，而自證已不再生。此時這位婆羅門心悅誠服，皈依了三寶。然後他表示願意在即將來臨的雨安居期間，提供佛陀住處與相關的供養，佛陀接受了。

度過飢饉的方法

優婆離：世尊住在毗蘭若村，因正臨饑荒，乞食不易，糧食一律憑票配給，即使到田中努力地拾穗也不足以維生。那時，幾位北方國家的馬販帶著五百匹馬落腳於毗蘭若村，計劃於此安度雨季。他們宣佈每位僧眾可前往其馬廄，領取一份粗糠。

一天早上，比丘們著下衣，持鉢與大衣，在毗蘭若村四處乞食，卻什麼也沒乞得。於是他們便走到馬廄，每人領回一份米糠，回到精舍，在臼中把米糠舂好後吃掉。阿難尊者在石頭上磨碎一份米糠，供養世尊，世尊就把它吃了。

他先已聽到舂米之聲。如來向有知情而問，亦有知情不問者。如來是適時而問，不適時就不問。如來為增長利益而問，別

無他意；通向無利益的橋樑，於如來早已拆除。等正覺者、如來只有二個原因會詢問比丘，那就是說法，以及為弟子制戒。在這件事上，世尊問阿難尊者：「阿難！何以聽到舂米之聲？」阿難尊者便道出其中的緣故。

「善哉，善哉！阿難！你們能戰勝飢饉，實不愧為大丈夫。但後世會有人對煮熟的細米肉飯也不屑一顧。」

摩訶目犍連尊者到世尊處，說道：「世尊！當前在毗蘭若托缽不易。因為饑荒，糧食憑票配給，既使到田中努力拾穗也不足以維生。世尊！這一帶土壤肥沃，甘如醇蜜。如果我把土層翻上來，那麼比丘便可以水草賴以存活的腐植質維生。」

「目犍連！可是如此一來，那些生活在地表的生物會怎麼樣呢？」

「世尊！我將使一隻手掌巨如大地，置地表上的所有生物於掌中，然後以另外那隻手把土層翻上來。」

「夠了，目犍連！別再提翻轉土層之事，那將使諸種生物惶恐不已。」

「世尊！那麼何不讓比丘眾去北俱盧洲②乞食。」

「夠了，目犍連！別再提去北俱盧洲乞食之事。」（Vin. Sv. Pārā. 2）

諸佛梵行能久住的原因

舍利弗獨處靜默時，心中思惟：「有哪一佛的梵行是不久住的呢？有哪一佛的梵行是久住的呢？」

傍晚時分，他從獨處靜默中起身，到世尊處，向世尊提出自己思索的問題。

「舍利弗！毘婆尸佛、尸棄佛與毘舍浮佛的梵行是不久住的；而拘留孫佛、拘那含牟尼佛與迦葉佛的梵行則是久住的。」

「世尊！爲什麼毘婆尸佛、尸棄佛與毘舍浮佛的梵行不久住呢？」

「以上諸佛因疲厭，而不爲弟子廣說正法，他們只宣說了少數的經❸、重頌、授記、孤頌、自說、本事、本生、未曾有與問答❸。但不爲弟子制立學處④，也未制定波羅提木叉⑤。正如各種花被置於桌上，並未用線將它們串在一起，就很容易散落各處，隨風飄去，甚至遺失殆盡——爲什麼呢？因爲它們並未被線串在一起。同樣地，當諸佛以及由佛親自接引而證悟的弟子離開世間後，隨後出家的人，有著種種的名字、種姓與血統，很快地就讓梵行流逝了。那些善知弟子心念的佛，因材而施教。過去在一個令人恐怖的森林中，毘舍浮佛、應供、等正覺，了知上千僧眾的心念，對他們作了如下的教誡：『應如是思惟，不應如是思惟。應如是作意，不應如是作意。應捨棄此，契入而安住於此。』眾比丘遵循他的教誡，他們的心由無著而解脫諸漏。而那座森林是如此地恐怖，一個未從貪欲中解脫的人身處其中必定毛骨悚然。這就是爲何那些諸佛的梵行未能久住的原因。」

「那麼，世尊！爲何拘留孫佛、拘那含牟尼佛與迦葉佛的梵行能久住呢？」

「此三佛不疲厭地爲弟子廣說正法，他們宣說很多的經、重頌、授記、孤頌、自說、本事、本生、未曾有與問答。爲弟子制立學處，並制定波羅提木叉。正如各種花被置於桌上，用線將它們串在一起，它們就不容易散落各處，隨風飄去，甚至遺失殆盡——爲什麼呢？因爲它們被線串在一起。同樣地，當諸佛以及由佛親自接引而證悟的弟子離開世間後，隨後出家的人，有著種種

的名字、種姓與血統，而讓梵行久住。這就是爲何這些諸佛的梵行久住的原因。」

這時，舍利弗尊者從座而起，偏袒一肩，雙手合十，對世尊說：「世尊！現在時機已到，善逝！現在時機已到。世尊！爲弟子制立學處，並制定波羅提木叉，如此能令梵行久住。」

「且慢，舍利弗！且慢！如來自知時機，除非僧伽內發生有漏法，否則大師不會爲弟子制立學處，或制定波羅提木叉。但是，一旦發生有漏法，導師將爲弟子制立學處，並制定波羅提木叉，以斷諸有漏法。一些有漏法只有在僧伽因成立的時間久，而更爲壯大後才會顯現，在此時有漏法才會顯現，導師也才會因此爲弟子制立學處，並制定波羅提木叉，以斷諸有漏法。一些有漏法只有在僧伽因爲健全化，而更爲壯大後才顯現……因爲得大利養，而更爲壯大後才顯現……因爲得多聞，而更爲壯大後才顯現……而直至今日，僧伽解脫垢穢，解脫過患，它是無染、純淨，爲心材所造。如在這五百位比丘之中，最劣者也已證得初果，不會墮入惡趣，已決定趣向正覺者。」

然後世尊轉向阿難尊者，說道：「阿難！如來一向在未向邀請雨安居的施主告別之前，不會遊行諸國。讓我們去向毘蘭若村的婆羅門告別吧！」

「如是，世尊！」阿難尊者答道。

於是世尊著下衣，持鉢與大衣，由阿難尊者隨侍，一同到毘蘭若村婆羅門住處，坐上已爲世尊敷設好的座位。

這位婆羅門走上前，敬禮世尊。世尊說：「我們應你的邀請在此地已過雨安居，婆羅門！今日與你告別。我們準備外出遊行諸國。」

「誠然如此，喬達摩大師！您應邀在此雨安居，卻未能得到

所應得到的供養。這並非我等匱乏該物，亦非我等吝於施捨。但我們又能怎麼辦呢？在家的生活從來就是被瑣事纏身而忙碌不堪。今願請喬達摩大師與比丘眾明天接受我請食。」

世尊默然同意。在為婆羅門說法後，他起身離開。

次日供食畢，毘蘭若城的婆羅門供養世尊一件袈裟，並供養每位比丘兩塊布料。世尊再次說法教誡他之後，便起身離去。

（Vin. Sv. Pārā. 3-4）

彌醯尊者被惡不善念所擾

註釋者：第十三個雨安居是在奢利伽村度過的，那時發生了如下的事情。

阿難：如是我聞。一時，世尊住在奢利伽村的奢利伽山，彌醯尊者當時為佛的侍者。一天，彌醯尊者對世尊說：「世尊！我欲到闍鬪村乞食。」

「彌醯！現在是你依照自己的判斷行事的時候了。」

那時已是早晨，彌醯尊者著下衣，持鉢與大衣，來到闍鬪村乞食。四處乞食畢，於飯食後的歸程途中，他來到金鞞河邊。他沿著河岸往來散步、遊行，看到一片可愛誘人的芒果園，他想：「這片可愛誘人的芒果園對發心精勤修習的行者十分相宜。如果世尊允許，我應到這片果園來精勤修行。」

之後，他到世尊處稟報此事，世尊說：「且慢，彌醯！我們仍然落單。讓我們等候其他比丘來到後再說。」

彌醯尊者再次說：「世尊已是無學⑥，也已無須驗證自己所成就之事。但我們仍是有學，仍需去驗證已成就之事。如果世尊

允許，我願到那芒果園中精勤修習。」

世尊再次說：「且慢，彌醯！我們仍然落單。讓我們等候其他比丘來到後再說。」

彌醯尊者第三次提出他的請求。

「彌醯！既然你講到『精勤修習』，我們還能說什麼呢？現在到了你依照自己的判斷行事的時候了。」

彌醯尊者即時離座而起，敬禮世尊後，右繞而去，來到芒果園中，坐在一棵樹下，將它作爲白天的駐所。當他在芒果園時，三種惡不善念──欲念、恚念與害念，幾乎無時無刻地浮現在他的心頭。他如是思惟：「眞是稀有啊！眞是不可思議啊！我由信心出家而過無家的生活，如何仍被這三種惡不善念所擾呢？」

傍晚，他從獨處靜默中起身，到世尊處，向他稟報所發生的事。

「彌醯！當心的解脫尚未成熟之時，有五種事能令之成熟。哪五種呢？其一，比丘要有善友與善同伴。其二，比丘要爲具戒者，以別解脫律儀⑦防護，圓滿正行與行處⑧，見微細的罪過也感怖畏，以受持學處而學。其三，比丘可任意無困難地或自制地談論關於斷除煩惱、心得解脫，以及導致完全離欲、遠離、止息、寂靜、證智、覺悟、涅槃，亦即談論少欲、知足、閒居、遠離塵俗、精進、戒法、禪定、智慧、解脫與解脫知見。其四，比丘精進於捨斷不善法，而受持善法，對善法其心堅定、不懈、不倦。其五，比丘要有智慧，要有聖人如實知生滅的智慧，此智慧可導向苦的滅盡。

「如此，當比丘有善友與善同伴，便可期望他成爲持戒者……他便可任意地……談論關於斷除煩惱……他精進於捨斷不善法，而受持善法，……他有聖人如實知生滅的智慧，此智慧可導

向苦的滅盡。

「但是，比丘為了建立此五法，更應熟悉四法。即應修不淨觀（觀察身體的種種不淨）❹以捨斷貪欲；應修慈悲觀以捨斷瞋恚；應修入出息念以去除散亂；應修無常觀以捨離我慢。人若能觀察無常，他心中便能建立起無我想；當無我想者捨離我慢，當下即是涅槃。」

了知其中的意義，世尊不禁發出如下的感嘆：

低劣與微細之念，誘惑人心且飄動；
不了知心中諸念，此心隨逐故迷失。
了知心中之諸念，以正念而驅散彼，
驅盡妄念之覺者，再無誘惑動其心。　（Ud. 4:1; A. 9:3）

羅睺羅尊者滅盡諸漏

註釋者：佛陀的兒子到了二十歲時，便受具足戒（不足二十歲，不可受具足戒）。傳說中，佛陀在那一年為他開示，令其得證阿羅漢果。

阿難：如是我聞。一時，世尊住在舍衛城祇樹給孤獨園。當他獨自靜坐時，心中生起這樣的想法：「解脫所需的法在羅睺羅的心中已經成熟，我何不引導他滅盡諸漏？」

世尊於清晨著下衣，持鉢與大衣，入舍衛城乞食。乞食畢，飲食後歸來，他對羅睺羅尊者說：「羅睺羅！帶上座具，讓我們今天一同到安陀林。」

「是的，世尊！」羅睺羅尊者答道。便持座具，跟隨世尊身

後。此時，跟隨世尊的還有數千位天人，他們想：「今天世尊將引導羅睺羅尊者滅盡諸漏。」

世尊進入安陀林後，坐在樹下為他設好的座位上。羅睺羅尊者向世尊敬禮後，坐於一旁。坐定之後，世尊說：

（甲一）「羅睺羅！你認為眼是常或無常？」

「世尊！無常。」

「那麼無常是苦或樂呢？」

「世尊！是苦。」

「那麼，把無常、苦、變異之法視為：『此是我的，此是我，此是有我』，如此恰當嗎？」

「世尊！不恰當。」

（甲二）「羅睺羅！你認為諸色是常或無常？」……

（甲三）「羅睺羅！你認為眼識是常或無常？」……

（甲四）「羅睺羅！你認為眼觸是常或無常？」……

（甲五）「羅睺羅！你認為以眼觸為緣而生起的一切受、想、行、識是常或無常？」……

註釋者：從一至五的相同句型接著重複地用在（乙）耳與聲；（丙）鼻與香；（丁）舌與味；（戊）身與觸；（己）意與法。

阿難：「羅睺羅！明白這些的有聞聖弟子，厭離眼根、色塵、眼識與眼觸，他也厭離以眼觸為緣所生起的一切受、想、行與識。

「他厭離耳根、聲塵……厭離鼻根、香塵……厭離舌根、味塵……厭離身根、觸塵……厭離意根、法塵……

「他以厭離而離欲，離欲而得解脫；當心獲得解脫時，他便生起『解脫』之智，證知：『我生已盡，梵行已立，所作皆辦，不受後有。』」

世尊開示後，羅睺羅尊者對世尊所說十分歡喜。且開示結束時，羅睺羅尊者的心因不執取而解脫諸漏。數千位天人也獲得清淨無染的法眼：「凡是生法者，即是滅法。」（M. 147）

註釋者：在此之後的六個雨季，亦即第十四到第十九個雨安居，是在不同的地方度過的，第二十個雨安居則又在舍衛城的祇園度過。根據註釋書的記載，佛陀當時已決定把舍衛城作爲定期雨安居的場所，同時他也指派阿難長老爲其終身侍者。根據藏經所載，那一年發生了兩件不尋常的事。他們分別爲化度大盜央掘摩羅，以及佛陀的反對者企圖誣蔑佛陀。

度化殺人魔央掘摩羅

阿難：如是我聞。一時，佛陀住在舍衛城，當時有個大盜正出沒於波斯匿王所統領的憍薩羅國。他名叫央掘摩羅，意思是「指鬘」，他殺人如麻，嗜血成性，兇暴殘忍，對眾生毫無憐憫之心。村莊、城鎮與地區都因他而荒蕪。他不斷地殺人，並將受害者的手指串成項鍊掛在脖子上。

一天清晨，世尊著下衣，持鉢與大衣，入舍衛城乞食。乞食畢，飲食後歸來，摺床座，持衣鉢，向央掘摩羅出沒處的大道走去。

牧牛者、牧羊者、農夫與路人❺看到世尊，都說：「沙門！別走那條路，那條路上有個大盜央掘摩羅。路上有十人、二十

人、三十人，甚至有時還四十人同行，結果都難逃央掘摩羅的毒手。」

聽完之後，世尊默然前行。第二次相同的事發生了，世尊再默然前行。第三次相同的事發生了，世尊仍再默然前行。

央掘摩羅遠遠地便見到世尊走來，心想：「真是稀有啊！真是不可思議啊！人們甚至經常四十人結伴沿此路而來，如今這位沙門卻獨行無伴，讓人感到這是他命中註定。我何不取下他的性命？」

他執起寶劍和盾牌，戴上長弓和劍筒，尾隨世尊之後。世尊此時便展現神通，使得央掘摩羅不論如何全力追趕，也趕不上以正常步伐行走的世尊。此時，央掘摩羅心想：「真是稀有啊！真是不可思議啊！我曾追上狂奔中的大象，並捉住牠；追捉疾跑的馬、戰車或鹿。但我現在全速飛跑，卻追不上這位以正常步伐行走的沙門。」

他停住並大聲喊道：「停止，沙門！停止，沙門！」

「央掘摩羅！我已停止，你也應該停止。」

這個大盜想：「釋迦族後裔的這些沙門，主張並擁護真理；但這位沙門明明正在行走，卻說：『央掘摩羅！我已停止，你也應該停止。』我何不問問這位沙門？」於是，他以偈頌對世尊說：

「你正在行走，卻說已停止；
　現我已停止，你說我未停。
　沙門我問你，此中何意義，
　何為你已停，而我尚未停？」

「央掘摩羅！我已永停止，不害諸眾生，
　但你於一切，絲毫無約束。
　是故而說此，我停你未停。」

「終有一聖者，我能予尊敬，
　現身大叢林。聞你說法偈，
　我將斷諸惡。」

　大盜拋弓劍，投擲溝壑中。
　頂禮世尊足，當下求出家。

　大悲之聖者，人天之導師，
　佛對其言：「來，比丘！」
　以此之緣故，彼為比丘僧。

之後，世尊向舍衛城方向漸次遊行，央掘摩羅隨侍一旁。最後，他們抵達舍衛城，世尊便住於祇園。這時，洶湧的人潮聚集在波斯匿王的宮門前，喧嚷地要求剿除強盜。中午時分，國王由五百位騎士陪同前往祇園。他驅車到路的盡頭，下馬步行來到世尊所在之處。敬禮後，坐於一旁。世尊問道：「發生了什麼事，大王？是摩揭陀國的頻婆娑羅王攻襲你嗎？是毘舍離國的離車族人嗎？或其他敵國的國王？」

「並非如此，世尊！有個盜匪出沒在我的國土，他謀害人命，並把人們的手指串成項鍊。我從未成功地制止他，世尊！」

「但是，大王！如果你看到央掘摩羅剃除鬚髮，穿上袈裟，離俗出家，戒除殺生、偷盜，唯有日中一食，過著修梵行的生

活，持戒、持善法，你將如何處置他呢？」

「世尊！我們會禮敬他，或起立承迎，或請他入座，或請他接受衣服、飲食、床座與醫藥的供養，或爲他提供安全、蔽處與護衛。但是，世尊！他是個罪大惡極的人，以作惡爲志，怎麼可能會有如此的戒與律儀呢？」

說這些話時，央掘摩羅尊者正坐在不遠之處，世尊便伸出右手說：「大王！此人即是央掘摩羅。」

國王大吃一驚，頓時警覺起來，毛髮直豎。世尊見到這情景，便說：「不必害怕，大王！不必害怕。沒有什麼好怕的。」

國王的警覺與恐懼因而消退，起身走到央掘摩羅尊者跟前，對他說：「尊者！央掘摩羅是貴族出身，不是嗎？」

「是的，大王！」

「那麼，尊者的父親出於何家族，生母又是何家族？」

「大王！我的父親是伽伽家族，母親是曼多耶尼家族。」

「請伽伽‧曼多耶尼尊者接納衣服、飲食、床座與醫藥的供養。」

但那時，央掘摩羅尊者已成爲阿蘭若住者、乞食者、糞掃衣者、三衣持者。他回答：「我擁有的已經足夠，大王！我的三衣已齊全。」

波斯匿王回到世尊身旁，敬禮後，坐於一旁。他說：「眞是稀有啊！世尊，眞是不可思議啊！世尊竟然能調伏難調伏者，撫平不平靜者，寂滅不可寂滅者。一個無法以懲罰與武器調伏的人，世尊無須懲罰與武器便能將之調伏了。那麼，在此告辭了，我們很忙，還有許多事待辦。」

「大王！悉聽尊便。」

如此，波斯匿王離座而起，敬禮後，右繞而去。（M. 86）

央掘摩羅沉浸解脫之樂

一天早晨，央掘摩羅著衣持鉢到舍衛城乞食。在舍衛城中次第乞食時，他看到一個婦女難產，為生產所苦。他想：「煩惱的眾生真是痛苦啊！唉，煩惱的眾生真是痛苦啊！」之後，他到世尊處述說此事。

「那麼，央掘摩羅！到舍衛城去，對那婦人說：『姊妹！從我出生以來，從未蓄意殺生，以此真實語，願你母子平安。』」

「世尊！如此做豈不是故意妄語嗎？因我確實曾蓄意殺生。」

「那麼，央掘摩羅！到舍衛城去，對那婦人說：『姊妹！從我生在聖者家族以來，從未蓄意殺生，以此真實語，願你母子平安。』」

「是的，世尊！」他答道。到了舍衛城，他對那婦女說道：「姊妹！從我生在聖者家族以來，從未蓄意殺生，以此真實語，願你母子平安。」那對母子因而獲得平安。

不久之後，在獨住、遠離、精進、熱忱、自制中，央掘摩羅尊者於現法自證、現證，具足無上梵行而住，也就是聖弟子離家而過出家生活的目的。他證知：「我生已盡，梵行已立，所作已辦，不受後有。」如此，央掘摩羅尊者成為一位阿羅漢。

一天早晨，央掘摩羅尊者著下衣，持鉢與大衣，到舍衛城乞食，在托鉢時，有人朝他扔了一個土塊，有人朝他扔了一根棍子，有人朝他扔了一片碎陶片。他的鉢被打破，衣袍被扯壞，頭破流血地回到世尊身邊。見到他來，世尊告訴他：「忍耐，婆羅門！忍耐。你在此生此地所受的業報，原來可能得在地獄中受數年、數百年、數千年的業報。」

央掘摩羅尊者獨居、禪坐，沉浸在解脫之樂中，他以偈頌讚

道：

有人曾放逸，改過勤修行；
猶如出雲月，照亮此世界。
有人曾作惡，以善欲抑制；
猶如出雲月，照亮此世界。
比丘尚年輕，獻身佛教法；
好似出雲月，照亮放光明。

願敵諦聽法，願彼信佛法；
願敵近法師，安隱之善士。
願敵常諦聽，彼宣忍辱法；
樂聞慈和音，奉行慈和法。
我敵不害我，也不害他人；
護強弱眾生，令彼達安穩。

水工引水流，箭工造箭直；
木工矯木正，智者調其心。
調伏以鉤鞭，或以棍與杖；
然調伏我者，手中無鞭棍。
我雖名「無害」，往昔甚可憎；
今有真實名：不害諸眾生。
昔日為盜匪，人皆稱「指鬘」；
得度越瀑流，我才皈依佛。
昔日手染血，人皆稱「指鬘」；
我見皈依處，永無再生因。

品劣行諸惡，定墮入惡趣；
而今受果報，無債用飯食。

無智痴愚輩，沉迷於放逸；
智者重精進，護德如勝財。
切莫行放逸，欲樂無庇護；
精進禪修者，得無上之樂。

抉擇願樂住，彼並非惡作；
於所知諸法，吾已達最勝。
抉擇願樂住，彼並非惡作；
吾已達三明，完成佛所教。（M. 86）

遊方沙門的詭計

註釋者：下面的故事與破壞佛陀聲譽的企圖有關。

阿難：如是我聞。一時，世尊住在舍衛城祇陀林給孤獨園，深受人們的尊重、恭敬、景仰、尊敬、與歌頌，他得到衣服、飲食、床座與醫藥的供養，比丘僧也是如此。但遊方沙門則得不到相同的待遇。他們無法忍受世尊與比丘眾所享有的聲譽，便到遊方女沙門孫陀利處，說道：「大姊！請想辦法幫助一下你的親族吧！」

「尊師們！我要做什麼呢？我能做什麼呢？我誓願捨命為親族造福。」

「那麼，大姊！請經常走訪祇園。」

「是的，尊師們！」她答道。從此便常常走訪祇園。

當遊方沙門知道很多人已見過她定期走訪祇園後，便將她殺掉，埋在祇園的溝坑裡。之後，他們到憍薩羅國波斯匿王處，說道：「大王！遊方女沙門孫陀利失蹤了。」

「你們猜想她在那裡？」

「大王！恐怕是在祇園。」

「那麼，去搜索祇園。」

遊方沙門們便到祇園搜索，果然從溝坑中找出了她的屍體。他們將她的屍體置於床上，抬進舍衛城，從一條街到另一條街，從一個路口到另一個路口，向人們抱怨道：「諸位大德，你瞧！看看釋迦弟子所做的事！這些釋迦弟子如此不知羞恥，厚顏卑賤，既是邪惡的騙徒，又是好色的敗類！他們號稱自己過著如法的生活、崇尚平等與清淨、講實話、守道德、修善法。他們卻完全不配作沙門，不配作婆羅門，他們褻瀆了沙門與婆羅門的名字；他們身上那裡有沙門與婆羅門的影子？他們根本不是什麼沙門或婆羅門！怎麼可以對女人行了男人之事後又殺掉她呢？」

當人們再見到比丘，便開始以嚴厲的話語對他們予以侮辱、咒罵、責備、與唾斥：「這些釋迦弟子如此不知羞恥，厚顏卑賤，既是邪惡的騙徒，又是好色的敗類！」且從頭到尾不斷地複述那些指控。比丘們聽到這些言語，便將之稟報世尊。

「諸比丘！這些流言不會持久的，將持續七日。七日之後，它們便會平靜下來。若再遇到人們侮辱比丘之時，不妨以此偈頌規勸他們：

說謊之人墮地獄，言『非我為者』亦同，
兩者命終於來世，將如惡徒同下場。

比丘從世尊處學習此偈，遇到人們侮辱他們時，便以此偈規勸他們。人們開始思惟：「這些沙門，這些釋迦弟子，未做這種事。這事不是他們做的，他們如此自立誓言。」

果然，這些流言傳播得並不久，僅持續了七天。七天後便平息下來。此後，幾位比丘到世尊處，說道：「世尊！真是不可思議啊！您對此事的預言如此準確，真是稀有啊！」

了知其中的意義，世尊不禁發出如下的感嘆：

諸人不調伏，以語傷他人，

恰如戰場上，以矢傷象軍，

比丘聞粗語，應忍無穢心。（Ud. 4:8）

佛陀遣散喧鬧眾比丘

敘述者：我們並不知下面的事件究竟發生於何時；只是將它放在此處，以結束佛陀弘法的前二十年。

阿難：如是我聞。一時，世尊住在車頭聚落菴摩勒果園，那時舍利弗與摩訶目犍連尊者率領五百位比丘前來拜見世尊。那些遠來的比丘在與常住的比丘互相問訊，設置床座，整理衣、鉢時，十分地喧鬧。世尊對阿難尊者說：「阿難！這些喧嚷的是什麼人呢？不知情的人一定會以為是漁夫在叫賣魚獲。」

在阿難尊者告訴他後，世尊說：「阿難！這樣以我的名義告訴那些比丘『大師召喚大家。』」於是，阿難尊者依囑行事，眾比丘到世尊處，敬禮後，坐於一旁。坐定後，世尊詢問他們：「諸比丘！你們為何如此喧嚷？不知情的人一定以為是漁夫在叫

賣魚獲。」

「世尊！這是舍利弗與摩訶目犍連尊者帶領的五百比丘前來拜見世尊。那是他們與常住比丘互相問訊，設置床座，整理衣鉢時所發出的喧鬧聲。」「諸比丘，出去！我解散你們，你們不可與我共住。」

「如是，世尊！」他們如此答道，離座而起，敬禮世尊，右繞而行，收拾好臥坐具，持衣、鉢後，便離開了。

那時，車頭聚落的釋迦族人正為某件事務集合於集會所，見到眾比丘從遠處走來。他們出去迎接並問道：「諸位長老！你們要到那裡去呢？」

「朋友！比丘眾已被世尊解散了。」

「那麼，請諸位長老稍坐片刻，我們或許能恢復世尊的信心。」

之後，車頭聚落的釋迦族人來到世尊面前，敬禮後，坐於一旁。然後對世尊說：「世尊！請原諒眾比丘，請世尊現在就容許他們回來並幫助他們，一如既往。世尊！現有初出家的比丘，略嘗法與律的教誨。若他們無機會親見世尊，有人內心裡便會產生變異、變故。世尊！猶如新芽得不到水的滋潤就會變性、變壞；又如牛犢失去其母，內心就會產生變異、變故，這些新出家的比丘也是如此。世尊！請您接受並幫助這些比丘僧，一如既往。」

此時，娑婆主梵天從梵天界消失，到世尊的面前，也作出同樣的請求。

他們兩方終於以新芽與牛犢的譬喻說服世尊，使他恢復對比丘的信心。

之後，摩訶目犍連對眾比丘說：「諸友！起來，帶上衣、鉢。藉由車頭聚落的釋迦族人與娑婆主梵天的新芽、牛犢的譬

喻，世尊對你們已恢復了信心。」

當他們回到世尊面前，世尊問舍利弗尊者：「舍利弗！我在解散眾比丘時，你曾作何想？」

「世尊！那時我心想：『世尊是無為者，安住於現前的法樂，那麼我們也應為無為者，安住於現前的法樂。』」

「停止，舍利弗，停止！你永遠不可再起如此的念頭。」然後，他轉向摩訶目犍連尊者：「目犍連！我在解散眾比丘時，你曾作何想？」

「世尊！那時我心想：『世尊是無為者，安住於現前的法樂，但我與舍利弗尊者現在則必須繼續領導比丘眾。』」

「善哉，善哉，目犍連！若不是我自己，就是舍利弗與目犍連必須繼續領導比丘眾。」（M. 67）

佛陀造訪梵天界

註釋者：佛陀對比丘講到他到梵天界的一次造訪。

阿難：諸比丘！一次當我住在郁伽羅的幸福林中的一棵娑羅王樹下時，梵天婆伽生起一種邪見（認為他自己是常的與絕對的）。我覺知他心中的想法，於是……我到梵天界。婆伽梵天見到我來，便說：「善來，尊者！歡迎，尊者！從你上次造訪到如今隔時已久，尊者！而今我是常、恆、永住、獨存、不變之法，實為不生、不老、不死、不滅、不轉生，除此之外，再無其他更殊勝的出離。」

此時，魔王入另一梵天眷屬，對我說：「比丘！比丘！別不相信他，別不相信他；此梵天是大梵天，是無能勝之征服者，是

普見者、全能者、創造者、最尊者、主宰者與已生、未生之父。比丘！在你的前世，世上曾有沙門與婆羅門因厭惡地而詆毀地；詆毀水……火……風……眾生……諸天……生主……因厭惡梵天而詆毀梵天。這些人在身壞命終之後，再生於卑下身。比丘！你的前世，世上曾有沙門與婆羅門因喜愛這一切而稱嘆他們，這些人在身壞命終之後，生於勝妙身。比丘！所以我告訴你，一定要聽從梵天之言，永遠別違逆他的話。若違逆，則猶如吉祥天女前來賜福，而人卻以棍棒將之擯出，又猶如失足而墜入深淵的人。留心，尊者！你當謹從梵天之語，永遠別違逆他的話。比丘！難道你不見集坐於此的諸天嗎？」說到這裡，惡魔便請諸天出面作證。

此時，我告訴惡魔：「我認識你，惡魔！別幻想：『他不認識我。』你是惡魔，諸梵天與梵天眾都已落入你的手中，一切為你所支配；你這個邪惡的人以為我也已在你的支配之下，但事實並非如此。』」

說到此，梵天婆伽對我說：「尊者！我所謂常實為常，所謂恆實為恆，所謂永住實為永住，所謂獨存實為獨存，所謂不變之法實為不變之法，所謂不生、不老、不死、不滅、不轉生，實為不生、不老、不死、不滅、不轉生，所謂除此之外，再無其他更殊勝的出離，實為除此之外，再無其他更殊勝的出離。比丘！在你的前世，世上有沙門與婆羅門，以你一生的時間修苦行，若有更殊勝的出離，他們會知道有更殊勝的出離；若無其他更殊勝的出離，他們會知道並無其他更殊勝的出離。所以，比丘！讓我告訴你：除此之外，你找不到其他更殊勝的出離，若嘗試去找，必將導致疲累與失望。若你相信❻地……水……火……風……眾生……諸天……生主……若你相信梵天，你將成為我的近侍者、住

於我的領地者、我意志的作爲者、我所驅使者。」

「梵天！這些我已盡知，但我亦知你的能力與影響之所及：梵天婆伽具大神通、大威力、大福祐、大威神。」

「如此，尊者！你所知我的能力與影響是如何廣遠？」

「日月所繞行，光輝照四方，

　汝之大神力，達及千世界。

　汝知高與卑，有欲與無欲，

　此有與彼有，有情之去來。

「這便是我所知的你的能力與影響。但還有三層的梵天眾你不知、不見，而我有知、有見。有群梵天眾名光音天，你從那裡過世後才轉生此地。因長居於此，你對那裡的記憶早已失去，而對之不知、不見，而我有知、有見。由此，你我證知的程度本不相同，我所知甚多而非少。對更高的遍淨天與廣果天，也是如此。

「那麼，梵天！我由地證知地，證知地非地性，我不言地即是我，不言地中有我，不言地外有我，不言地爲我所有，我不計地是我。證知水之爲水……火……風……眾生……諸天……生主……梵天……光音天……遍淨天……廣果天……阿毘浮天……由一切證知一切，證知一切非一切性，我不言一切即是我，不言一切中有我，不言一切外有我，不言一切爲我所有，我不計一切是我❼。由此，你我證知的程度本不相同，我所知甚多而非少。」

「尊者！你證知一切非一切性，豈不證明空虛與虛無嗎？」

「意識不示現無邊際，

不言一切之外有眾生：

這便是地非地性、水非水性⋯⋯一切非一切性。」

「如此，尊者！我將在你面前消失。」

「如此，梵天！假如你能，就在我面前消失吧！」

「此時，梵天婆伽心想：『我要在沙門喬達摩面前消失；我要在沙門喬達摩面前消失。』可是卻辦不到。我於是說：『那麼，梵天！我將在你面前消失。』

「好吧，尊者！假如你能，就在我面前消失吧！」

我如此決意使出神通：「使梵天、梵眾與梵眾眷屬，但聞我聲而不見我身」，隱身之後，我又說出以下的偈頌：

「我見於有生恐怖，

　亦見求有求無有，

　我已於諸任何有，

　不迎不樂不執著。」

此時，梵天、梵眾與梵眾眷屬對此深感稀有且不可思議，他們說：「尊者，真是稀有啊！真是不可思議啊！沙門喬達摩從釋迦族出家，有大神通、大威力，遠非其他沙門或婆羅門所能及。尊者！他雖生於喜有、愛有、樂有之人中，但他已根除貪有之根！」

此時，惡魔王又入另一梵天眷屬，說：「尊者！此若是你所知、所見，那麼別把你的在家或出家弟子領入此門，別將你的法教授給他們，或使他們對此法產生渴求。比丘！在你的前世，世上有沙門與婆羅門聲稱已成為應供、等正覺者，且他們作了上述諸事，當他們身壞命終之後，卻住於卑下身。比丘！在你的前世，世上有沙門與婆羅門他們未作上述諸事，在身壞命終之後，

便住於勝妙身。因此，比丘！我跟你說：尊者！要住於無爲，安住於現前的法樂。不弘揚此法，尊者！務必不可告以他人。」

語畢，我回答：「我認識你，惡魔！你出此言既非出於慈悲，亦非爲我之利益著想。你所擔心的是弟子聽了我的教導後，將脫離你的控制。你的那些沙門與婆羅門雖聲稱已成爲應供、等正覺者，卻實無所成；但我如自稱的那樣，確實已成爲應供、等正覺者。如來即是如來，無論他教導或不教導弟子，也無論他引導或不引導弟子。何以故？因爲諸漏、諸雜染、輪迴、不幸、苦報，以及未來的生、老與死，如來皆已根除。如截斷的多羅樹頭，已無生機，再無萌發的可能；正如截斷的多羅樹頭，不能再成長。」如此，惡魔無言以對，由於梵天請我（消逝）之故，此經當名爲《梵天請佛經》。（M. 49）

堅固居士的提問

一時，世尊住在那爛陀的菴羅園中。那時，長者之子堅固到世尊處，敬禮後，坐於一旁，說道：「世尊！那爛陀是個成功繁榮、人口稠密、人群熙攘的地方，整個城對世尊滿懷信心。世尊！若能派一位比丘去顯示超人的神通不失爲一件好事，它能更增強那爛陀城民對您的信心。」

世尊答道：「堅固！我不以此法教導比丘：『來，比丘！顯現超人的神通給白衣看看。』」

註釋者：同樣的請求再一次提出時，佛陀給了相同的回答。當它又被提出時，佛陀答說根據自己的經驗，神變計有三種。神通神變是基於由一身現爲無量身、穿壁而行、騰空而飛與履水而

行，乃至上訪梵天界（見第十六章）的能力。記心神變是基於能讀解他人之心的能力。教誡神變是基於爲他人之利益，而予以簡略或詳盡教導的能力。前兩種神變若爲了炫耀之故當眾顯現，則無異於表演建馱梨咒與摩尼柯咒神咒之術，比丘就會被說成是在修鍊神咒之術，所以如來將之視爲羞恥、恥辱、使人反感的根源。第三種教誡神變是基於他所給予的教導，它雖然也包括上面的神變，但它的目標是諸漏壞滅與苦滅。爲了強調前兩種神變的不究竟，佛陀講了一個故事，敘述一位具有那兩種神變的比丘，以及何以神變無濟於他追求離苦。

阿難： 在此比丘眾中有位比丘如是思惟：「此四大種——地界、水界、火界、風界，於何處滅盡？」然後，他便專注其心，當入定時，通往天界之路顯現出來。他到四天王的眾天處，問道：「朋友！此四大種於何處滅盡呢？」他們答道：「我等於此一無所知，請直接上問四大天王，他們比我等更偉大、更殊勝，理當對此有知。」於是，他到四大天王處。

註釋者： 四大天王給了他相同的回答，並把他送到忉利天，之後又送到欲界所有的天，最後送到欲界之上、更高的天人所居處的梵天。他向梵天的天人眾提出同一個問題。他們對他的回答是：

阿難：「比丘！我等於此一無所知，但有位梵天、大梵天、勝無能勝者、一切見者、作者、創造者、主宰者、現世與來世之主，他比我們更偉大、更殊勝，理當對此有知。」——「朋友！這位梵天現在何處？」——「比丘！我等不知大梵天今在何處，

或現況如何，或何時出現。只有當他顯出某些瑞相時，譬如出現光明，有明相顯現，那就是大梵天要出現的前兆。」

不久，大梵天現身而出，比丘走上前去，提出他的問題。說畢，梵天答道：「比丘！我是勝無能勝者、一切見者、作者、創造者、主宰者、現世與來世之主。」比丘再問：「朋友！我並未問這些，我所問的是：四大種於何處滅盡呢？」大梵天卻給了與先前相同的回答。當這問題第三次提出時，大梵天抓住比丘的手臂，將之領到一旁，然後說道：「比丘！此處的天眾一向以為：『大梵天無所不見，無所不知，無所不證。』這是我不當他們的面回答你的緣故。朋友！我不知四大種於何處滅盡？你踰越世尊，而到別處尋找答案，這是你的過失。到世尊處，向他提出你的問題，當他教你時，你應記住它。」

這位比丘於是從天界消失，來到我的面前，提出相同的問題。我告訴他：「比丘！從事航運的商人出海時帶一隻尋岸的鳥，當船見不到陸地時，便將之釋放。牠向東、南、西、北、上、中間的各方向飛去，若牠看到陸地，便往那裡飛去，若牠未看到陸地，便飛回到船上。同樣地，比丘！不論你到何處搜尋，甚至到了梵天，你仍然找不到你所問的答案，便回到我的身旁。但你提的問題方式有誤，它應該如此：

「地、水、火、風於何處不堅住？
　長、短、小、大、淨、染於何處不堅住？
　名與色於何處滅盡無餘呢？」

這一問題的答案是：

「意識不示現，並非有限可量，

聲稱一切之外無存在：

則於如是之處所，地、水、火、風不堅住，

長、短、小、大、淨、染亦復如是；

名與色於此處滅盡無餘。」（D. 11）

原註

❶ 大仙一詞，看來佛陀唯獨對婆羅門說話時才用。

❷ 此段出現多處雙關語，令譯者感到技窮。「非作業論者」（akiriyavādī）指一個人認為行為與道德無關，且無或善或惡的果報。「斷滅論者」（ucchedavādī）是指那種相信有暫時存在的自我或靈魂，但一旦死亡後就一切都結束了的人，其背後的假設是承認靈魂的短暫存在。「虛無論者」（venayika）最難翻譯，vineti這個字（字面上是指「帶離」）有兩個意思，一是「帶離」，另一隱喻的意思是「調伏」。佛陀在使用字時含有領導弟子離苦之意，可是佛陀的反對者卻指控他灌輸虛無的思想，把人們帶往毀滅之境，落在一無所有的深淵。結果，對人們而言，反對者才是該被帶離、除去的人。

❸ 這裡有意地把玩sutta一字，此字的字面意思為「線」，其含義為「思辨的線」，或將相關的思想集合起來，佛陀的開示被稱為「經」，乃針對後者而論，因為佛陀的開示都以相關的思辨形式而集中一處。

❹ 不淨觀是思惟的所緣，其內容包括身體的三十一身分（註釋書說三十二身分）或屍體的腐敗之相（參見第十二章）。其目的在於藉由觀察色身的醜陋與無常，而減弱對色身的執著。

❺ 巴利語padhāvino（旅行者，行路人）也出現在《中部》第 50 經，但拼作pathāvino（巴利聖典學會版）。《中部》第 50 經的註釋也被沿用，巴利聖典學會所出版的辭典收錄上述二詞，但給予不同的定義，雖然padhāvin一詞的單獨收錄是個錯誤。

❻ 「如果你相信」巴利語字面的意思為「如果你能接受」或如註釋書所說：「如果透過相信（即接受）、吞咽、吸收，你就會有渴愛、憍慢與種種知見。」

❼ 在此所強調的全是「存在」的概念（「存在或不存在」），這些語句及其解讀取自緬甸版，此版在諸版中應較為可靠，其中有nāpahosiṃ而非nāhosi。從「地」那一段開始，到「一切」那一段結尾，其文應讀為：sabbaṃ kho ahaṃ brahme sabbato abhiññāya yāvatā sabbassa sabbattena ananubhūtaṃ, tad abhiññāya sabbaṃ nāpahosiṃ, sabbasmiṃ nāpahosiṃ, sabbato nāpahosiṃ, sabbam me ti nāpahosiṃ, sabbaṃ nābhivadiṃ（「已證知一切為一切……」）。在這部經與《長部》第11經中的句子，亦即Viññāṇaṃ anidassanaṃ anantaṃ sabbatopabhaṃ（「意識不示現……」）是佛陀親口所說，這句話一直讓很多人大惑不解。《中部》註釋書比《長部》註釋書採取的手法更為靈活，將字根bhū（存在）延伸為pabhaṃ（或pahaṃ）。根據這一線索，雖然這一點與註釋書所顯示的並不一致，我們仍可將sabbatopabhaṃ一詞解為sabbato 與pahoti（＝pabhavati）的現在分詞的縮形所成，意即pahaṃ (=pabhaṃ)。這便能與前文的sabbato abhiññāya……sabbaṃ nāpahosiṃ結合；但是，此解需要一個否定形，亦即sabbatopahaṃ= sabbato apahaṃ（「不言一切之外有眾生」）。字母h與bh在僧伽羅語 （Sinhalese）中，很容易混淆。在《長部》第11經中，有同樣的文字出現，佛陀很可能引用自己在此經的開示。在此我們有了一個研究有趣的本體論的核心材料。

譯註

① 佛陀出生時有仙人斷言他若在家將成為世界之王（即轉輪聖王），若出家則將成佛。

② 北俱盧洲居須彌山之北，為一富樂平等安和之處。

③ 這九項是佛弟子取佛陀的言行，依其性質所作的分類。「經」是散文的說法；「重頌」是以韻文重說散文的內容；「授記」的內容是佛弟子因聞經而證果者；「孤頌」是說法時全以韻文宣說；「自說」是無問自說；「本事」是敘述古佛的化跡；「本生」是佛陀自說過去世的因緣；「未曾有」是說佛與弟子種種不思議的神跡；「問答」對於甚深而簡要的法義，以問答方式來解說。

④ 學處：舊譯作「制戒」、「結戒」。因出家弟子有了非法的行為，佛陀因此制立學處，向大眾公佈，以後不得有所違犯。

⑤ 「波羅提木叉」是佛陀對弟子所制定的戒律，以助其遠離煩惱而得解脫。比丘應遵守的波羅提木叉分為八部，共227條，比丘尼則是七部共311條。其中最重罪是「波羅夷法」，有淫、盜、斷人命、大妄語等四條（比丘尼八條），犯此罪者擯出僧伽，永不得再加入。

⑥ 「無學」（已無可學的學盡者）是指證得第四最高阿羅漢果的聖者，「有學」是指證得四種道與果的前三種的聖者，共有七種聖者。

⑦ 此即波羅提木叉，因受持各別的學處，能解脫各別的煩惱與苦果，所以稱為「別解脫」；「律儀」即防護，是依身、語的不犯而名。

⑧ 「正行」是指一切的戒律儀，身、語、意皆不違犯。「行處」意指範圍，比丘宜行於不違犯律儀的場所。

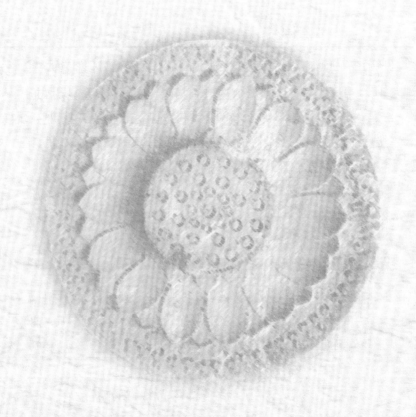

睛中

| 霎十霧 |

引言

　　本章蒐集了佛陀從五十五歲到入涅槃前一年的故事。雖然在時間順序上，這些故事之間的相對關係並不完全清楚，其重要性卻絲毫不受影響。這些故事可以大致分爲兩類。其一爲說法勸人，其二爲制定戒法。爲鹿母夫人講由愛生苦，布薩日對眾比丘借海喻法，給首樓那以琴弦的鬆弛解修行之道，便是說法勸人之例。同時，這些故事也是對世尊循循善誘，化凡入聖的教導方法的有力說明。

　　在制定戒法的故事中，首先應當注意的是須提那出家後與其前妻行淫生子。這一事件，作爲世尊制定戒法的開端，在佛教史上佔有極其重要的地位。其發生的時間，還說明在僧伽建立之後至少二十年，才訂立了第一條戒法。特別令人深思的，還有兩位婆羅門兄弟因建議將佛語規範化而受佛訶責的故事。世尊不但允許人們以自己的語言表述佛法，更進一步把佛語古典規範化立爲惡作。樂於尋根溯源的讀者可以在這些故事中找到不少材料，包括比丘的三衣之限與袈裟形式的來由。最後，本章中所出現的《伽藍經》和《慈經》，無疑是佛教中的重要經典。

敘述者：從世尊成道的第二十年（當時世尊五十五歲），到他的最後一年的這段期間，所有的研究都放棄了以編年的方式來整理世尊這一段歷史的努力。三藏典籍本身所提供的年表，僅僅把我們領到世尊的兩位上首弟子出現之時，那是世尊成道的第二年。混合傳統的覺音論師的註釋書對世尊前二十年的活動，在時間上作了粗略的追溯，使我們能確定經典中不少事件發生的時間。更後期的緬甸版《世尊傳》，則把一些事件賦上時間安插到這段時期，其中包括一些藏經裡未提到的，這一類的事就未收在此處。每一份後出現的資料，都給先前的資料增添些內容。藏經裡的記載從歷史上說是可靠的，在與藏經不衝突的情況下，那些出現於註釋書中的事件也被採納。晚期的著作很多都不外是作者的假設，但看來也沒有什麼多少理由將之完全摒棄，否則許多不可考的事件將永遠無法處理。儘管某些事件發生的順序可以推算出來，但大多數經藏與律藏中的資料都無日期可考。而下面要講到的事件與開示，便有許多無時可考。

毘舍佉請願供養僧伽

註釋者：根據後來的資料，第一個事件發生在世尊成道後的第三十一年，這便是世尊虔誠的女弟子毘舍佉捐贈舍衛城的東園彌伽羅母講堂（即「鹿母講堂」）的事。世尊稱她為「第一」女弟子[1]，因為她幫助公公彌伽皈依佛教，在教說裡她以「彌伽羅母」為人熟知。

敘述者：以下是很能代表她為人的故事。
優婆離：那時，世尊在波羅奈隨意地住上一段時間後，便次

第遊行到舍衛城。當他終於抵達時，便住到祇樹給孤獨園。那時，毘舍佉來到世尊面前，敬禮後，坐於一旁。在世尊為她說法後，她說：「世尊！請您及比丘眾明天接受我請食。」

世尊默然同意。她明白世尊已接受，便起身敬禮世尊後，右繞而去。

是夜過後，低雲密佈，滂沱大雨恣意地凌虐整個大地。世尊對比丘說：「諸比丘！正如豪雨落在祇園一般，整個四大洲②此刻都覆在大雨之中。以雨水沐浴身體吧！諸比丘！這將是最後一次烏雲籠罩在四洲之上。」

「如囑，世尊！」他們一邊答道，一邊脫下袈裟，以雨水浴身。

毘舍佉備好各式美食後，對一女僕說：「去祇園通報：『世尊！時間已到，食物已備。』」

「是的，夫人！」她答道。

她走到祇園，見到比丘們把袈裟置於一旁，以雨水浴身。她心想：「此園中原來並無比丘，只有裸形外道③以雨水浴身。」她於是轉身回去，把這情況報告毘舍佉。

毘舍佉是位有智慧、理解力強，又賢明的人，她內心思惟：「這肯定是比丘們把袈裟置於一旁，以雨浴身。這個傻女孩卻以為他們不是比丘，而是裸形外道以雨水浴身。」於是她再次派遣女僕去傳同一個口信。

這次，諸比丘已感到肢體清爽，精神振作，拿了袈裟各自回到精舍。女僕見不到比丘，心想：「這裡並無比丘，園中空無一人。」她於是就轉身回去，把這情況報告毘舍佉。

毘舍佉是位有智慧、理解力強，又賢明的人，她內心思惟：「這肯定是比丘們感到肢體清爽，精神振作，拿了袈裟便各自回

到精舍。這個傻女孩卻以爲那裡並無比丘，園中空無一人。」於是她再次派遣女僕去傳同一個口信。

這一次，世尊對諸比丘說：「諸比丘！帶著你們的大衣與鉢，時間已到，食物已備。」

「如囑，世尊！」他們眾聲答道。

那時，世尊於清晨著下衣，持鉢與大衣，在力士屈伸臂的頃間，他們已從祇園消逝而來到毘舍佉的門前。世尊與比丘眾坐於備好之座上，毘舍佉說：「世尊！眞是稀有啊！如來有大神通、大威力，路上的積水雖有齊膝之深或齊腰之深，卻無有比丘的腳或袈裟是沾濕的！」她感到異常歡喜，然後她親手供奉飯食給以世尊爲上首的僧伽，使他們都獲得飽足。當世尊放下鉢後，她坐於一旁，說道：「世尊！我請求世尊准許我八個願。」

「毘舍佉！諸如來已將願求置於身後。」

「世尊！我所求的是可允許的，也是無過的。」

「毘舍佉！那麼你不妨講一講。」

「世尊！我願盡形壽爲僧伽提供雨衣；爲客比丘僧提供食物；爲出發遊方的比丘提供食物；爲生病的比丘提供食物；爲照顧病者的比丘提供食物；爲生病的比丘提供醫藥；定時配發粥食；爲比丘尼提供浴衣。」

「那麼，毘舍佉！你要世尊准許這八個願，你預期的利益是什麼呢？」

「世尊！當我派遣女僕通知飯食已備時，她看到諸比丘將袈裟置於一旁，以雨水浴身；她以爲見到的不是比丘，而是以雨水浴身的裸形外道，並對我如此稟報。世尊！裸體是不威儀的，又招人厭惡。這是我所以想盡形壽爲僧伽提供雨衣，所預期見到的利益。

「復次，世尊！客比丘僧不諳當地街道與行處，為遊方乞食而筋疲力竭。食用我所提供的食物後，客比丘僧就有機會熟諳街道與行處，而不至於因遊方乞食而筋疲力竭。這是我所以想盡形壽為客比丘僧提供食物，所預期見到的利益。

「復次，世尊！出發遊方的比丘，往往因自己求食的緣故而失去同伴，或因抵達住處時間太晚，而使他於行路上感到筋疲力竭。當食用我為出發遊方的比丘所提供的食物後，他便不必受以上的痛苦。這是我所以想盡形壽為出發遊方的比丘提供食物，所預期見到的利益。

「復次，世尊！若比丘有病，不得適當的食物，其病情或加劇，或因而致死。當食用我為生病比丘所提供的食物後，他的病情或不會加劇，或不因而致死。這是我所以想盡形壽為生病的比丘提供食物，所預期見到的利益。

「復次，世尊！倘使照顧病者的比丘需出外求一己之食，當他把食物帶給病比丘時可能已過正午，而那時進食則犯過午不食之戒。當食用我為照顧病者的比丘所提供的食物後，他可將食物及時帶給生病的比丘，而無犯戒之虞。這是我所以想盡形壽為照顧病者的比丘提供食物，所預期見到的利益。

「復次，世尊！若比丘有病，不得適當的醫藥，其病情或加劇，或因而致死。當受用我為生病比丘所提供的醫藥後，他的病情或不會加劇，或不因而致死。這是我所以想盡形壽為生病比丘提供醫藥，所預期見到的利益。

「復次，世尊！世尊見粥有十種利益，並在阿那伽賓頭國就允許粥食。見此十種利益，我因此願盡形壽為僧伽定時配發粥食。

「又，世尊！諸比丘尼於阿夷羅跋提河恰與一群淫女一同沐

浴。那些淫女調笑諸比丘尼說：「大姊！何苦於妙齡修梵行？豈非應享受五欲之樂？待到年老時再出家修梵行？如此，你們便可得到兩邊的利益。」比丘尼因淫女們的調笑而羞愧。世尊！女人裸體是不威儀的，又招人厭惡。這是我所以想盡形壽為比丘尼提供浴衣，所預期見到的利益。」

「毘舍佉！那麼你要如來准許這八個願，對你個人而言，預期的利益是什麼呢？」

「世尊！這又有不同，諸比丘於各地雨安居後，必會到舍衛城來見世尊。他們會到世尊面前，並詢問道：『世尊！那位某某比丘今已過世，不知他生於何趣？他轉生為何？』於此，世尊便告訴眾人，那位比丘已證得入流果、一來果、不來果與阿羅漢果。我將上前詢問：『尊者！那位尊者可曾來過舍衛城？』答案若是他來過，我就確定此尊者必定用過雨衣，或客比丘之食，或遊方比丘之食，或生病比丘之食，或照顧病者的比丘之食，或為生病比丘所備之醫藥，或那定時配發的粥食。

「當我如此憶念時，便生欣喜。又因欣喜而生喜悅，因喜悅而身輕安，因身輕安而有樂，因樂而心定，如此我於身心之中可修習諸根、諸力與諸覺支。世尊！這就是我請求如來准許我八個願，對我個人所能預期的利益。」

「善哉，善哉，毘舍佉！你向如來請求恩准這八個願，以預期這些利益，誠為善舉。我准許你這些願。」至此，世尊又以偈頌隨喜道：

　　彼為善逝女弟子，以德嚴身供飲食，
　　克服慳貪得生天，平撫愁憂得安樂，
　　由清淨無瑕之道，彼女得以獲梵行，

彼女好樂修福德，於天界享樂、無病。（Vin. Mv. 8:15）

毘舍佉痛失孫女

阿難：如是我聞。一時，世尊住在舍衛國東園鹿母講堂。那時，毘舍佉所鍾愛的孫女不幸死亡，她在大白天裡衣髮盡濕地來見世尊。敬禮後，坐於一旁，世尊於是問道：「毘舍佉！你從何方來，何以大白天裡衣髮盡濕？」

「世尊！我所鍾愛的孫女死了，所以我在大白天裡衣髮盡濕。」

「毘舍佉！你可願有多如舍衛國之民的子孫？」

「世尊！我願有多如舍衛國之民的子孫。」

「那麼，毘舍佉！舍衛城中每日有多少人死亡？」

「世尊！舍衛城中每日死亡的人數，或為十，或為九，或為八，或為七，或為六，或為五，或為四，或為三，或為二，或為一。總之，舍衛城中從不曾有一日無人死亡。」

「那麼，想一想，毘舍佉！你可有衣髮不濕之日？」

「不！世尊！我不再願有如此眾多的子孫！」

「有一百個鍾愛者，便有一百個苦。有九十個鍾愛者，便有九十個苦。有八十個鍾愛者，便有八十個……二十個……十個……五個……四個……三個……有二個鍾愛者，便有二個苦。有一個鍾愛者，便有一個苦。無鍾愛者之人，則無苦。他們是無愁憂者、厭離者、無苦惱者，所以我說：

世間之愁憂悲傷，或各種形式之苦，
皆由彼之喜愛生，若無愛者即不生。

快樂且無愁憂者，彼等世間無愛者，

彼求無憂厭離者，於世間將無愛者。　（Ud. 8:8）

註釋者：我們所要講的有關毘舍佉的故事到此結束。

比丘定時集會說法

優婆離：那時，世尊住在王舍城靈鷲山。那時諸外道遊方沙門例行於上半月之十四、十五日、八日集會說法，人們也到該處聽法。他們對諸外道遊方沙門漸生歡喜，從而生信。諸外道遊方沙門以此而獲得護持。

那時，摩揭陀國頻婆娑羅王獨處靜默，內心思惟：「諸尊者何不也在這些日子集會？」

他於是來到世尊處，稟報自己的想法，又補充說：「世尊！諸尊者如能也在這些日子集會，實為益舉。」

世尊為國王說法後，國王離身而去。之後，世尊以此因緣為大眾開示，他告訴諸比丘：「諸比丘！我允許於上半月之十四、十五、八日集會。」

如此，諸比丘便如世尊所許在那些日子集會一處，卻默然而坐。人們到集會處本為聽法，不由地憤怒而低聲抗議：「何以這些沙門釋子，在這些日子集會，卻默然而坐，猶如啞豬？莫非集會時不應說法？」

諸比丘聽到這些，便到世尊處，將此事稟報世尊。世尊以此因緣為大眾開示，他告訴諸比丘：「諸比丘！我允許於上半月之十四、十五、八日集會說法。」（Vin. Mv. 2:1-2）

佛陀為諸比丘制立學處

敘述者：律藏中記載了最終導致制定波羅提木叉的一連串事件，這些記載文字冗長，下文僅是摘要。

註釋者：須提那是毘舍離城迦蘭陀村一位富商之子，他婚後無子，聽到世尊在毘舍離一帶說法，便請求出家，然而他被告知須徵得父母的同意。由此引起了他與父母一場長時間的衝突，直到他絕食之後，他們才不再堅持。後來，在他出家以後，遇上了一場饑荒，他心想：「我何不讓自己的家人提供我的所需？親戚護持我的話還可修福，對其他比丘也有好處，而我將無匱乏之虞。」如此，他在毘舍離的親戚給他豐富的供養。

一日，他自己到迦蘭陀村托鉢，行至他父親的家門，但並未透露自己的身分，一位女僕認出了他，並通報他的父親，其父便強邀他於次日回家用餐。隔天他回到家，其父母便使盡所有的手段，規勸其子還俗。他的母親對他說：「須提那，我們家財產豐富……由於這個緣故，所以你必須要有一個後代。一定不要讓離車家族，以為我們家無有後代，而想謀取我們家的財產。」他回應道：「母親！這個我做得到。」其母便把他的前妻領來大林與之見面。他把她帶到林中，由於當時尚未制定戒法，他未看到此舉有何不妥，便與她交媾了三次。她由此便有了身孕。這件事引起了許多地居天④的不滿，他們抗議說：「諸位大德！比丘眾雖然一向都無垢穢、無過患，但是，現在迦蘭陀的須提那已經種下了垢穢與過患的種子。」這不滿之聲傳遍了所有的天界，最後傳到了梵天界⑤。

須提那尊者的前妻生下了一個兒子，朋友都稱之為「續種」

（Bījaka），稱其母爲「續種之母」，並把須提那尊者稱爲「續種之父」。後來，續種與他的母親都離家而出家了。

優婆離：須提那尊者對此事十分懊悔，受到良心的折磨，他變得消瘦羸弱。有比丘探問其因，他坦白其事，眾人因而斥責他，這件事便被輾轉地稟報了世尊，世尊說道：

「愚人！這是非相應法、非隨順行、非威儀、非沙門行、非清淨行、非所當爲。既已在善說的法與律下出家，你爲何不能終生修習圓滿無瑕、清淨無垢的梵行？愚人！難道我不曾爲了離欲，而非情欲，以種種方便教導法嗎？難道我不曾爲了離縛，而非結縛，以教導法嗎？難道我不曾爲了無著，而非執取，以教導法嗎？我所教導的法本是爲了離欲、離縛與無著，你卻曲解爲了情欲、結縛與執取。難道我以無數方便所教導的法，並非爲了離欲、破憍慢、調伏渴愛、除去執著、斷絕輪迴、滅盡愛、離欲、證滅、涅槃嗎？難道我不曾以種種方便，而說諸欲之捨斷、諸欲想之遍知、諸欲渴之調伏、諸欲念之滅除、諸欲熱之止靜嗎？

「愚人！身爲出家人，縱令你的男根進入可怕劇毒的蝮蛇或眼鏡蛇之口，亦勝過進入女根之中。縱令你的男根進入熾燃的火坑，亦勝過進入女根之中。何以故？因爲前者雖會致死或生如死的痛苦，但在身壞命終之後，你不會生在惡處、惡道、苦趣，乃至地獄。在後者的情形，你是會墮到苦趣的。因此，愚人！你所行的是不正法，你的追求實屬低劣、粗俗，唯行於男女之間，作於隱密之處，甚爲不淨，事後總得洗淨。你是眾多不善念的第一個犯行者，此行既無利於令不信者生信，又無利於令信者增長；相反地，此行令未信者更不生信，令部分信者退失信心。」

如此，世尊訶責了須提那尊者（由於當時戒法尚未制定，他

並未被擯除），為諸比丘說適切之法後，世尊告訴諸比丘：「諸
比丘！以此事故，我將為諸比丘制立學處，我如此做的原因有
十：為僧伽的利益，為僧伽的安樂，為調伏惡人，為善比丘得安
樂住，為防護今生諸漏，為滅除來世諸漏，為令未信者生信，為
令已信者增長，為令正法久住，為確保能防護的戒法。這（第一）
學處應如是知：任何比丘，若耽迷於淫欲而為其所敗者，不得再
與比丘眾共住。」

以上便是世尊所以為諸比丘制立學處的由來。（Vin. Sv. Pārā. 1）

一時，世尊獨處靜默時，內心思惟：「我何不容許諸比丘誦
讀我為他們制定的學處，作為他們誦習的『波羅提木叉』，使這
成為他們的布薩日儀軌。」

傍晚時，他從禪坐起身，以此因緣而說法，並向比丘宣說這
項決定。（Vin. Mv. 2:3）

佛陀借海比喻法與律的特質

優婆離：那時，世尊住在舍衛城東園鹿母講堂。世尊於布薩
日由比丘眾四面圍繞而坐。

夜漸深，當初夜⑥已盡，阿難尊者由座而起，偏袒一肩，面
向世尊，雙手合十，說道：「世尊！夜已深，初夜已盡，諸比丘
跏趺坐已久，現請世尊為諸比丘說波羅提木叉。」

如此說畢，世尊默然不語。

第二次，當中夜已盡，阿難尊者由座而起，偏袒一肩，面向
世尊，雙手合十，說道：「世尊！夜已深，中夜已盡，諸比丘跏
趺坐已久，現請世尊為諸比丘說波羅提木叉。」

第二次，世尊默然不語。

第三次，當後夜已盡，晨光漸露，紅霞微抹。阿難尊者由座而起，偏袒一肩，面向世尊，雙手合十，說道：「世尊！夜已深，後夜已盡，晨光漸露，紅霞微抹。諸比丘跏趺坐已久，現請世尊為諸比丘說波羅提木叉。」

「阿難！座中有人不清淨。」

大目犍連思惟：「世尊如此說，所指的是何人呢？」他以他心通觀察比丘眾的心，便找到其人，他無德、卑劣、不淨、行止可疑、隱蔽己行、非沙門而妄稱沙門、非梵行者而妄稱梵行者、內心腐敗、好色、墮落，坐在比丘眾中。他走上前去，說道：「起來，朋友！你已被世尊看破。對你而言，你不得與比丘眾共住。」

如此言畢，那人卻保持沉默，此話第二、第三次地被重複時，他仍然保持沉默。這時，大目犍連抓住他的胳膊，將之拉出門外，並閂上門。如此做後，他走上前去，對世尊說：「世尊！我已驅走那個人，眾中現已清淨。請世尊為諸比丘說波羅提木叉。」

「真是稀有啊！目犍連，真是不可思議啊！那愚者竟然要等到被拉住胳膊時才走。」世尊於是對諸比丘說：「諸比丘！從今起我將不參加布薩的儀式。我將不說波羅提木叉。從今起，你們自行布薩。如來不能也不該在不清淨的大眾中參加布薩，以及說波羅提木叉。

「諸比丘！大海有八種稀有、不可思議的特質，令阿修羅在任何時候都眼見心怡。同樣地，法與律也有八種稀有、不可思議的特質，令諸比丘在任何時候都眼見心怡，哪八種？

「正如大海緩緩地傾斜，而至淺灘，並非如斷崖驟然地深入

於海。同樣地，在法與律中，它是領人次第地修學、修習，而非驟然地獲得證智。復次，正如大海其水穩定，永遠保持在潮汐的漲退之間而不氾濫，同樣地，我諸弟子亦不違犯我所制定的學處。復次，正如大海不宿死屍，若有死屍處於其中，不久就會將之沖拋回岸，擲還陸地，同樣地，僧團亦不容無德、卑劣、不淨、行止可疑、隱蔽己行、非沙門而妄稱沙門、非梵行者而妄稱梵行者、內心腐敗、好色、墮落之人，僧眾集會之時，若有如上之人必會立刻被驅走；即使他勉強在僧中坐，他實遠離僧伽，而僧伽也遠離他。

「復次，正如所有的大河，包括恆河、閻牟那河、阿夷羅跋提河、薩羅河與摩訶河，一旦注入大海，便失卻本名，唯稱大海之名。同樣地，有四個種姓出身的人——王侯、武士的剎帝利種；僧侶的婆羅門種；農、工、商、庶民的吠舍種；賤民的首陀羅種，在世尊所宣說的法與律下，離家而出家後，亦蠲棄其本名與出身，成為比丘，為釋迦的弟子。復次，正如世上的大河無不最終流歸大海，天上的雨無不注入大海，而大海卻從來不說未滿或已滿。同樣地，儘管眾多比丘於無餘涅槃界入般涅槃，縱然如此，此涅槃界從來不說未滿或已滿。復次，正如大海同一鹹味，同樣地，此法與律同一解脫味。復次，正如大海中蘊藏諸寶——珍珠、水晶、綠玉、硨磲、寶石、珊瑚、銀、金、瑪瑙、貓眼石。同樣地，法與律中蘊藏著諸寶，如四念處、四正勤、四如意足、五根、五力、七菩提分與八正道等。

「復次，正如大海有大身眾生棲息其中，諸如鯨魚、大海蛇、阿修羅、龍、海神等。在大海中有眾生其身長達或百由旬⑦，或二百、三百、四百、五百由旬。同樣地，在法與律之中亦有大眾生居住其中，如入流者、入流向者、一來者、一來向者、

不來者、不來向者、阿羅漢者、阿羅漢向者。⑧」

　　了知其中的意義，世尊不禁發出如下的感嘆：

雨水浸透封藏物，

從不浸透敞開者；

打開那覆藏之物，

以免再被雨浸透。（Vin. Cv. 9:1; Ud. 5:5; A. 8:20）

正法於世間久住或消失的原因

阿難：如是我聞。一時，世尊住在舍衛城，大迦葉尊者前來見世尊，他問道：「世尊！以何因緣故，先時戒法甚少，建立究竟智的比丘甚多？以何因緣故，今時戒法甚多，建立究竟智的比丘卻甚少？」

　　「迦葉！這其中的緣由如是，當眾生墮落，正法漸滅，戒法便增，建立究竟智的比丘便少。只要像法不生起，正法則不從世間消失，一旦像法生起，正法便消失了。正如只要偽金不出現，金則不從世間消失，一旦偽金出現，金便消失了。正法不因地、水、火、風四界而使之消失，乃因愚者出世而消失。然而正法的消失，不在一時片刻，猶如船破，不即時沉。

　　「有五種有害的法，會導致正法被遺忘而終至消失於世。何者為五？若比丘、比丘尼、與在家的男女二眾，不尊重、輕蔑佛、法、僧、學處與定。有五法能導致正法久住於世，不被遺忘而終至消失。何者為五？比丘、比丘尼與在家的男、女二眾，尊重、奉獻於佛、法、僧、學處與定。（S. 16:13; 參A. 7:56）

一切戒法歸三增上學

阿難：一時，世尊住在毘舍離大林重閣講堂，那時，有一跋耆子比丘來到世尊處……說道：「世尊！我眾等每隔半月便讀誦一百五十條戒法。世尊！我不能一時修持如此多條戒。」

「那麼，比丘！你可以修持三個學處嗎？亦即增上戒學、增上定學與增上慧學？」

「世尊！我可修持這些學處。」

「比丘！修持這三個學處。此法一旦修成，因為徹底地修習，你就能完全捨斷貪、瞋、痴。由此你便不作惡行，不興惡念。」

後來，這位比丘果然徹底地修習，而完全捨斷貪、瞋、痴。由此他便不作惡行，不興惡念。（A. 3:83）

佛陀制定三衣

優婆離：那時，世尊在王舍城隨意地住上一段時間後，他次第遊行前往毘舍離。行於兩城之間時，他見到許多比丘沿路而行，在頭上、肩上、腰上都纏著很多件袈裟。他想：「這些擔負袈裟的愚人極易回到浮奢。我何不制定最高的數量，限定比丘袈裟的件數？」

一路行走，世尊終於到達毘舍離，住在瞿曇廟。在寒冬之夜，從降雪之季，月前分第八日至後分第八日止，世尊於入夜後露地而坐，其身雖只著一件袈裟，但卻不覺寒意。初夜過後，寒意上身，他加上第二件袈裟後，便不覺寒意。中夜過後，寒意上身，他加上第三件袈裟，便不覺寒氣。當後夜已盡，晨光漸露，

紅霞微抹，寒意上身，他加上第四件袈裟，便不覺寒意。如此，他想道：「對寒冷感敏、怕冷的族人弟子，在依法與律出家後，可以靠三件袈裟生活。我何不制定三衣為最高的數量？」

世尊於是對比丘開示，講完所發生的事後，他宣布了三衣的規定：「諸比丘！我允許蓄三衣：一件雙層的大衣，一件單層的上衣，一件單層的下衣。」（Vin. Mv. 8:13）

又一次，世尊行於王舍城往南山的途中，對阿難尊者說：「阿難！你可見摩揭陀國的土地，割截成方形，割截成條狀，加上邊界與交錯有序的阡陌？」

「是的，世尊。」

「阿難！試為比丘如此作衣⑨。」（Vin. Mv. 8:12）

首樓那三次請求出家

阿難：如是我聞。一時，佛在舍衛城時，大迦旃延尊者在阿槃提國拘羅羅伽羅波樓多山，受一在家信徒首樓那‧億耳的供養。一天，首樓那來到大迦旃延尊者處，敬禮後，坐於一旁，說道：「長老！根據大迦旃延長老所授之法，在家要修如光輝真珠般圓滿清淨的梵行，談何容易？我何不剃除鬚髮，著袈裟，出家而過無家的生活呢？不知大迦旃延長老可准我出家？」

大迦旃延尊者告訴他說：「首樓那！以餘生修梵行，日中一食，獨臥而眠，絕非易事。還是繼續以居士身，獻身佛法，嘗試修梵行，在適當的時機日中一食，並獨臥而眠就好。」

如此，首樓那便一時打消了出家的念頭。

後來他又作出相同的請求，並得到同樣的回答，他又第三次

請求。這一次，大迦旃延尊者便為他剃度。但其時阿盤提國比丘甚少，三年之後，大迦旃延方才在萬難之後，齊集十位比丘眾。直至此時，他才為首樓那尊者授具足戒。

雨安居後，一天夜晚，首樓那尊者從靜坐中起，來到大迦旃延尊者處。他說道：「長者！我於靜坐時，心中浮起這樣的念頭：『雖然我耳聞不少關於世尊的事，但我從未與他謀面。長老！如果戒法允許的話，我願意去見世尊、應供、等正覺者。』」

「善哉，善哉，首樓那！去見世尊、應供、等正覺者。你將見到世尊，他令人望而生信，他諸根寂靜，意亦寂靜，得最上調伏寂靜，猶如已調伏、已制御、已守護諸根之長牙象王。當你見到他時，以我之名，頭面頂禮世尊之足。問候他是否無病、無恙，身體健康強壯，生活安樂，告訴世尊這些是我對他的請安。」

「是的，長老！」他答道，非常歡喜大迦旃延上面的一席話。他持鉢與大衣，次第遊行，前往世尊當時所在的舍衛城。到達之後，他去到祇園，敬禮之後，坐於一旁，並轉達他師父的問候。

「比丘！你身體可好？你心情愉快嗎？一路周折可多？托鉢乞食可有難處？」

「世尊！我身體尚好，我心情愉快，一路周折甚少，托鉢乞食並無難處。」

世尊對阿難尊者說：「阿難！為這位客比丘準備坐臥處。」

阿難尊者此時心想：「當世尊如此吩咐時，就表示要與客比丘共住。世尊要與首樓那尊者共住。」因此，他便把客比丘的坐臥處安排在世尊所住之處。

世尊當夜大部分的時間都露地而坐，洗腳後進入其室，首樓

那尊者也隨之入室。天將拂曉，世尊起身對首樓那尊者說：「比丘！你何不持誦經法。」

「如囑，世尊！」他應聲答道。之後，他放聲吟誦了整部共十六組的八句偈❶。吟誦畢，世尊讚嘆說：「善哉，善哉，比丘！你已熟習這十六組八句偈，你了知其義，亦善能背誦。你的音聲善美、分明、無疵，令所誦之義清晰易懂。比丘！你夏臘❿幾歲？」

「世尊！夏臘一歲。」

「比丘！為何你拖了這麼久？」

「世尊！我長久以來便深知感官欲樂的過患；在家生活雜務多，責任重。」

了知其中的意義，世尊不禁發出如下的感嘆：

看到世間之過患，
了知輪迴之無實，
聖者不以惡為樂，
清淨之心不喜惡。 （Ud. 5:6; 參Vin. Mv. 5:13）

影響修行的十種刺

阿難：一時，世尊在毘舍離大林之重閣講堂。那時，有眾多資深的長老弟子陪伴。其中包括遮羅尊者、優簸遮羅尊者、伽伽羅尊者、迦陵縛尊者、尼迦陀尊者、迦多黎沙尊者、還有其他許多資深的長老。

那時，許多顯赫的離車族人到大林來拜見世尊，他們乘著豪華的馬車，由馭夫及騎侍隨同，喧嚷嚕雜。諸尊者心想：「這些

離車人前來拜見世尊……但是，世尊已講過禪定以聲為刺⑪。我們何不去牛角娑羅林？讓我們安穩地住在其中，遠離噪音與人群。」

如此，他們便到牛角娑羅林，安穩地住在其中，遠離噪音與人群。世尊問比丘：「諸比丘！遮羅現在何處？優簸遮羅、伽伽羅、迦陵縛、尼迦陀與迦多黎沙又在何處？這些長老比丘們去了何處？」

諸比丘講述了所發生的事情，世尊說道：「善哉，善哉，諸比丘！他們所言不差，當如那些大弟子所言才是；我確曾作是說，禪定以聲為刺。刺者計有十種。哪十種？於喜遠離者，喜群聚為一刺。於修不淨相者，修淨相為一刺。於守護根門者，觀聽妓樂為一刺。於修梵行者，接近女人為一刺。於初禪，聲為一刺。於第二禪，尋、伺為一刺。於第三禪，喜為一刺。於第四禪，出入息為一刺。於滅受想定，受、想為一刺。貪為一刺，瞋為一刺，痴為一刺。諸比丘！無刺而住，離刺而住，阿羅漢已無刺。諸比丘！阿羅漢已離刺，阿羅漢無刺、離刺而住。」（A. 10:72）

比丘修不淨觀而自戕

阿難：一時，世尊在毘舍離大林的重閣講堂。那時，世尊以種種方便教授比丘（於身作）不淨觀，讚嘆不淨觀，讚嘆不淨觀之修習。他於是告訴諸比丘說：「諸比丘！我將獨處靜默半個月。除持送缽食者外，一律不見任何人。」

「如囑，世尊，」他們答道，並依囑而行。

此時，有些比丘回想起世尊讚嘆（身的）不淨觀，並修習不

淨觀而住。如此做後，他們對自己的身體感到恥辱與厭惡，便執刀（了結性命）。一日之內常有十、二十、三十位比丘如此執刀自戕。

半個月之後，世尊從獨處靜默出，對阿難尊者說：「阿難！何以比丘人數驟減？」

阿難尊者告訴他所發生的事，並補充說：「世尊！世尊為比丘說示其他法門，以建立究竟智。」

「如此，阿難！召集在毘舍離一帶的比丘到講堂集合。」

阿難尊者如囑召集比丘，在比丘聚集後，他通報世尊。世尊來到講堂，在備好的座位上入座。坐定之後，他對諸比丘說：

「諸比丘！當修習並增長入出息念時，它帶來寂靜、殊妙、無染、樂住，令惡不善法才生即滅，正如於熱季最後一個月時塵土到處飛揚，不時之雨使它在剛剛飛揚時便立刻消逝。」（S. 54:9）

長老尊者喜獨住

阿難：世尊在王舍城時，長老比丘喜歡獨住，讚嘆獨住。他獨自入村托鉢乞食，獨自歸來，在寂靜處獨自靜坐，獨自經行。有數位比丘去見世尊並報告此事。世尊便傳他來，詢問此事是否屬實，他答說是實。世尊聽後說道：「那樣的獨住確實存在，長老！我並非說它不存在。然而，獨住的細行如何令之圓滿，你宜諦聽，善思惟我所說。」

「是的，世尊！」長老尊者答道。世尊說：「獨住的細行如何令之圓滿？如此，長老！捨離過去，不希未來，於現在拋開為自身所得之貪欲，如此獨住的細行才是圓滿的。」

世尊作如是說，善逝如是說，大師說道：

一切之勝者，一切之智者，

一切法無染，捨離於一切。

滅愛得解脫，我謂此人為

獨住圓滿者。（S. 21:10）

過於精進的首樓那尊者

優婆離：那時，世尊在王舍城靈鷲山，當時摩揭陀國頻婆娑羅王國威所及，統領八萬村落。那時，有一拘利族人首樓那住瞻波城。身為富豪之子，他的身體非常嬌嫩，以至其腳掌亦長有毛髮。其時國王為一些事務召集了八萬村落的代表，派人給首樓那傳信，說：「請首樓那前來，我欲會之。」

於是，首樓那的雙親告之曰：「親愛的首樓那！國王想見見你的腳。可是萬萬不得將腳伸向國王；你就在他面前，結跏趺坐，腳掌向上，這樣坐著，國王就看得到你的腳。」

他們雇了轎子將他抬去拜謁國王。施禮之後，他在國王前結跏趺坐，國王便見到他的腳掌果然生有毛髮。

其時，國王為八萬村落的代表教誡今世的目的，之後，在散會前，他又說道：「你們已聽了我對今世目的的教誡；現在，前去恭敬禮拜世尊，他將教誡你們來世的目的。」

他們於是到靈鷲山，世尊為之開示後，他們皈依了三寶。他們剛離開，首樓那就來到世尊處請求出家。他出家並受了具足戒。

進入僧團不久，他住在寒林，在上上下下經行時，他精進過甚，腳底生了水泡，經行道上遍布血跡猶如屠場。世尊到首樓那

尊者的住處，坐在爲他敷設好的座位上，首樓那尊者敬禮後，坐於一旁。世尊說：「首樓那！當你獨處靜默時，可曾生如是念：『世尊的弟子中堪稱爲精進者，我必爲其一。然而，我尚未捨離執著，而從諸漏中得心解脫。而今我家的財富依然豐饒；我可利用此財富多修福德。我何不還俗，利用那些財富廣修福德呢』？」

「是的，世尊！」

「你認爲如何？首樓那，你在家時，可曾是位好琴手？」

「是的，世尊！」

「當你的琴弦繃得太緊，其音可美妙，彈奏可順暢？」

「不然，世尊！」

「當你的琴弦過於鬆弛，其音可美妙，彈奏可順暢？」

「不然，世尊！」

「當你的琴弦既不繃得太緊，也不過於鬆弛，其音可美妙，彈奏可順暢？」

「是的，世尊！」

「同樣地，首樓那！過於精進，會導致掉舉，而精進不足，則生懈怠。如此，當力圖於平穩中精進，令諸根平等通達，應於此處取相。」

「是的，世尊！」他如是答道。（Vin. Mv. 5:1; 參A. 6:55）

痲瘋病者善覺聽法

阿難：如是我聞。一時，佛在王舍城迦蘭陀竹林園。那時，王舍城中有個名爲善覺的痲瘋病者，他是個乞丐，又是個可悲的無賴。

　　有一次，世尊於座上受大眾圍繞而說法，善覺遠遠看到人群。他想：「那裡肯定有發放食物。我何不湊近人群；或許我可得到一些食物來充飢？」他湊近人群，看到世尊坐著受大眾圍繞而說法。他心想：「這裡根本沒有在發放食物，只不過是沙門喬達摩正爲群眾說法罷了，我何不也來聽法呢？」他便坐在一旁，心想：「我要聽法。」此時，世尊以心知大眾之心，辨識是否有人能領納正法？他注意到坐在人群中的麻瘋病者善覺。他思惟：「此人能辨知法。」

　　爲了利益善覺，世尊次第說法，解說布施、持戒、生天之法；解說感官欲樂的各種過患、虛妄與煩惱；又解說出離的利益。當他看到善覺的心已純熟……他便傳授諸佛所特有的教導：苦、苦集、苦滅與滅苦之道……

　　善覺獲得清淨無染的法眼：「凡是生法者，即是滅法。」他說道：「世尊，眞是殊勝啊！……請世尊接受我爲盡形壽追隨世尊的弟子。」

　　當麻瘋病者善覺受到這樣的教示……他滿足、歡喜於世尊所說的法。敬禮世尊後，右繞而去。

　　不期一隻母牛帶著牛犢突然奔向麻瘋病者善覺，將他踩死了。

　　此事發生後，許多比丘來到世尊處。他們說：「世尊！麻瘋病者善覺方受世尊教示……不幸身亡。他投生何處？來生爲何？」

　　「諸比丘！善覺很有智慧，他已進入正法之道，不爲諍論法而煩擾我。善覺已滅盡三結　，而成爲入流者，不再投生惡道，對正道堅信不移，必定趣向覺悟的。」

　　言畢，一比丘又問道：「世尊！以何因緣麻瘋病者善覺身爲

乞丐，又是一個可悲的無賴？」

「諸比丘！善覺過去世曾爲王舍城之富家子。於往行樂園途中，遇到辟支佛❷多迦羅支棄前往城中托鉢。那時，他心想：「這個遊行的麻瘋病人是何許人？」便向其人唾沫侮辱後，方掉身而去。業果成熟時，他在地獄受苦數年、數百年、數千年、數千百年。也因爲此業果成熟，他在相同的王舍城淪爲乞丐，又是個可悲的無賴。透過如來所宣揚的法與律，他已得信、戒、智慧、布施與體解。以此業果成熟之故，身壞命終後，他轉生於三十三天，其相貌與名聲都勝過那裡的天人。」（Ud. 5:3）

以各自的語言學習佛語

優婆離：那時，在舍衛城住有夜婆與瞿婆兩比丘。他們兄弟二人出身於婆羅門，都有悅耳的嗓音與動人的口才。他們請求世尊：「世尊！今有諸比丘，名不同、種不同、出身不同，從不同的家族出家。他們各以自己的語言玷污了佛語，讓我們把佛語化爲古典的雅語吧！」

世尊訶責他們：「愚人！你們怎麼可以說『讓我們把佛語化爲雅語』？此行既無利於令不信者生信，又無利於令信者增長；相反地，此行令不信者更不生信，令部分信者退失信心。」如此訶責、說法後，世尊告訴諸比丘：「諸比丘！不得將佛語轉爲雅語。如此做者，犯惡作。我允許以每個人自己的語言學習佛語。」（Vin. Cv. 5:33）

打噴嚏受祝福時的回應

優婆離：一次，世尊受大眾圍繞而說法，他打了一個噴嚏。諸比丘大聲地說：「祝您長壽，世尊！祝您長壽，世尊！」這紛雜之聲中斷了說法。就此，世尊告訴諸比丘：「諸比丘！對打噴嚏的人說『祝你長壽』，此人是否會因此便活下去或死亡呢？」

「不會，世尊！」

「諸比丘！對打噴嚏的人勿言：『祝你長壽。』如此做者，犯惡作。」

此後，諸比丘若打噴嚏時，在家居士說：「長老！祝您長壽。」比丘便自覺窘迫而不作答。人們對此甚感不快，低聲抗議道：「何以這些沙門釋子，對『祝你長壽』的祝福默而不答？」

比丘將此事告知世尊，他說：「諸比丘！在家居士慣於此等迷信，若他們再言『願你長壽』時，如來允許汝等以『願你長壽』作答。」（Vin. Cv. 5:33）

如何辨識阿羅漢

阿難：如是我聞。一時，佛在舍衛城東園之鹿母講堂。一天傍晚，他從獨處靜默中起身，坐在房外的門廊上。此時，憍薩羅國的波斯匿王來到面前，敬禮後，坐於一旁。

其時有七位螺髻的苦行沙門、七位尼乾陀徒、七位裸形的苦行沙門、七位身著單衣的苦行沙門、七位遊行沙門，全都蓄長髮、長爪，帶著各式的沙門用具，從世尊不遠處走過。波斯匿王從座而起，偏袒一肩，右膝著地，合掌向諸苦行沙門，自報其

名：「諸長老！我是憍薩羅之王波斯匿。」如此三遍。

這些苦行沙門走過後，他回到世尊身邊，敬禮後，坐於一旁。他問道：「這一行人中可有住世的阿羅漢，可有向阿羅漢道者？」

「大王！身為在家者，你享受感官欲樂，為兒女羈累，用波羅奈來的檀香，著戴花環，塗香敷脂，穿金戴銀，要辨識阿羅漢或向阿羅漢道者，於你實非易事。一個人的戒行，只有在與其同住，在長時期裡，既不疏忽觀察，亦不欠缺理解，方可得知。一個人的清淨，只有在與其交談方可得知……一個人的堅忍，只有在逆境中方可得知……一個人的知解，只有在與其討論，在長時期裡，既不疏忽觀察，亦不欠缺理解，方可得知。」

「真是稀有啊！世尊！如來以上所言，真是不可思議啊！我手下有密探，在鄉下訪察畢，以所扮盜匪之相進入宮中。我一時被其矇蔽，唯在後時，方知實情。一旦他們洗盡塵土，澡身沐浴，以香塗身，鬚髮修齊，穿著白衣，他們便盡情耽溺於五欲樂中。」

了知其中的意義，世尊不禁發出如下的感嘆：

知人知面難知心，匆匆一瞥難評斷。
未調伏者遊於世，穿戴偽裝調伏者，
有人躲於面具後，外表無光內不淨，
猶如泥塑假珠寶，亦如鍍金銅文錢。　（S. 3:11; Ud. 6:2）

伽藍經

阿難：一次，世尊與眾多比丘次第遊行於憍薩羅國，他抵達

一個屬於伽藍族的村落——羈舍子。當羈舍子的居民聽到世尊抵達的消息，他們到他面前，並問他說：「世尊！一些沙門與婆羅門到羈舍子來後，只宣講自己的教義，並辱罵、毀謗、譴責與怒斥其他的教義。其他的沙門與婆羅門到羈舍子來後，也只宣講自己的教義，並辱罵、毀謗、譴責與怒斥其他的教義。我們為此迷惑不解，並對他們產生懷疑。世尊！這些沙門尊者中，誰說的是真實的，誰說的是虛偽的呢？」

「伽藍人！你們的迷惑是當然的，你們的疑惑是當然的，你們在本應生疑之處起疑。伽藍人！不要滿足於人言，或傳統❸，或民間傳說，或傳世經典，或推測，或邏輯思辨，或有重要性的證據，或評量後歡喜某觀點，或藉他人的能力，或作是思惟：『此沙門是我等之師。』當你們自知：『此說實為不善，當受譴責，為智者所訶毀，若採納並付諸實踐，必引生過害與苦惱。』那麼你們就應捨斷它們。伽藍人！你們認為如何：起於人心中之貪，是為了善或惡呢？」——「為了惡，世尊！」——「人既起貪心，就為貪所制伏，心為貪所纏擾，因而或殺生，或偷盜，或邪淫，或妄語，或教唆他人如是作，這必將為他帶來長久的過害與苦惱。」——「是的，世尊！」——「伽藍人！你們認為如何：人既起瞋心……？人既起痴心……？」——「是的，世尊！」「伽藍人！你們認為如何：以上諸事，是善或不善？」「不善，世尊！」——「是有罪或無罪？」——「有罪，世尊！」——「為智者所訶毀或讚揚？」——「智者所訶毀，世尊！」——「若採納並付諸實踐，它是否將引生過害與苦惱，你們對此事的看法為何？」——「世尊！若採納並付諸實踐，它將引生過害與苦惱。我們對此事的看法如此。」——「因此，伽藍人！這些便是我為何要對你們說這些話的原因：『伽藍人！不要滿足於人言……或

作是思惟：『此沙門是我等之師。』當你們自知：『此說實爲不善……』就應捨斷它們。』」

「伽藍人！不要滿足於人言……或作是思惟：『此沙門是我等之師。』當你們自知：『這些法實爲善，實爲無罪，爲智者所讚揚，若採納並付諸實踐，它將引生利益與快樂。』那麼，你們就應修習而住。伽藍人！你們認爲如何：當人心中生起無貪，是爲了善或惡？」──「爲了善，世尊！」──「若人心中生起無貪，就不爲貪所制伏，心不爲貪所纏擾，因而不殺生，或不偷盜，或不邪淫，或不妄語，或教唆他人如是作，這必將爲他帶來長久的利益與快樂。」──「是的，世尊！」──「伽藍人！你們認爲如何：若人心中生起無瞋……？若人心中生起無痴……？」──「是的，世尊！」──「伽藍人！你們認爲如何：以上諸事，是善或不善？」「是善，世尊！」──「是有罪或無罪？」──「是無罪，世尊！」──「爲智者所訶毀或讚揚？」──「智者所讚揚，世尊！」──「若採納並付諸實踐，它是否將引生利益與快樂，你們對此事的看法爲何？」──「世尊！若採納並付諸實踐，它將引生利益與快樂。我們對此事的看法如此。」──「因此，伽藍人！這些便是我爲何要對你們說這些話的原因：『伽藍人！不要滿足於人言……或作是思惟：『此沙門是我等之師。』當你們自知：『此說實爲善……』那麼，你們就應修習而住。」

「若有聖弟子如是離貪、離瞋、不愚痴，正知、正念，以慈心遍滿一方而住，又及於第二方、第三方、第四方、上方、下方、四維與一切處，待人如己。此聖弟子慈心廣、大、無量、無怨、無惱害，遍滿世界而住。此聖弟子以悲心……此聖弟子以喜心……此聖弟子以捨心……遍滿世界而住。

「當聖弟子的心無怨、無惱害、無染、清淨，便於當下獲得四種安穩。他作是思惟：『若有來世，若有善作、惡作業之異熟果，當我身壞命終之後，極可能投生天界。』這是他所獲得之第一安穩。『若無來世，若無善作、惡作業之異熟果，這期生命中我當下無怨、無惱害、無焦慮，我必能快樂地生活。』這是他所獲得之第二安穩。『若惡報必落於造惡者之身，而我於任何人不生惡念，我不造惡，惡行所感之苦如何落於我身？』這是他所獲得之第三安穩。『若惡報不落於造惡者之身，我了知自己此生於上兩者是清淨的。』這是他所獲得之第四安穩。」（A. 3:65）

佛陀親自看護臥病比丘

優婆離：有位比丘身染痢疾，躺在自己的屎尿中。世尊在侍者阿難尊者的陪同下，巡視比丘眾的住所，他來到這位比丘的住處。見到他躺在那裡，世尊走上前去，問道：「比丘！你患了何種病？」

「世尊！我患了痢疾。」

「但是，比丘！你沒有看護嗎？」

「沒有，世尊！」

「為何諸比丘無人來看護你？」

「世尊！對諸比丘而言，我是無用的，所以諸比丘不會來看護我。」

此時，世尊對阿難尊者說：「阿難！去取水來。讓我們為這位比丘洗濯。」

「是的，世尊！」阿難尊者答道，便取來水。世尊舀水淋比丘身，阿難尊者則為其洗濯。之後，世尊抱頭，阿難抬腳，一同

將比丘扶起，置於床上。

藉此因緣，世尊召集諸比丘，問道：「諸比丘！在某個精舍是否有位病比丘？」

「是的，世尊！」

「他患何病？」

「是痢疾，世尊！」

「可有人看護他？」

「沒有，世尊！」

「爲何諸比丘無人來看護他？」

「世尊！對諸比丘而言，他是無用的，所以諸比丘不會去看護他。」

「諸比丘！你們並無父母在旁看護，若你們不相互看護，有誰會來看護你們？對於病者，你們應視同如我，予以看護。若病者之戒師在旁，在戒師有生之年應看護病者，直至痊癒。若其教授師在旁，亦如是作。若其室友、弟子、同戒與同學，皆應如此。若病者無上述關係的人在旁，僧伽應照護他，若無故不看護者，犯惡作❹。

「有五種特質的病者，使人難以看護：作不當作之事；不知所宜之限度；不服湯藥；不向謀求他健康的看護者實告病情，例如好轉不言好轉，惡化不言惡化，穩定不言穩定；不能忍受身體所生的諸苦，例如疼痛、粗糙、絞痛、刺痛、不快、不喜歡與威脅生命安全等感受。當病者有相反的五種特質，他就容易看護。」（Vin. Mv. 8:26）

「有五種特質的看護者，不適合看護病者：於調藥不敏；不知適當與不適當，將不適當者給予病者，卻將適當者拿開；看護

病者但為圖利，而非出於慈悲之念；厭惡移除屎、尿、嘔吐等穢物；不敏於為病者適時說法，以教示、勸導、激勵、鼓舞他們。當看護者有相反的五種特質，他就適合擔任看護病者。」（Vin. Mv. 8:26; A. 5:123-24）

飛蛾撲火

阿難：世尊一次於黑夜中在露地獨坐，一盞油燈置於旁。一群飛蛾，跌落於油燈之中而遭毀滅、災難、不幸。了知其中的意義，世尊不禁發出如下的感嘆：

所求縱可達至極，
所得無實重束縛，
沉迷所見所感中，
如飛蛾撲火自焚。（Ud. 6:9）

頑童弄魚

阿難：一天早晨，世尊著下衣，持鉢與大衣，入舍衛城乞食。從祇園到舍衛城的路上，他看到一群男童在戲弄生魚。他走上前去，問道：「孩子！你們怕痛嗎？討厭痛嗎？」

「世尊！我們怕痛，我們討厭痛。」
了知其中的意義，世尊不禁說出如下的感嘆：

不樂苦痛者，人前與人後，

當戒罪惡行。一旦造惡行，
任你欲逃脫，苦果臨汝身。 （Ud. 5:4）

慈經

唱誦者：❺

善巧於行善之人，欲達於寂靜之境，
彼應當如是去作。

有能正直且端正，善語柔和無憍慢，
心中知足且易養，儉約安詳無雜行，
諸根明辨且審慎，居於家而心無執；
其他智者譴責事，縱是輕微亦不為。

（令彼作如是思惟：）
「令一切眾生欣悅，於喜悅與平安中。
一切有命之眾生，不論強壯或虛弱，
不論其身長或大，或是中等、短與瘦，
是粗、可見、不可見，所居處是遠或近，
是已生或是當生，令一切眾生欣悅。
令彼此間無欺瞞，或不輕蔑任何人，
或令彼等無懷瞋，不欲使人受苦辛。」
恰如母親以生命，守護唯一之獨子，
令彼心無限開拓，普及一切諸眾生。
以慈遍一切世界，令彼心無限開拓，
遍及上、下與四方，無障礙、無怨、無敵。

不論行、住、坐、臥中，令彼保持此正念：

彼等如是說梵住。

不在諸見中輪轉，具足戒德有正見，

不再渴求諸欲貪，彼永不再入母胎。（Sn. 1:8）

原註

❶ 八句偈出自《經集》的〈八頌經品〉。

❷ 辟支佛是不必得佛陀的指導，能依自力覺悟的人，他一般不說法度人。（菩提）

❸ 這段話若解讀為應漠視所有的教示，那麼它便不可能被執行；因為唯一執行之法便是不執行（一個邏輯上眾所周知的兩難論）。但其餘的開示應當能幫助澄清佛陀在此的本意。至於「信心」，請參看十一章。

❹ 照顧病人這條戒僅適用於比丘照顧病比丘，比丘為在家人提供醫療服務，則被視為不正命，為戒法所禁。

❺ 此頌又名《慈經》（Mettā Sutta），是今日最為流行的唱誦。如果忽視文中括號中被刪節的部分，那麼，便丟失了此經的結構。這段文並非對聽法者的指令，而是描述修習慈梵住者的心念。（巴利文用 iti 表示引言的結束，此符號在偈頌中常被略去。）所以「彼等如是說梵住」，表示他們（即聖人，已證得貪、瞋、痴滅盡的人）說，此住無異於此生生於梵天界所得之清淨心。最後四句講的是，雖然修四梵住可使人升天，但它們卻不能保證不生的（無為的）涅槃（生、老、死的止息），除非洞察因緣所生的無常本質，不論色界、無色界，包括一切天界的存有。（參A. 4:125-26）

譯註

① 在《增支部・是第一品》中，佛陀稱毘舍佉為「布施第一者」。

② 古代印度人的世界觀，認為在須彌山的四方有四大部洲。東有東勝神州，西有西牛貨州，南有南瞻部州，北有北俱盧州。

③ 裸形外道是古代印度的外道之一，提倡以天空為衣的裸形生活。

④ 地居天：即欲界之四大天王天與忉利天二天，以此二天依須彌山住而得名。

⑤ 梵天界即指色界之天。

⑥ 在古印度的時間單位，「一時」相當於現在的四個小時，所謂「晝夜六時」即是指日三時（初日、中日、後日）、夜三時（初夜、中夜、後夜）。初夜是傍晚六點至晚上十點，中夜是晚上十點至凌晨二點，後夜是凌晨二點到早上六點。

⑦ 「由旬」為度量距離的單位，一由旬約十四公里。

⑧ 此即四果與四向，「向」是指在其路上向其行之意。

⑨ 因其形狀為許多長方形割截的小布塊縫合而成，稱為「割截衣」，因有如田畦，所以又稱為「福田衣」。

⑩ 夏臘是指僧侶受具足戒後夏安居之年數。

⑪ 「刺」指的是修道上的障礙，不同層次的行者其障礙亦別。

⑫ 「三結」即指身見結、戒禁取結、疑結，此三結乃眾生不能出生死的結縛，斷之則證初果。

第十一章

佛陀其人

引言

　　這章跳出了前面按時間順序敘事的格局，而把三藏經典中關於佛陀為人的內容集中起來。其內容範圍頗為廣泛，從佛陀的身世、身高、三十二相到威神力、觀點都有涉及。

　　本章中「如來只是指路者」的一段對話不失為佛陀善用淺明的比喻，說明深奧道理的一個例子。除了嚴肅的課題討論，本章也收錄數篇佛陀與外道、居士、婆羅門與佛教長老往來問答的故事。

敘述者：既然在相當長的時間裡事件發生的順序無稽可查，那麼我們不妨暫停一下，考查在經藏中所說關於佛陀的個人特質。從最古老而流傳至今的文獻中，看一下佛陀講了些什麼關於自己的事，以及生活在他的年代裡有幸碰到他的人們又是如何論及他。

佛陀的思惟與觀察

阿難：如是我聞。一時，世尊在舍衛國祇樹給孤獨園。他坐著思惟自己所捨斷的惡不善法，以及所修習圓滿的諸善法。了知其中的意義，世尊不禁發出如下的感嘆：

在前已有，於後為無，
在前無者，於後為有；
在前已無，於後將無，
於今亦無❶。（Ud. 6:3）

又一次，世尊坐著觀察妄念之滅盡❷。了知其中的意義，世尊不禁發出如下的感嘆：

彼之妄念根盡除，
繫縛障礙亦皆離，
覺者住世離渴愛，
人天兩界莫能輕。（Ud. 7:7）

諸比丘！此是四聖諦：苦聖諦、苦集聖諦、苦滅聖諦、滅苦

之道聖諦。因如實地發見此四聖諦，而稱爲如來、應供、等正覺者。（S. 56:23）

佛陀說過去六佛

註釋者：佛陀講在他之前的六尊佛。

阿難：諸比丘！在九十一劫前，有毘婆尸世尊、應供、等正覺者出現於世。在三十一劫前有尸棄世尊、應供、等正覺者出現於世。同在三十一劫前，有毘舍浮世尊、應供、等正覺者出現於世。在現在賢劫，有拘留孫世尊、應供、等正覺者出現於世。在現在賢劫，有拘那含世尊、應供、等正覺者出現於世。在現在賢劫，有迦葉世尊、應供、等正覺者出現於世。在現在賢劫，我應供、等正覺者出現於世。（D. 14濃縮）

佛陀對自己的描述

註釋者：在描述了他人之後，下面是他對自己的描述。

阿難：我出身刹帝利族，是刹帝利種，乃王侯武士的血統，我的姓是喬達摩。我的壽命短促，很快就要結束；而現在的長壽者可活到百歲或百歲以上。我在一棵缽多樹下成正覺，以此樹爲我的菩提樹。我的兩位上首弟子是舍利弗與目犍連。我有一次僧眾之集會，有一千二百五十位比丘眾，各個皆是阿羅漢。我的侍者、第一侍者是阿難比丘。淨飯王是我父，王后摩耶夫人是我生母。此王的國都設在迦毘羅衛城。（D. 14濃縮）

佛陀解釋「如來」

阿難：此語乃世尊所說，此語乃應供所說，爲我所親聞：

「諸比丘！如來自覺此世間，如來是離世間者。如來自覺此世間之因，如來是捨斷世間之因者。如來自覺此世間之滅，如來是證此世間之滅者。如來自覺通向此世間滅之道，如來是修通向世間滅之道者。

「如來自覺包括此世界之天、人在內……凡其所見、所聞、所覺知（由鼻、舌、身）、所認知、所得、所求，以及心包含的一切，所以稱他爲如來。如來自覺從無上正等覺之夜至究竟無餘涅槃之夜爲止，他所說的一切語，所發的一切音，都是眞實的（如），只有眞實而無他，所以稱他爲如來。他如是說，便如是行；如是行，便如是說，所以稱他爲如來。在此世界上包括天、人在內……他是一切勝者、見一切者、威神力者，所以稱他爲如來。」（Tti. 112; A. 4:23）

佛陀於所知不生我慢

阿難：此世界之天、人在內……凡其所見、所聞、所覺知（由鼻、舌、身）、所認知、所得、所求，以及心包含的一切，我皆了知，我皆證知。今如來認知此，如來不以其知而生我慢。如上所說的一切，我若自言不知，便是妄語；我若自言既知又不知，亦是妄語；我若自言既非知又非不知，那也是不正確的。因此，但見可見而無有所遺，如來不以其見而生我慢，不以其不見而生我慢，不以其能見而生我慢，不生任何見者之我慢。但聞可聞而無有所遺……但覺知可覺知……但認知可認知……如來不生

知者之我慢。如是，如來於所見、所聞、所覺知、所認知保持平等，住於平等中，我說無其他的平等能超越或比它殊勝於它。（A. 4:24）

一切智並非剎那知

阿難：憍薩羅國波斯匿王問世尊：「世尊！我曾聽聞：『沙門喬達摩有言：無有任何沙門與婆羅門，可自稱有全知、全見，而能知一切、見一切，這是不可能的事。』世尊！作如是說者，是否在複述世尊所言，未以不實曲解佛意，又他們是否依法論事，無證據顯示他們所說是應受譴責的？」

「大王！如是說者，其言非我所說，也曲解我意。」

「如此，世尊！此言是否出於不同的場合，另有所指，而其意遭到誤解？世尊！無論如何，當時是如何說的呢？」

「大王！據我所知，我曾如是說：『無有任何沙門與婆羅門，能在同一剎那知一切、見一切，這是不可能的事。』」

「世尊所言極是。」（M. 90）

佛陀之十力與四無畏

阿難：如來有此等如來十力故，為眾聖之首，在大眾中，能作獅子吼，能轉無與倫比的梵輪。是哪十力？

如來如實了知道理為道理，非理為非理。

他如實了知眾生過去、未來、現在諸業之報，以其理由與原因。

他如實了知導向一切處之道。

他如實了知世間眾生種種諸界。

他如實了知眾生根性差別。

他如實了知眾生種種意樂。

他如實了知等至之雜染、清淨、出離，以及解脫、靜慮、等持。

他能憶念自己種種宿命……

以勝過常人的清淨天眼，他見眾生死亡與轉生……知眾生隨業流轉。

他依漏盡、無漏，於現法自證知，住於無漏之心解脫、慧解脫。（M. 12；參A. 10:21）

如來有四種無畏❸，是故為眾聖之首……：

世上無沙門、婆羅門、諸天、魔王或梵天，可義正詞嚴地指控我：「你雖聲稱為等正覺者，但仍有你不覺之事。」或說：「你雖聲稱已滅盡諸漏，而這些漏你仍未滅盡。」或說：「你所指出的障道法，有人依之修習，事實上卻不障道。」或說：「你的法本來是為了利益人，但有人修習之後，卻不能完全滅苦。」我不見如是之相，而得安穩、無憂慮、無畏而住。」（M. 12）

佛陀的兩個想法

阿難：此語乃世尊所說，此語乃應供所說，為我所親聞：「世尊、應供、等正覺者時常有兩個想法，一是無惱害想，二是遠離想。佛以無惱害而心生喜悅，且以之常自思惟：『我的行為並未惱害膽怯或膽大的眾生。』佛以遠離而心生喜悅，且以之常自思惟：『已捨斷不善。』」（Iti. 38）

佛陀作福德的果報

　　阿難：諸比丘！莫畏福德，福德是樂、求、欲、喜、愛的同義語。我親驗證知長時的求、欲、喜、愛，如同長時所作福德的成熟。我曾修習慈心七年，而在七壞劫與成劫①之間不再來這個世界。於世界正當壞劫時，我生到光音天②。在世界成劫時，我生到空梵天宮中。在那裡，我生為大梵天，是一切勝者、見一切者、威神力者。我曾三十六次為欲界諸天之王釋提桓因，又曾數百次身為轉輪聖王，威振四方，疆土無犯，七寶具足。對眾小王國，我又當作何言？我思惟：「我曾造何業，今感招是果，而為大神力者、大威力者，莫非此業成熟？」之後，我思惟：「今日為大神力者、大威力者，是我布捨、調伏與防護三業的異熟果。」（Iti. 22）

佛陀自謂覺者

　　阿難：有次，世尊走在郁迦羅村與制多毘耶之間的路上，婆羅門頭那也走在這條路上。他在世尊的腳印上看到千幅、輞、轂，一切圓滿的輪相。他於是思惟：「真是稀有啊！真是不可思議啊！這肯定不是人的足跡。」世尊這時離開大路，來到一棵樹下，結跏趺坐，端正其身，置念面前。婆羅門頭那追蹤所見的足跡，看到世尊坐在樹下。世尊令人望而生信，他諸根寂靜，心也寂靜，得最上調伏與平靜，猶如一頭巨牙象王，以防護諸根而善於調伏自我與守護。婆羅門頭那走上前去，問道：「大德！你將身為天人嗎？」

　　「不是，婆羅門！」

「大德！你將身爲乾闥婆嗎？」

「不是，婆羅門！」

「大德！你將身爲夜叉嗎？」

「不是，婆羅門。」

「大德！你將身爲人嗎？」

「不是，婆羅門！」

「那麼，大德！你究竟將身爲什麼？」

「婆羅門！我若尚未除盡諸漏，可以生爲天人或乾闥婆、夜叉、人。但我之諸漏已捨斷、根除，如截斷的多羅樹頭，歸於無有，於未來已無再生起之法。正如青蓮、紅蓮或白蓮，生於水中，長於水中，不爲水染，猶自出水挺立，我亦如是，生在世間，長在世間，勝於世間，不爲世染，我是覺者。」（A. 4:36）

佛陀的三十二相

阿難：一時，世尊有五百比丘的隨同，遊行於毘提訶國。那時，彌薩羅住著一位婆羅門梵摩，他已年老、長壽、高齡，經多歲月，以至頹齡，是時百二十歲。他通達三吠陀③，對語彙、法式、語分別與婆羅門的第五之古傳說，能讀、能誦、能解，他又通曉自然學科與大人相。

他聽說過世尊的傑出品格，又聽到他正遊行於毘提訶國。他的一個年輕的婆羅門弟子優多羅，與其師同是對大人相學深有研究的專家。婆羅門對其弟子說：「來，親愛的優多羅！去見沙門喬達摩，看看有關他的傳說是否爲實，看看他是否爲如是之人，我們將透過你而知沙門喬達摩。」

「但是，我又如何去發現呢？」

「親愛的優多羅！大人的三十二相④早在我們世代相傳的經典上有所記載。具足此三十二相者，其趣向只有二種，若為在家，則為轉輪聖王，征服四方，無往不勝，疆土安寧，七寶具足：輪寶、象寶、馬寶、珠寶、女寶、居士寶、兵臣寶等。其子數量上千，英勇超群，能伏敵軍。他以正義統治四海之國土，而不用棍棒、武器。若他由在家而出家，過無家生活，則成為阿羅漢、等正覺者，除卻世間各種迷覆。但是，親愛的優多羅！我是聖典的授與者，而你則是聖典的執持者。」

「是的，尊者！」他答道。

於是，他由座而起，對婆羅門行禮之後，右繞而去，動身前往世尊正遊行的毘提訶國。他次第遊行至世尊所在之處，先問候世尊，寒暄畢，坐於一旁。坐定後，他開始在世尊身上尋找三十二大人相。結果他見到除了其中二相之外的其餘一切相，其一為馬陰藏相，其二為廣長舌相，他對這二相心存懷疑，不能確定，也無法決斷。

此時，世尊於心知他對二相有疑。他以神通力，讓婆羅門之弟子優多羅先看到馬陰藏相。之後，世尊伸出舌頭，反覆地以舌觸及兩邊耳孔、鼻孔，又以舌頭覆蓋前額。如此，這位婆羅門心想：「沙門喬達摩果然具足三十二大人相。我何不跟隨他，再觀察他的行為呢？」

他花了七個月的時間，緊緊跟隨在世尊身邊，如影隨形，片刻不離。在毘提訶七個月之後，他動身返回彌薩羅。

他到婆羅門梵摩處，敬禮之後，坐於一旁。此時，婆羅門問道：「親愛的優多羅！有關他的傳說是否為實，看看他是否為如是之人？」

「那些傳說真實不虛！大師喬達摩確為如是之人。喬達摩大

師雙足平置，此爲喬達摩之大人相。足有二輪，有千幅、輞、轂，一切圓滿的輪相……足根廣長……手指腳趾纖長……手足柔軟……手有縵網……足背高起圓滿……腿如鹿王……當他直立不彎身時其手長過膝……馬陰藏……身放金光……皮膚金色且肌理甚細，因皮膚細緻故，塵土不沾其身……毛路分明，一毛孔一毛生……身毛上向……上向之身毛爲紺青、青黑色，捲曲如耳環右旋……其身端直如梵天……七處隆滿……上身如獅子……兩肩之間圓好……其身如尼拘律樹，兩手平展時其長度與身高相等……頸與肩平正……味覺無上敏銳……顎如獅子……口有四十齒……各齒平齊……齒無間疏……牙齒白淨……舌廣長……梵音如迦陵頻伽鳥……其眼紺青色……眼睫如牛王……眉間白毫有柔軟細綿的光澤……頂如肉髻，此等即是喬達摩之大人相，所以喬達摩大師具足此等三十二大人相。

「他行走時，右腳先行；步幅不過長，也不過短；速度不疾不緩；雙膝不相碰；雙踝亦不相碰；大腿不舉起或放下，或把它們放在一起，或保持分開。行走時上身不搖，唯動下身，不費氣力。當他轉身觀察時，以全身觀察，目不垂視，亦不仰望。行時不左右顧盼，目光落於身前約一犁之遠。除此之外，他有無障礙的知見。

「他入於室內時，不仰起或放低身體，也不躬前曲後。轉身就座時，離座不過遠，也不過近。不以手支身就座，也不甩身入座。

「他坐於室內，不會手足無措，不翹腿坐，不交踝坐，不以手支顎坐。坐於室內，他的心不驚懼、不戰慄、不顫抖、不焦躁；毛髮不豎立，心向於遠離。

「他以鉢接水，鉢不上舉，也不垂落，不前傾，也不後傾；

水不過少，也不過滿。洗鉢時，水不四濺，不翻轉其鉢。不置鉢於地上而洗手，手既洗淨，鉢也洗淨；鉢既洗淨，手也洗淨。棄洗鉢水，既不過遠，也不過近，不棄於周遭。

「他以鉢受食，鉢不上舉，也不垂落，不前傾，也不後傾。食不過少，也不過多。調味適度，入不過量。食入口中，咀嚼三至四次後才嚥下。凡有所食，必經細嚼，口中食盡後，才再取食。但品其味，而不生貪。他取食有五要素：不為喜樂、驕逸、美飾、體爽；但為保養身體；為持續身體；為止息痛苦；為助成梵行：『如此我當棄除舊的諸受，而不起新的諸受，而生活於安穩、健康、無罪中。』

「他食後接水，鉢不上舉，也不垂落，不前傾，也不後傾。水不過少，也不過滿。洗鉢時，水不四濺，不翻轉其鉢。不置鉢於地上而洗手，手既洗淨，鉢也洗淨；鉢既洗淨，手也洗淨。棄洗鉢水，既不過遠，也不過近，不棄於周遭。

「進食之後，他置鉢於地，既不過遠，也不過近；他對鉢既不掉以輕心，也不過份守護。

「進食後，他稍事靜坐，但不錯失為大眾祝願之時。當他祝願後，他不毀呰其食，也不欲求他食。他純以說法，教示、勸導、激勵、鼓舞他們之後，便起身離去。

「他行走時，不過急，也不過緩，離去時不似逃遁者。

「身著衣時，不過高，也不過低；於身不緊、不鬆；風吹過其身，不能吹走其衣；塵土不能弄污其身。

「進入林中，他坐於所設之座。坐下後洗足，他並不關心足部的裝飾。洗足畢，結跏趺坐，端正身體，置念面前。他的心不思自害，不思害他，不思自他兩害；他常以自利、利他、自他兩利、利益一切世界之心而坐。

「入道場，他為大眾說法。他不逢迎大眾，也不嚴責大眾。他純以說法，教示、勸導、激勵、鼓舞他們。其音聲具八種特質：玲瓏、明瞭、美妙、清晰、和雅、透徹、低沉、嘹亮。他的音量遍及所有在場的大眾，但不超越大眾。在受到他的教示、勸導、激勵、鼓舞後，人們從座起身離去，對他不斷回視，別無他念。

「尊者！我們看到喬達摩大師行走、站立、於室內靜坐、於室內進食、食畢靜坐、食後祝願、進入道場、於道場靜坐、於道場為大眾說法。喬達摩大師便是如此。他就是如此，甚至更勝於此。」

如此說後，婆羅門梵摩即從座起，上衣偏袒一肩，面向世尊所在之處，雙手合十，高聲說了三遍：「歸命世尊、應供、等正覺者！歸命世尊、應供、等正覺者！歸命世尊、應供、等正覺者！願有朝一日，我等得與喬達摩大師會面，願有朝一日，我等得與大師交談。」（M. 91）

跋耆長者巧駁外道

阿難：一時，佛在瞻波城伽伽湖畔。那時，跋耆長者於一日午時出瞻波城去見世尊。但路上他心想：「此時不宜去見世尊，他應正獨處靜默；此時也不宜去見禪修的諸比丘，他們正獨處靜默。我何不先去外道遊方沙門所住的園林？」

他去到了那裡，其時外道遊方沙門正在集會，談論種種低俗的話題，人聲鼎沸。看到跋耆長者從遠處而來，他們提醒彼此安靜，說道：「諸大德！不要作聲，安靜莫語。跋耆長者將要到來，他是沙門喬達摩的信徒。瞻波城中，倘若尚有白衣，是沙門

喬達摩之徒，此人必是其中之一。此等貴人，不喜噪音，謹愼小聲，稱讚小聲。如見我等寂靜不語，他或便生親近之念。」

遊方沙門於是沉默下來，跂着長者來到後，向他們寒暄問候，然後坐於一旁。他們問道：「長者！看來沙門喬達摩反對苦行，一向嚴厲訶斥責備每個修苦行而導致艱苦生活的人。這事屬實嗎？」

「不是的，大德！世尊訶責當訶責者，稱讚當稱讚者。他必定是分別論者，而非一向論者。」

一位遊方沙門對他說：「且慢，長者！你所稱揚的沙門喬達摩，依據你所言，他是對任何事物都無設定的虛無論者。」

「與之相反，大德！我當以理對諸大德說，世尊確實有設定何事爲善，何事爲不善。因此，世尊確實有所設定，並非無設定者。」

如是說後，諸遊方沙門隨即沉默。（A. 10:94）

人之痴與不痴

註釋者：一位信仰尼乾陀⑤的人，他的一個兒子薩遮迦來到毘舍離與佛陀辯論。佛陀提到自己覺悟前的精進，如何使他發現苦行不是證道之途。他說：

阿難：我曾向數百聽眾說法，其中或有人想：「沙門喬達摩在爲我一人說法。」但他不應如此認爲，因如來是爲令大眾知之而說法。當說法畢，我即攝心於內，使它平靜，使心專一、專注在我說法之前的相同所緣上。」

「沙門喬達摩是應供、等正覺者，此事自是可預料的。但沙

門喬達摩可曾在白天睡眠呢？」

「在熱季的最後一個月，食後由乞食歸來，曾將大衣褶成四疊，右脅而臥，正念、正知而入眠。」

「有些沙門、婆羅門，稱此爲痴人之住。」

「人之痴與不痴，不決於此。人若未捨斷那些垢染、重生、未來之苦、導致生、老、死的諸漏，我說他即是痴者，因爲他尚未捨斷諸漏，所以他是愚痴的。若捨斷諸漏，我說他即是不痴者。因爲他捨斷諸漏，所以他是不痴的。譬如多羅樹，截其頂冠，便無再生之機。同樣地，如來已捨斷、切斷、根除諸漏，如截斷的多羅樹頭，歸於無有，於未來已無再生起之法。」

世尊如此說時，薩遮迦觀察說：「眞是稀有啊！喬達摩大師，眞是不可思議啊！當喬達摩大師一再受到別人對他的人身攻擊時，他的膚色愈加光亮，面色愈加清澈，正如應供、等正覺者。我曾有幸與富蘭那迦葉辯論，他在這種時刻支吾其詞，轉變話題，甚至顯露憤怒、瞋恨與粗暴。我又與末伽梨瞿舍利，以及許多人有過類似的經驗。那麼，喬達摩大師！在此告辭了，我們很忙，還有許多事待辦。」（M. 36）

註釋者：但薩遮迦並未被說服，而仍保留原來的觀點。

阿難尊者代佛陀說法

敘述者：有一個事件說明佛陀也不能免於疾病。

阿難：一時，世尊在釋迦族迦毘羅衛城外之尼拘律樹園。那時，世尊病癒未久。釋迦族人摩訶男前來世尊處，說道：「世

尊！我久知世尊所教之法：『得定者有智，不得定者則否。』世尊！是先定而後智呢？還是先智而後定呢？」

阿難尊者此時思惟：「世尊病癒未久，這位釋迦族人摩訶男卻向他請教一個艱深的問題。我何不把他領到一旁，爲他說法呢？」

於是，他就這樣做了，他說：「世尊說有學者的戒，定，慧，又說無學者的戒，定，慧。所謂有學者的戒，是比丘爲具戒者，以別解脫律儀防護，圓滿正行與行處，見微細的罪過也感怖畏，以受持學處而學。所謂有學者的定，是比丘入於並住於四種禪其中一禪之中。所謂有學者的慧，是比丘如實了知：『此是苦，此是苦集，此是苦滅，此是滅苦之道。』至於所謂聖弟子者，具足戒、定、慧，他依漏盡、無漏，於現法自證知，住於無漏之心解脫、慧解脫。」（A. 3:73）

比丘作衣的尺寸

敘述者：佛陀的身高如同常人。這一點可由在後文將要提到的他與大迦葉長老交換袈裟的故事6，以及下面的事件作出推測。

優婆離：那時，世尊在舍衛國祇樹給孤獨園，世尊姨母之子難陀尊者同時也在園中。他生相俊美，令人望而生信，唯其身高矮世尊四指。他曾穿著與世尊尺寸相同之衣，諸長老看到他從遠處走來時，常誤以爲是世尊而從座起身。他到達後，諸長老方知其誤。他們對此不滿，議論紛紛，低聲抗議：「如何難陀尊者可著與世尊相同尺寸之衣？」

他們將此稟報世尊。他訶責了難陀尊者後，制定了學處：「若比丘著衣，其尺寸與佛衣無異者，犯波逸提⑦。佛衣之尺寸為：長佛九搩手，寬佛六搩手⑧。」（Vin. Sv. Pāc. 92）

見法者即見我，見我者即見法

敘述者：跋迦梨長老的故事列於此，正好說明佛陀對以色身見佛的態度。

阿難：如是我聞。一時，佛住王舍城迦蘭陀竹林園。那時，跋迦梨尊者住在一陶師家，他身患重病，備受折磨。他對諸侍者說：「朋友！去世尊處，以我之名，頭面頂禮世尊之足，而說道：『世尊！跋迦梨比丘身患重病，備受折磨；他以頭面頂禮世尊之足。』之後又說：『世尊！以慈憫故，往視跋迦梨比丘，當為善舉。』」

「是的，朋友！」諸比丘答道。他們去到世尊處，轉達口信及其請求。世尊默然同意，他著下衣，持鉢與大衣，前往跋迦梨尊者處。跋迦梨尊者見世尊前來，便試著從床上起身。世尊說：「勿起身，跋迦梨！切勿起身。此處有設座，我坐此處。」他坐於備好之座上，然後說道：「跋迦梨！我希望你有好轉，我希望你感覺舒適，苦痛漸減，而非漸增，苦痛漸少，而非漸多。」

「世尊！我並未好轉，我感覺不舒適，苦痛漸增，而非漸減。苦痛漸多，而非漸少。」

「跋迦梨！我希望你無憂慮、無自責。」

「誠然，世尊！我有不少憂慮與自責。」

「如此，我希望你並無因戒行而自責。」

「世尊！我實無戒行可以自責。」

「跋迦梨！若非如此，你又何故憂慮、自責呢？」

「世尊！長久以來我想去見世尊，卻總因體力不足未能如願。」

「跋迦梨！莫作此言，你何故要見此不淨之身？見法者即見我，見我者即見法。因人在見法時則見我，在見我時則見法。跋迦梨！你認爲如何呢？色是常或無常？」(S. 22:87)

註釋者：佛陀接下去作了爲五比丘初轉法輪時的同樣開示。

跋迦梨尊者自己結束生命

阿難：世尊教示跋迦梨尊者之後，起身離去，往靈鷲山去。

世尊離去不久，跋迦梨尊者對侍者們說道：「來，朋友！置我於床，抬我至仙人山黑石窟，像我這種人豈可死在屋中？」

「是的，朋友！」他們答道，並依囑而行。

那天世尊便留在靈鷲山，是夜過後，世尊告訴諸比丘：「來，諸比丘！前往跋迦梨比丘處，對他說：『尊者！聽好天人對世尊說的話。昨夜有二位天人來世尊處，相貌莊嚴，其光遍照靈鷲山，敬禮之後，其中一位說：世尊！跋迦梨比丘一心但在解脫。此時，另一天人說：世尊！他會獲得究竟解脫。世尊現有話告訴你：勿畏怖，跋迦梨！勿畏怖。你的死亡將清淨無過，你命終時，清淨無過。』」

「是的，世尊！」他們答道。於是，他們去跋迦梨尊者處，對他說：「朋友！請聽來自世尊與二位天人的口信。」

跋迦梨尊者向侍者說：「朋友！快將我扶下床，像我這種

人，怎可坐於高座聆聽世尊的口信呢？」

「是的，朋友！」他們答道，並依囑而行。然後他聽到了帶來的口信。

他說：「如此，朋友！以我之名，以頭面頂禮世尊之足，然後說：『世尊！跋迦梨比丘身患重病，備受折磨；他以頭面頂禮世尊之足。跋迦梨說：世尊！我不疑色、受、想、行、識五蘊無常，亦不疑凡無常是苦。於無常、苦與變異之物，我無欲、無貪、無愛；於此我也無有疑惑。』」

「是的，朋友！」他們答道。他們便動身，其後未久，跋迦梨便自己結束了生命。

諸比丘到世尊處，轉達了跋迦梨尊者的話。世尊便說：「諸比丘！讓我們一同去仙人山黑石窟，族人跋迦梨已在該處自己結束生命了。」

「是的，世尊！」他們答道。然後，世尊與諸比丘一同前往仙人山黑石窟。尚在遠處，他便已望見跋迦梨尊者的屍體躺在床上。同時，有一團煙霧、一個陰影遊向東、西、北、南、上、下與四維。此時，世尊對諸比丘說：「諸比丘！你們見到那團煙霧、陰影嗎？」

「是的，世尊！」

「諸比丘！那是邪惡的魔王。他正在搜尋跋迦梨的識：『族人跋迦梨的識今住於何處？』但是，諸比丘！族人跋迦梨已入般涅槃，其識已無住於任何處。」（S. 22:87）

敘述者：在三藏中有好幾起比丘自己結束生命的事件，佛陀宣說此種行為是無罪的唯一條件，即此人已是了無貪、瞋、痴的阿羅漢，或在死前必定證得阿羅漢的人，在這情況下自己結束生

命只不過是終止一個治不好的病。除此之外，殺人或勸人去死是四重罪之一，犯了這種過失則將永遠驅逐於僧團外（其餘三個重罪為偷盜、淫與妄稱得道），縱然如此，自殺仍犯惡作。

未來有彌勒佛出現於世

註釋者：之前曾提到佛陀舉出在他之前的六尊佛，也提到在他之後的佛，未來佛將在佛陀與佛陀所傳之法完全被世人遺忘之後，出現於世。

阿難：人壽當增至八萬歲時，彌勒應供（堪受世間供養）、等正覺（自己正覺一切法）、明行足（不論知識或行為都圓滿無瑕）、善逝（善淨行）、世間解（徹底了解世間者）、無上士調御丈夫（無與倫比的調御師）、天人師（人與天的師範）、佛（覺者）、世尊（世間之最尊）之如來出現於世，猶如我今出現於此世界。他將自證、現證，並向諸天、魔、梵天的世界，以及沙門、婆羅門、國王與人民的眾生界宣說。他將教導法，此法不論是文字或義理上，不論是初、中、後，都是善妙的，要為人們解說此圓滿清淨的梵行，如我今所作。（D. 26）

法施勝於財施

阿難：此語乃世尊所說，此語乃應供所說，為我所親聞：「諸比丘！我是婆羅門，心胸寬大且喜捨，這是我的最後生，我為無上醫王。汝等俱是我之心子，由我口所生，由我法所生，是法之傳人，非物之傳人。世間有兩種布施，一是財物施，二是法

施。兩者之中，法施爲最勝。」（Iti. 100）

確立對如來的信心

阿難：如此，諸比丘！若有人對一比丘說：「尊者！有何憑據與確實之事，而使你因此說：『如來是等正覺者；法是善說；僧伽是善行者？』」爲正確地回應，你當回答：「好吧，朋友！我親近世尊，是爲了聽法。世尊授法，按部就班，由淺入深，每入於深處，必然黑白之法並陳。因循其例，而於所教導的法中，現證知某一類教法（指證悟之道的四個階段之一），我已到達我的目標，我對老師生起淨信：『如來是等正覺者；法是善說；僧伽是善行者。』任何人以這些憑據、文句，而根植、確立對如來的信心，那麼其信心可稱有憑有據，根植於見、聞，非沙門、婆羅門、魔王、梵天或任何人所能破壞。」（M. 47）

如來只是指路者

阿難：「當沙門喬達摩的諸弟子受到他的教示，他們都能成就無上涅槃的目標嗎？或有部分的人無法成就呢？」

「婆羅門！其中一部分能成就，一部分則不能。」

「喬達摩大師！既有涅槃，有通往涅槃之道，又有沙門喬達摩爲其指引，爲何會如此呢？」

「婆羅門！對此我要反問一句，請隨意回答。你自認爲可熟悉通往王舍城的道路？」

「是的，喬達摩大師！我熟悉。」

「你認爲如何，若有人欲至王舍城，前來問你：『先生！請

指示我通往王舍城的道路。』於是你告訴他：『善者！這條道路通往王舍城。沿此路行至一村莊，又至一鎮，其後便可見王舍大城，並見其花園、樹林、田地、湖泊。』如此由你指引之後，他卻走錯路，一路西去。若又有一人，得你指引，安全抵達王舍大城。既有王舍城，又有通往該城的道路，爲何受你指引的兩人，其一迷途而西去，其一卻安全抵達王舍城？」

「喬達摩大師！我但爲指路，對此我能作什麼呢？」

「同樣地，婆羅門！既有涅槃，有通往涅槃之道，又有我爲其指引，我的弟子由我所指引，但仍有人成就涅槃，有人則否。婆羅門，成就與否，對此我能作什麼呢？如來只是指示道路者。」（M. 107濃縮）

於五蘊不可得見如來

阿難：一時，一些外道遊方沙門到阿㝹羅度尊者處，向其問道：「朋友！阿㝹羅度，那上人、無上人、成就無上成就者之如來，當如來形容自己時，用以下四句來形容：『如來死後存在；如來死後不存在；如來死後既存在又不存在；如來死後非存在非不存在❹。」

「朋友！如來形容自己，不依此四句。」

說畢，他們評論道：「此人若非新戒比丘，便是愚蒙無能的長老比丘。」於是對阿㝹羅度尊者失去信心，以爲他是新戒、愚蒙比丘，便從座而起，轉身離去。阿㝹羅度尊者等他們離去之後不久，便感到疑惑：「若他們再來追問我時，我當如何作答，說世尊之所說，不會以非事實而誤傳，能以相應於法的見解陳述，而無任何事物可推論我所說的應受譴責？」他到世尊處，向世尊

稟報這件事。

「阿㝹羅度！你認爲色是常或無常？」——「無常，世尊！」

註釋者：佛陀此時繼續如他爲五比丘二轉法輪時那樣，爲他開示。之後，他問道：

阿難：「你認爲如何呢？阿㝹羅度！你以色見如來嗎？」——「不是的，世尊！」——「你以受……想……行……識見如來嗎？」——「不是的，世尊！」

「你認爲如何呢？阿㝹羅度！你於色之中見如來嗎？」——「不是的，世尊！」——「你於色之外見如來嗎？」——「不是的，世尊！」——「你於受……受之外……想……想之外……行……行之外……識……識之外見如來嗎？」——「不是的，世尊！」

「你認爲如何呢？阿㝹羅度！你以色，受，想，行，識見如來嗎？」——「不是的，世尊！」

「你認爲如何呢？阿㝹羅度！你以無色、無受、無想、無行、無識見如來嗎？」——「不是的，世尊！」

「阿㝹羅度！當你即使於現法都無法覺察如來是眞實、確立時，若對人說：『朋友！那上人、無上人、成就無上成就者之如來，當如來形容自己時，用以下四句來形容：『如來死後存在；如來死後不存在；如來死後既存在又不存在；如來死後非存在非不存在。』如此說法是適當的嗎？」

「不是的，世尊！」

「善哉，善哉，阿㝹羅度！我所說如我昔日所說，即苦與苦之滅而已。」（S. 44:2）

　　阿難：「世尊何以對這些問題不作答？因為他們都以色（受、想、行、識）來看待如來死後的問題。」（S. 44:3）「因為問者對於色（受、想、行、識），尚未離欲、離愛情、離渴、離熱惱、離貪愛。」（S. 44:5）「因為問者樂著於色（受、想、行、識）有、取、愛，又不知如何止息它們。」（S. 44:6）「因為諸問屬見之稠林……見之結縛，與苦、悲痛、惱害、熱惱相關，而不引導人入離欲、厭離、寂止、證知、覺悟與涅槃。」（M. 72）

　　我說於現法不可知之人是如來❺，我如是說，如是語。今有沙門，婆羅門無根據地、自誇地、虛妄地、錯誤地將之曲解為：「沙門喬達摩是虛無論者，因他教導存在的有情是斷滅、破壞與非有。」（M. 22）

捨斷三種我得

　　阿難：有三種我得：粗之我得、意所成之我得、無形之我得……粗之我得者有形，為四大和合而生，段食⑨所養。意所成之我得者，有形之色身，由心所成，具足四肢，諸根完具。無形之我得者無有形體，由想所成❿……我教導法於汝等為使捨斷諸我得，當你修習此教法，便可捨斷雜染之諸法，增長清淨之諸法，於現法自證、現證，得入住於廣大圓滿之智……若有人思惟，如此修習是住於苦，並非如此；相反地，如此修習可住於喜悅、歡喜、輕安、正念、正知與安樂。

　　註釋者：佛陀由此又繼續講到輪迴之際，此三種我得之中任

何一種可承繼另外一種。如此一來，不可能主張三種我得之一為真實，而餘皆不實，人們只能說其中的任何一種與其他兩種不相兼容。這正如由牛而有牛乳，由乳而有酪，由酪而生酥，由生酥而有熟酥。對其中任何一種的特性，僅適用於該種產物，而不能用於其他，然而，各種產物間又不是彼此無關的。佛陀由此總結道：

　　阿難：此等世間用法、世間語辭、世間共稱、世間敘述法，如來用之，不誤其意。（D.9濃縮）

原註

❶ 根據註釋書，這道謎語的第一行是指貪、瞋、痴之煩惱，第二行是指戒，後兩行是指佛陀覺悟的剎那。

❷ Papañca此詞亦有別譯，見《早期佛教思想的概念與實相》（*Concept and Reality in Early Buddhist Thought*, Kandy: BPS, 1971）係Ñānananda比丘所著。此書第21頁，對下面的偈頌給了意義不同的翻譯與評註。（向智）

❸ 「無畏」或稱為「圓滿的信心」。（向智）

❹ 這是十無記（見第十二章）中的四個，不論其答案是肯定或否定，都對某一假定作出了肯定的回答。古希臘人問：「你是否用粗棍打了你的妻子？」不論答案是肯定或否定，結果都是「那麼，你確實打了你的妻子。」佛陀拒答的原因，見於本章的末尾。

❺ 佛陀在覺悟後不久，首先以如來（tathāgata）一詞自稱（見第三章），後來他也用於阿羅漢。註釋書中對此有各種不同的解析：「因為他是『如來』（tathā āgato），依渴望覺悟，如過去諸佛所作；因為他是『如去』（tathā gato），依修習與證悟，依過去諸佛之道；因為他是『如相來』（tatha-lakkhaṇam āgato），遇實相之相。」

譯註

① 世間形成的時期稱為「成劫」，破壞的時期則為「壞劫」。

② 光音天是色界天之一，對應於第二禪。此處天人都是口中發出淨光來溝通，不用話語，沒有聲音，也能以光教化他人，故稱「光音」。佛經說劫初的人類，即由光音天而來。

③ 吠陀為古印度婆羅門根本聖典的總稱。

④ 三十二相：轉輪聖王身與佛身所具足的三十二種殊勝容貌與微妙形相。

⑤ 尼乾陀是印度古代六師外道之一，此外道主張修苦行，離世間之衣食束縛。

⑥ 迦葉尊者與佛陀交換袈裟的故事參見第十六章。

⑦ 「波逸提」是輕罪之一種，若犯此罪，經懺悔則得滅罪。

⑧ 「一搩手」是指張開拇指與中指尖的距離，佛之一搩手約二尺。

⑨ 段食分粗、細兩種，飯麵等為粗，酥油香氣等為細。

⑩ 「由想所成」是指只存在於概念中，在觀念上以為有個自我。

業猜
| 卷二十第 |

引 言

　　相異於與本書的其他章節，本章是針對佛陀的教義而非其生平的一個簡介。髻智比丘將本章的選材集中在此一教義的精髓——苦、苦集、苦滅、苦滅道四聖諦之上。若說我們在生活中所面臨的最嚴重的問題，是從中體受的種種苦難，那麼就可以說佛陀以其智慧所發現的這四項真理，分別是對此一問題的認知、研究、答案與解決的途徑。這四項真理，可說是佛陀為後世所留下的最寶貴的禮物。

　　對任何事物的理解都應當包含正、反兩面，亦即既能知其所是，又能知其所非。若說本章的核心內容是前者，那麼開頭的兩節便是後者。在這兩節中，我們可從佛陀本人的態度與闡述中看到，佛教並不提供一個完整的世界觀，也不是一個形而上學的體系。事實上，佛陀對形而上的問題從來都是抱著有所不答的態度，從而使他的教義能集中在更有意義的問題上。

各種問題

敘述者：「無上醫王」所「善說」的「法」是什麼呢？它是一種世界觀嗎？它是一個形而上學的體系嗎？

阿難：一時，佛在舍衛城的祇樹給孤獨園，一位名為赤馬的天人深夜前來見世尊，敬禮之後，問道：「世尊！可有世界之盡頭，人不生、不老、不死，亦不再生，能步而知、而見，或至彼處否？」

「朋友！彼世界之盡頭，人不生、不老、不死，亦不再生，能步而知、而見，或至彼處——此非我所說。然而，我亦不說不至彼世界之盡頭，有苦之盡頭。我於這一噚①有想與心之身體中，而說此世界、世界的生起、世界的止息、通往世界止息之道。

> 未曾遠遊行，而得世界邊，
> 無得世界邊，終不盡苦邊。
> 以是故牟尼，能知世界邊，
> 善解世界邊，諸梵行已立。
> 於彼世界邊，平等覺知者，
> 今世與後世，無有所求者。」（S. 2:26; A. 4:46）

一時，世尊在憍賞彌申恕林，他拾起一些葉子拿在手中，問諸比丘：「諸比丘！你們認為如何？是我手中的葉子多，還是林中樹上的葉子多？」

「世尊！拾在手中的葉子少，林中樹上的葉子甚多。」

「同樣地，諸比丘！我證知的法多，告訴你們的少。為何我不說呢？因為它們無法帶來利益，不增益梵行，無法趨向離欲、離貪、滅盡、寂止、證智、覺悟與涅槃，所以我不說。那麼，我告訴你們的是什麼呢？『此是苦，此是苦集，此是苦滅，此是滅苦之道。』這便是我對你們所說的。為何說此呢？因為它們能帶來利益，增益梵行，趨向離欲、離貪、滅盡、寂止、證智、覺悟與涅槃。所以，諸比丘！你們的修道應是：『此是苦，此是苦集，此是苦滅，此是滅苦之道。』」（S. 56:31）

敘述者：如此看來，「法」並非在完整詮釋內在或外在的世界。那麼，它是否是個形而上的體系——是個具有一致性的邏輯系統呢？如果是的話，那麼，這個系統的前提又是什麼呢？

阿難：那時，世尊入王舍城乞食，有裸形外道迦葉前來，寒暄後，對世尊說：「我們欲向喬達摩尊者請益，請喬達摩尊者賜教。」——「此時不宜問答，我們即將行入聚落。」如此三問、三答。最後他說：「我們所問不多，喬達摩尊者。」——「那麼，隨你所問吧，迦葉！」

「喬達摩尊者！你認為如何？苦是自作的嗎？」「別如此說，迦葉！」——「那麼，苦是他作的嗎？」——「別如此說，迦葉！」——「那麼，苦是自作，也是他作的嗎？」——「別如此說，迦葉！」——「那麼，苦非自作，也非他作，是偶然的嗎？」——「別如此說，迦葉！」——「那麼，苦不存在嗎？」——「苦不存在並非事實，苦實存在，迦葉！」——「如此，喬達摩尊者不知苦、不見苦嗎？」——「我不知苦、不見苦並非事實，我實知苦、見苦，迦葉！」（S. 12:17）

一時，又有行者鬱低迦前來見世尊，寒暄之後，坐於一旁，問世尊說：「喬達摩尊者！世界是永恆的，唯此是眞實的，其餘皆是虛妄的，你認爲如何？」——「此問我不答，鬱低迦！」——「那麼，世界非永恆，唯此是眞實的，其餘皆是虛妄的，你認爲如何？」——「此問我亦不答，鬱低迦！」——「那麼，世界有邊，唯此是眞實的，其餘皆是虛妄的，你認爲如何？」——「此問我亦不答，鬱低迦！」——「那麼，世界無邊，唯此是眞實的，其餘皆是虛妄的，你認爲如何？」——「此問我亦不答，鬱低迦！」——「靈者即此身，唯此是眞實的，其餘皆是虛妄的，你認爲如何？」——「此問我亦不答，鬱低迦！」——「那麼，靈與身兩者相異，唯此是眞實的，其餘皆是虛妄的，你認爲如何？」——「此問我亦不答，鬱低迦！」——「那麼，如來死後存在，唯此是眞實的，其餘皆是虛妄的，你認爲如何？」——「此問我亦不答，鬱低迦！」——「那麼，如來死後不存在，唯此是眞實的，其餘皆是虛妄的，你認爲如何？」——「此問我亦不答，鬱低迦！」——「那麼，如來死後既存在亦不存在，唯此是眞實的，其餘皆是虛妄的，你認爲如何？」——「此問我亦不答，鬱低迦！」——「那麼，如來死後既非存在亦非不存在，唯此是眞實的，其餘皆是虛妄的，你認爲如何？」——「此問我亦不答，鬱低迦！」

「何故喬達摩尊者不回答上述所問？到底喬達摩尊者答覆了什麼？」

「鬱低迦！我由證知而爲弟子說法，是爲淨化眾生，爲超越愁、悲，爲息滅苦、憂，爲成就眞實目標，爲現證涅槃。」

「喬達摩尊者，所言之法可爲一切世間，或二分之一、三分之一世間，提供脫苦之道？」

如是所說後，佛陀即沉默不語。

此時，阿難尊者想：「遊行者鬱低迦最好別產生這種惡成見：『當我問沙門喬達摩我所特有，他人無有的問題時，他被問倒而不作答，莫非他無能力回答？』這想法對他會有長久的傷害與痛苦。」如此，他對鬱低迦說：「鬱低迦友！我為你說一譬喻，某些智者能因譬喻而了知所說義。假設某位國王有一都城，擁有深壕、高牆、堡壘，只留一門。國王派一位聰明賢能的守門人，阻擋不識者，而放行所識者；又曾親自環城巡視，未見縫隙、洞孔，可容貓竄越。他因而知一切眾生，凡其身大小若超過某尺寸者，欲出入其城，必經此門──與此理同，鬱低迦友！如來不作此想：『一切世間，或二分之一、三分之一世間，能依此得一脫苦之道。』其想實為：『自苦之世間已曾脫出、今脫出、當脫出者，他必藉由捨斷五蓋（欲貪、瞋恚、昏沉睡眠、掉舉惡作、疑等削弱智慧的煩惱）；善繫心於四念處，並修習七覺支而達成。』你向世尊所提出的問題，因問法錯誤，因此世尊不回答。」（A. 10:95）

一時，遊方沙門婆蹉來世尊處，寒暄之後，便問道：「你認為如何？喬達摩大師！我存在嗎？」如此說後，世尊沉默不語。「你認為如何？喬達摩大師！我不存在嗎？」佛陀再次沉默不語。遊方沙門婆蹉便從座起而離去。他離去後不久，阿難尊者問世尊：「世尊！為何世尊對婆蹉的質問，不予回答呢？」

「當我被問：『我存在嗎？』我若回答：『存在』，便落入持常見者的信仰中。當我被問：『我不存在嗎？』我若回答：『不存在』，便落入斷滅見者的信仰中。復次，當我被問：『我存在嗎？』我若回答：『存在』，如何得與我所知的『諸法無我』相

容？當我被問：『我不存在嗎？』我若回答：『不存在』，那麼，遊方沙門婆蹉會變得更加迷妄，而以為：『我確曾存在，而今不存在。』」（S. 44:10）

一時，佛住舍衛國。那時，有許多各種外道的遊方沙門與婆羅門，到舍衛城乞食。他們持不同的觀點、意見與概念，並以其獨有的見解獲得供養。有些沙門與婆羅門，主張並相信「世界是永恆的，唯此是真實的，其餘皆是虛妄的」；又有些人主張並相信其餘的九見之一②。他們彼此口角、爭吵、辯論，又出口傷人：「法是如此；法並非如此！法並非如此；法是如此！」

那時，有數位比丘乞食歸來，將此事稟報世尊。世尊說：

「諸比丘！往昔舍衛國曾有一王，告訴某人說：『來！集合舍衛城中所有的生盲者。』『是的，大王！』他回答。如是集合眾盲之後，報告國王，國王說：『向他們展示一頭象。』他如此做了，對諸盲者說：『你們這些生盲者，象就是如此。』於是，他向其中一些人展示象頭，向其他人展示象耳，向其他人展示象牙，向其他人展示象鼻，向其他人展示象身，向其他人展示象腿，向其他人展示象臀，向其他人展示象尾，向其他人展示象尾鬃。之後，他到國王處，稟報他所做的事。國王到諸生盲者處，問道：『已向你們展示一頭象了嗎？』——『是的，大王！』——『那麼，就描述一下大象像什麼吧！』此時，那些得示象頭者說：『大王！象如罈。』得示象耳者說：『象如箕。』得示象牙者說：『象如犁尖。』得示象鼻者說：『象如犁耙。』得示象身者說說：『象如穀倉。』得示象腿者說：『象如柱石。』得示象臀者說：『象如臼。』得示象尾者說：『象如杵。』得示象尾鬃者說：『象如帚。』他們彼此以拳相擊，叫喊著：『象是如此；

象並非如此！象並非如此；象是如此！』國王見了感到歡喜。諸外道遊方沙門也是如此，盲而無眼。所以，他們彼此口角、爭吵、辯論，又出口傷人：『法是如此；法並非如此！法並非如此；法是如此！』」（Ud. 6:4）

　　敘述者：如此說來，把佛陀的教法看成是一個完整的世界觀或一個建立於邏輯的形上學系統，似乎都是錯誤的。那麼，它是不是一種合乎道德的戒律，是不是一種信仰的啓示宗教③，或只是單純的一套禁欲的行爲法則？在嘗試回答這些問題之前，我們有必要對佛陀所教導的教義進行一次俯瞰。事實上，從經典所含括的素材看起來，其素材性質更像是製作地圖用的，可以讓每個人製作自己的地圖，但大家的方向都是相同的。這些對種種經驗具有導向作用的描述，事實上使一個人能略知自己的所在，並判斷下一步的去向。經典所描繪出的，並非只是一個單一性的說明，實際是一套重複性的說明。對存在作仔細的檢查，人們總是發現隱藏在表相下面那海市蜃樓般的，似是而非的幻相，其究竟終不可得。在經典裡所呈現的難以計數的不同層面，包括對其中某些層面以各種組合、情境所作出無數次的反覆敘述，讓人聯想到一組可以爲製作地圖之用的航空照片。經典的各層面都導向滅苦，而四聖諦則可視爲這個羅盤的四個方向，讓我們試著利用這些素材作出一個地圖的樣品。因爲事情總得從某個地方開始，在這個例子中，我們不妨以「生」爲底線，「生」就如同「死」，對普通人來說是個天天際遇的現實，但同時又是一個不可破解的謎。

無始

註釋者：意識可不可能沒有過去？可以說它有一個開始嗎？

阿難：「諸比丘！輪迴無始。眾生為無明所覆，為渴愛所縛，不知流轉輪迴之本際。」（S. 15:1）

因為未通曉、證悟四諦，我與汝等，長久以來，流轉於生死。何謂四諦？一者苦聖諦，二者苦集聖諦，三者苦滅聖諦，四者苦滅道聖諦。（D. 16）

四聖諦

註釋者：那麼，下面是對四聖諦的解說。

阿難：
（I）「何謂苦聖諦？生苦、老苦、病苦、死苦、愁悲憂惱苦、怨憎會苦、愛別離苦、求不得為苦，略說為五取蘊苦❶。」（S. 56:11）

（II）「何謂苦集聖諦？即渴愛導致再生，且和喜與貪俱行，到處追求愛樂，即：欲愛、有愛、無有愛。但此渴愛於何處生起與住著呢？凡於世間有可喜與可意者，渴愛即於此處生起與住著。」（D. 22）

「以無明為緣而有行；以行為緣而有識；以識為緣而有名

色；以名色爲緣而有六入；以六入爲緣而有觸；以觸爲緣而有受；以受爲緣而有愛；以愛爲緣而有取；以取爲緣而有有；以有爲緣而有生；以生爲緣而有老死、憂、悲、苦、愁、惱。此乃純大苦蘊之集，是謂苦集聖諦。」（A. 3:61）

（III）「何謂苦滅聖諦？即無餘離貪，由滅盡、捨離、棄除、解脫與不執著此一渴愛。此渴愛於何處捨斷、滅盡？凡於世間有可喜與可意者，渴愛即於此處捨斷，於此處滅盡。」（D. 22）

「由無明之無餘離貪滅，而有行之滅；由行之滅，而有識之滅……由生之滅，而老死、憂、悲、苦、愁、惱滅，此乃純大苦蘊滅，是謂苦滅聖諦。」（A. 3:61）

（IV）「何謂導致苦滅之道聖諦？即八支聖道：正見、正思惟、正語、正業、正命、正精進、正念、正定。」（D. 22）

「於四聖諦，苦聖諦應藉由遍知苦而徹見；苦集聖諦應藉由捨斷渴愛而徹見；苦滅聖諦應藉由證悟渴愛之捨斷而徹見；苦滅道聖諦應藉由修習八聖道而徹見。」（S. 56:11；56:29）（改編）

「此四聖諦爲眞實，爲不離眞實、不異於眞實。」（S. 56:27）

敘述者：下面對四聖諦逐一地予以詳盡分析與定義。

一、苦聖諦

　　註釋者：有這樣的說法，所謂苦諦，「簡而言之，五取蘊也。」它們的定義如下。

　　阿難：「何謂五取蘊？即色取蘊、受取蘊、想取蘊、行取蘊與識取蘊。」（D. 22）

　　「何故謂之爲『色』？以其惱壞故，名爲『色』。爲何所惱壞？爲冷、熱、飢、渴所惱壞，爲虻、蚊、風、日曬、蛇等所觸而爲惱壞。」（S. 22:79）

　　「何謂色？四大種與四大種所造之色，名爲色。」　（S. 22:56）

　　「凡存於內身、屬於內身之堅、粗物，與依之而存在之物，如髮、毛、爪、齒、皮、肉、筋、骨、髓、腎、心、肝、肋膜、脾、肺、腸、腸間膜、胃中物與糞，以及任何存於內身之堅、粗物，與依之而存在之物，此稱爲內地界❷。內地界或外地界，皆是地界。
　　「凡存於內身……水與液態物，與依之而存在之物，如膽汁、痰、膿、血、汗、脂肪、淚、皮脂、唾液、鼻涕、關節液與尿，以及任何存於內身……水與液態物，與依之而存在之物，此稱爲內水界。內水界或外水界，皆是水界。
　　「凡存於內身……火與火態物，與依之而存在之物，如人依之而熱、衰老、燃燒；依此火得進食、飲用、咀嚼、品嚐，而獲得消化與吸收，以及任何存於內身……火與火態物，與依之而存在之物，此稱爲內火界。內火界或外火界，皆是火界。
　　「凡存於內身……風與風態者，與依之而存在之物，如上行

風、下行風、腹外風、腹內風、肢體循環風、入息風與出息風，
以及任何存於內身……風與風態物，與依之而存在之物，此稱爲
內風界。內風界或外風界，皆是風界。

「復次，凡存於內身……空與空態者，與依之而存在之物，
如耳孔、鼻孔、口腔、咽喉，依此（孔）得進食、飲用、咀嚼、
品嚐，此是吞嚥，於其中物得蓄存，依之物得於下方排泄，以及
任何存於內身……空與空態者，與依之而存在之物，此稱爲內空
界。內空界或外空界，皆是空界。……而空界並無其特定之處
所。」（M. 62）

「任何色，不論過去、未來、現在、內、外、細、劣、勝、
遠、近者，凡爲有漏與所取者，名爲色取蘊。」（S. 22:48）

「何故謂之爲『受』？以領受故，名爲受。領受者何？領受
於樂、苦、不苦不樂。」 （S. 22:79；參M. 43）

「凡使身心感到快樂、喜好的是樂受；凡使身心感到痛苦、
不喜好的是苦受；凡使身心感到非喜好、非不喜好的是不苦不樂
受……樂受以住爲樂，以變易爲苦；苦受以住爲苦，以變易爲
樂；不苦不樂受，以知爲樂，以不知爲苦。」（M. 44）

「有六受身：眼觸所生受、耳觸所生受、鼻觸所生受、舌觸
所生受、身觸所生受與意觸所生受。」（S. 22:56）

「任何受，……凡爲有漏、所取者，名爲受取蘊。」（S.
22:48）

「何故謂之爲『想』？以了解故，名爲想。了解者何？譬如青、黃、赤、白之色。」（S. 22:79）

「有六想身：色想、聲想、香想、味想、觸想與法想。」（S. 22:56）

「任何想，……凡爲有漏、所取者，名爲想取蘊。」（S. 22:48）

「何故謂之爲『行』？造作諸行故，名爲行。造作諸行者何？以色爲色性，造作諸行（組成複合物）；以受爲受性，造作諸行；以想爲想性，造作諸行；以行爲行性，造作諸行；以識爲識性，造作諸行❸。」（S. 22:79）

「有三行：福行（感善報之業）、非福行（感惡報之業）、不動行（感無色果的禪定業，只要此定力不失，其果報則不受色想、阻力或變異所擾）。」（D. 33）

「有三行：入出息屬於身，此等諸法繫縛於身，故名身行。尋、伺於先，而後發爲言語，是故尋、伺爲口行。想、受屬於心，此等諸法繫縛於心，故名心行。」（M. 44；參M. 9）

「何謂行？有六思❹身：色思、聲思、香思、味思、觸思與法思。」（S. 22:56）

「思，我稱之爲業行。」（A. 6:63）

「任何行，……凡爲有漏、所取者，名爲行取蘊。」（S. 22:48）

「何故謂之爲『識』？識知之故，名爲識。識知者何？識知酸、苦、辣、甜、鹼性、非鹼性、鹹、不鹹。」（S. 22:79）

「識知爲何？識知樂、識知苦、識知不苦不樂。」（M. 43, 140）

「有六識身：眼識、耳識、鼻識、舌識、身識與意識。」（S. 22:56）

「依其緣而識生。眼緣於色而識生，即名爲眼識；耳緣於聲而識生，即名爲耳識……意緣於法而識生，即名爲意識。」（M. 38）

「受、想、識是相合，而非相離者，若想知此等法之差異性，而將之一一分解，是不可得的。因所受即所想，所想即所識知。與五根相離，以單純之意識當導至『虛空無邊』之空無邊處，當導至『識無邊』之識無邊處，當導至『無所存在』之無所有處。可認知之法由慧眼知之。」（M. 43）

「緣二法而生識（自身與外境和合成觸）。」（S. 35:93）

「任何識，無論過去、未來、現在、內、外、細、劣、勝、遠、近者，凡爲有漏與所取者，名爲識取蘊。」（S. 22:48）

「五取蘊以欲為根……四大種（地、水、火、風）因與四大種緣，故名為色蘊；觸因與觸緣，故名為受蘊、想蘊、行蘊；名色因與名色緣，故名為識蘊。」（M. 109）

「諸沙門或婆羅門憶念種種之宿住，其憶念此一切五取蘊，或隨其一。」（S. 22:79）

二、苦集聖諦

註釋者：下面是對第二聖諦的詳盡定義。

阿難：「五取蘊以欲為根……取者既不與五取蘊為一，亦不離於五取蘊。其中之欲貪，即為取也。」（M. 109）

「此有故彼有，此生故彼生。」❺（M. 38）

「（在緣起的敘述中）❻：何謂『老』？於各類的眾生中，『老』即老化、衰老、齒牙脫落、頭髮灰白、皮膚生皺、生機消沉、諸根衰弱。何謂『死』？於各類的眾生中，『死』即命終、逝世、分解、消失、死亡、壽盡、諸蘊分解、遺骸之棄捨。何謂『生』？於各類的眾生中，『生』即誕生、降生、出胎、產生、諸蘊顯現，諸處之獲得。何謂『有』？『有』分三種：欲有、色有、無色有。何謂『取』？『取』有四種：欲取、見取、戒禁取❼、我語取。何謂『愛』？有六愛身：色愛、聲愛、香愛、味愛、觸愛、法愛。何謂『受』？有六受身：眼觸所生受、耳觸所生受、鼻觸所生受、舌觸所生受、身觸所生受、意觸所生受。何

謂『觸』❽？有六觸身：眼觸、耳觸、鼻觸、舌觸、身觸、意觸。何謂『六處』？即眼處、耳處、鼻處、舌處、身處、意處。何謂『名色』❾？『名』含攝受、想、思❿、觸、作意；『色』含攝四大種與四大種所造色；如是此名與此色，合稱『名色』。何謂『識』？有六識身：眼識、耳識、鼻識、舌識、身識、意識。何謂『行』？有三種行：身行、口行、意行。何謂『無明』？無知於苦，無知於苦集，無知於苦滅諦，無知於苦滅之道。」（S. 12:2）

「依眼與色而生眼識，三者和合生觸，以觸爲緣而生受，以受爲緣而生愛，此乃苦之集（如此依耳……意）。」（S. 12:43）

「爲貪所灼，爲瞋所激，爲痴所惑，爲之所制，其心迷亂。人對自己有瞋害心，或對他人有瞋害心，或對兩者有瞋害心，又領受心之苦、憂。」（A. 3:55）

「眾生是自己業的擁有者與繼承者，業爲眾生之祖，業爲親友（與責任），業爲所依，眾生因業之差別而有優劣。」（M. 135）

「何謂舊業？眼、耳、鼻、舌、身、意，是所造作、所思考、所感覺之舊業所成，名爲舊業。何謂新業？現在所造一切業，於身、語、意所作者，皆名爲新業。」（S. 35:145）

「此身既不屬汝亦不屬他，是所造作、所思考、所感覺之舊業所成。」（S. 12:37）

「我說思業，思已而以身、語、意造業。業成熟時，有入地獄者，有入傍生者，有入餓鬼者，有得人身者，或入天道者。業之異熟有三種：於現法受業、於次生受業、於後次受業。④」（A. 6:63）

「人一旦生起有我之念，便由貪，瞋，痴而造業，當其業成熟時，於現法、次生或後生，來感其業之異熟。」（A. 3:33）

「有四種不可思議，無須思惟，若試圖思惟，則令人挫折、狂亂。何者爲四？諸佛之境界、得定者之境界、業異熟與世界之思惟。」（A. 4:77）

「世間由心所導。」（S. 1:72）

三、苦滅聖諦

註釋者：下面是對第三聖諦的詳盡定義。

阿難：「此無故彼無，此滅故彼滅。」（M. 38）

「依眼與色而眼識生，三者和合而有觸。以觸爲緣，樂受、苦受、不苦不樂受生。人由樂受之所觸，能對它不歡喜、不讚說、不繫著，他就不會隨增貪隨眠⑤。復次，若由苦受之所觸，能對它不憂、不惱、不搥胸、不啼哭、不發狂，他就不會隨增瞋恚隨眠。復次，若由不苦不樂受之所觸，如實知其生、滅、味、過患、捨離，他就不會隨增無明隨眠。若人能依樂受而捨斷貪隨

眠，依苦受而捨離瞋恚隨眠，依不苦不樂受而破除無明隨眠，如此則能滅苦。」（M. 148）

「當捨斷貪、瞋、痴時，人對自己無瞋害心，或對他人無瞋害心，或對兩者無瞋害心。如此，涅槃是現見的、無時的、來見的、引導的、智者各自證知的。」（A. 3:55）

「當業出自於無貪、無瞋、無痴，當業出自於已將貪瞋痴滅除、捨斷、根除，猶如截斷的多羅樹頭，悉盡無餘，未來無可能再生。」（A. 3:33）

「無色界比色界更爲寂靜，涅槃則比無色界更爲寂靜。」❶（Iti. 73）

「在彼（外在之）處，無地、水、火、風、空無邊處、識無邊處、無所有處、非想非非想處；無此世、他世；無月、日。我對此不言來、去、住、死、生；彼處無緣境處，無轉生，無依護，即爲苦之盡。

「不動❻義難解，眞諦不易見，
欲知先破愛，欲見須斷有。」

「有無生、無有、無作、無行。如若不然，則對於已生、已有、已作、已行者而言，將無此處所說之解脫。但因有無生、無有、無作、無行，故對於已生、已有、已作、已行者而言，有此處所說之解脫。」（Ud. 8:1-3）

「有二種涅槃界。何謂二種？有餘依涅槃界與無餘依涅槃
界。何謂有餘依涅槃界？若比丘爲漏盡阿羅漢，他的梵行已立，
所作皆辦，離諸重負，得最上果，斷存有的結縛，由正智而獲究
竟解脫。他的五根尚存，所以仍遭逢可意與不可意境，經驗苦受
與樂受。他的貪、瞋、痴已滅盡，此稱爲有餘依涅槃界。何謂無
餘依涅槃界？若比丘爲阿羅漢，他的梵行已立……由正智而獲究
竟解脫。因爲他不享受感受，所以此生所感受的都將變得清涼，
此稱爲無餘依涅槃界。」（īti. 44）

「貪、瞋、痴之壞滅，即謂之涅槃。」（S. 38:1）

世尊說道：「優波私婆！
猶如強風吹熄火，不能再稱彼爲火。
寂靜之聖者亦然，從名身而得解脫，
一切名身皆滅沒，不能再稱彼名身。」

「彼滅是否成非有？或獲常恆之不朽？
　聖者可否明示我，此法尊師如實知。」

世尊說道：「優波私婆！
滅沒者不可度量，彼亦無事可言說，
一切諸法破壞時，所有言說亦破壞。」（Sn. 5:7）

四、苦滅道諦

註釋者：第四聖諦爲八聖道，其中每一項都需要分別的定義。

（一）正見

阿難：「如同黎明預示著日出，正見預示著對四聖諦的如實現觀。」（S. 56:37）

註釋者：正見有許多層面，讓我們從「業的異熟」開始，一一地探討這些層面。它在某些形式下，在一定的程度上，也與其他的教義有所重合。

阿難：「正見在先❷，何以故？人了知邪見是邪見，正見是正見。何謂邪見？無布施、無供養、無犧牲❸，無善、惡業行之異熟，無此世、無他世、無母、無父、無諸化生之眾生，無善良、有德的沙門與婆羅門，能自證知、宣說此世與彼世，是謂邪見。」

「何謂正見？正見有二種：一者有漏正見，它能帶來福德與存有的異熟；二者聖人之無漏正見，它是出世間與道的一支。何謂有漏正見？有布施、有供養、有犧牲，有善、惡業行之異熟果，有此世、有他世、有母、有父、有諸化生之眾生，有善良、有德的沙門與婆羅門，能自證知、宣說此世與彼世，此是有漏正見，能帶來福德與存有的異熟。何謂聖人之無漏正見？任何成就聖心、無漏心、聖道、修習無漏正見者，其心中之慧、慧根、慧力、擇法覺支。此是聖人之無漏正見，是出世間與道的一支。」（M. 117）

註釋者：正見即是對緣起的正見──「諸佛獨特之教」的基本結構，乃佛陀諸多發現中的第一個。沒有任何事物可以不依賴

其他事物的支持而獨立存在。

　　優婆離：從因所生之諸法，如來說明其因緣，
　　　　　　　諸法復從因緣滅，此即大沙門之法。

　　他獲得清淨無染的法眼：「凡是生法者，即是滅法。」（Vin. Mv. 1:23）

　　阿難：「此有故彼有；此生故彼生。此無故彼無；此滅故彼滅。」（M. 38）

　　「以見緣生者，彼即見法；見法者，彼即見緣生。」（M. 28）

　　「無論如來出世或不出世，彼界確立、法住性、法決定性，名爲緣起性，如來證知。」（S. 12:20）

　　「若在任何處，任何物皆不生……若無生，一切之不生時，是否會有老死？」──「不然，世尊！」──「是故，（生）是老死之因，其源，其集，其緣。（此論述亦適用於緣生法中的其他配對。）」（D. 15）

　　「世尊！人說『正見，正見』，究竟何謂『正見』？」──「迦旃延！通常這個世間依止於存在與不存在的二元論。但是，人若能以正慧如實觀世間的集起，世間對於他便無（所謂的）不存在；當他以正慧如實觀世間的滅盡，世間對於他便無（所謂的）存在。

「通常世間爲偏見、執取、取著所束縛；但一個（持正見的）人，以如是執取、取著於此心之依處，不著、不住，不計『我』，他無有疑惑且確定生者唯是苦生，滅者唯是苦滅，他不依靠其他而自知，這便是所謂的『正見』。『一切都存在』是一邊；『一切都不存在』是另一邊。如來不取二邊，依中道而說法：『以無明爲緣而有形，以行爲緣而有識；以識……』（依序而有生與滅兩種）」（S. 12:15）

「若有人言：『所造之（苦），自受（之）。眾生自久遠以來就存在，其所受苦乃自作。』此人因之得常見。若又有人主張：『所造之（苦），他受（之）。眾生爲受所毀滅，其所受苦乃他作。』此人因之得斷見。如來不取二邊，依中道而說法：……（亦即因緣生與因緣滅）。」　（S. 12:17）

「一切眾生皆依食而住。」（D. 33; A. 10:27, 28; Khp. 4）

「何謂食？有四食令眾生求住世、求再生之資助，一爲粗或細之摶食，二爲觸食，三爲思食，四爲識食。」（S. 12:63; M. 38）

註釋者：正見的核心在於對四聖諦的理解，四聖諦涵括十二因緣，它構成「諸佛獨特之教」，也是初轉法輪之主題。

阿難：「何謂正見？即苦之智、苦集之智、苦滅之智、順苦滅道之智。此名爲正見。」（S. 45:8; D. 22）

（一）「『四毒蛇』即四大種（地、水、火、風）之名。」（S.

35:197）

　　色猶如聚沫，受猶如水泡，
　　想猶如陽焰，行則如芭蕉❶，
　　識則如幻事，日種尊所說。（S. 22:95）

　　「人之六內處可比喻爲空聚落，智者檢點眼、耳、鼻、舌、
身、意，則見其爲無、空、虛。外六塵則如掠奪聚落之賊，眼爲
可意或不可意之色所煩擾，耳爲可意或不可意之聲所煩擾，鼻爲
可意或不可意之香所煩擾，舌爲可意或不可意之味所煩擾，身爲
可意或不可意之觸所煩擾，意爲可意或不可意之法所煩擾。」
（S. 35:197）

　　（二）「我見世人受折磨，渴愛於有而受苦，
　　　　　臨死愚人話不休，仍渴愛希求於有。
　　　　　見其爲『我所』顫抖，猶如涸河少水魚。」（Sn. 4:2）

　　（三）「此是（最）寂靜，此（目標）超勝（一切），它即是
一切行之寂止，一切餘依之棄捨、離貪、愛盡、涅槃。」（A.
10:60）

　　（四）「無病世間第一利，
　　　　　涅槃第一之安樂；
　　　　　八正道爲最上道，
　　　　　引汝至安穩不死。」（M. 75）

　　註釋者：此無常、苦、無我三相之正見，全面地表達了緣起所要表達的概括，這也正是佛陀二轉法輪的主題。

　　阿難：「有為❺有三有為相：生相是明顯的，滅相是明顯的，住時之變異相是明顯的。無為亦有三無為相；無生相是明顯的，無滅相是明顯的，無住時之變異相是明顯的。」（A. 3:47）

　　「若人觀色、受、想、行、識為無常（復觀眼等），則得正見。」（S. 22:51; 35:155）

　　「一切無常，何謂一切無常？眼是無常，色是無常，眼識……眼觸，眼觸所生之樂受、苦受或不苦不樂受，皆是無常。耳是無常……鼻是無常……舌是無常……身是無常……意識無常，法……意識……意觸，意觸所生之受……皆是無常。」（S. 35:43）

　　「凡無常者，是苦；凡苦者，是無我。」（S. 35:1; 22:46）

　　「無論如來出世或不出世，彼界確立、法住性、法決定性：一切行無常；一切行是苦；一切法無我。」（A. 3:134）

　　「諸比丘！我不與世間諍，而世間卻與我諍。宣說正法者不與世間任何人諍，世間智者言無，我亦言無；世間智者言有，我亦言有。世間智者言色並無有常、恆、永住，而有不變易之法，我亦言無。（其他四蘊亦如此）世間智者言色是無常、苦，而有變易之法，我亦言有。（其他四蘊亦如此）」（S. 22:94）

「此身是無常所造作，是由緣而生者。」（S. 36:7）

「寧可讓無聞之凡夫以四大所造之身爲『我』，而不以心❶爲『我』。何以故？此身可住世一年、二年⋯⋯乃至一百年；而所謂的『心』、『意』、『識』卻日夜生滅變異，猶如獼猴穿越森林，攀住一樹枝，放下後又攀住另一枝。」（S. 12:61）

「布施之果是⋯⋯然以信心皈依佛、法、僧，並受持五戒，則更生大果⋯⋯如此做之果是⋯⋯然只要對乃至犂牛亦修習慈心，則更生大果⋯⋯如此做之果是⋯⋯若能於彈指頃修習無常想，則更生大果。」（A. 9:20）（濃縮）

「凡歡喜眼等者，亦歡喜苦，我說將不得解脫苦。」（S. 35:19）

「何謂苦之異熟？當人爲苦所制服，其心爲苦所纏擾，憂愁、悲傷、搥胸啼哭，甚至陷於迷亂，或向外尋求：『有誰知一字或二字，能滅此苦？』我說苦在迷亂或尋求中異熟。」（A. 6:63）

「若人視諸行爲樂⋯⋯或涅槃爲苦，其所好樂隨順於法（眞理）者，無有是處。（反之）方有是處。」（A. 6:99）

「所有色、受、想、行、識，不論過去、未來、現在、內、外、細、劣、勝、遠、近者，皆應作如實地觀：『此非我所有，此非我，此非有我。』」（S. 22:59）

「彼於世間中,凡夫依彼想世間、思世間,此是聖者『世間』之教。凡夫依何想世間、思世間?即眼、耳、鼻、舌、身與意。」(S. 35:116)

「以變壞故,稱之為世間。」(S. 35:82)

「有說『空世間、空世間者』,世尊!何以故說『空世間』?」
——「阿難!以其於我、我所是空,故說『空世間』。何謂於我、我所是空?眼……色……眼識……眼觸……眼觸所生受……耳……。」

「鼻……;舌……;身……;意……意觸所生之樂受、苦受或不苦不樂受,此於我、我所亦是空。」(S. 35:85)

「比丘住於充滿無常想之心,其心則從名聞利養上厭離、轉出、退卻,而不再追逐它。猶如投入火中之雞毛或肌腱,它便從火中厭離、轉出、退卻,而不伸向它……若他住於充滿無常苦想之心,則其心中建立起強烈的怖畏想,視懈怠、懶惰、放逸、不精進、不觀察,是個欲拔刀之殺人者……若他住於充滿苦無我想之心,其心則於此有識之身與一切外相,遠離我慢與我所慢。」
(A. 7:46)

　　註釋者:被理性化的「自我論」,被如是稱呼,不論採取什麼形式,「既是見,也是結」,乃建立在一個細微的、本具的、扭曲的認識──「我慢」──「是結,而非見」。這些「自我論」可能確實已被建立,也可能還未建立,但若已被建立的話,它們的內容就一定離不開五蘊。正因如此,若要描述這些自我論,它

們全都可歸併爲「有身見」❶ 之一，這是概要性的說明。所有這些都在證入流果時被棄捨，雖然「我慢」尚未斷除⑦。

阿難：「有身見從何而來？」──「無聞凡夫不識聖者，不諳聖者之法與律……觀色即是我，或觀色爲我所有，或色在我中，或我在色中。（受、想、行、識四蘊亦是如此）多聞聖弟子，不如是見。」（M. 44; M. 109）

「無聞凡夫不識聖者……如是不如理作意：『我實於過去世存在？我實於過去世不存在？我於過去世是爲何？我於過去世如何？我於過去世先爲何，然後又爲何？我實於未來世存在？我實於未來世不存在？我於未來世將爲何？我於未來世將如何？在未來世我先爲何，然後又爲何？』或對於現在世作如是想：『我實存在？我實不存在？我爲何？我如何？此生自何處來？往何處去？』」

「當他不如理作意，其心必生六見中之任何一見，並視之爲真實生起：『我存在』，或『我不存在』，或『我以我而想我』，或『我以我而想無我』，或『我以無我想我』。或生起如是之見：『是我在說話、感覺，在承受善惡業於此處或彼處成熟之果；但此我是恆常、永恆、非變異之法，將永無止盡地存在。』以上諸見，稱爲見之稠林、見之荒野、見之歪曲、見之反覆與見之結縛。無聞凡夫爲諸見所縛，不得解脫生、老、死、愁、悲、苦、憂、惱。其人不能脫苦，我如是說。」（M. 2）

「諸比丘！有二種（邪）見，當諸天與人受其迷惑時，有人深陷其中，有人太過急切；只有具眼者得見。有些人如何深陷其

中？諸天與人喜愛有、好樂有、欣喜有，聽聞滅有之法時，其心不嚮往，或不生信心，不安穩住，不決定，於是某些人深陷其中。有些人又如何太過急切？有些人對此有感到慚恥、羞辱、嫌惡，只盼能無有：『尊者！此身壞滅之後，此我亦隨之切斷，於是死後不再有生，此爲最安穩，此爲最勝，此爲實相。』於是某些人太過急切。具眼者如何得見？若比丘見有爲有，明白後，他入於厭患、削減、止息貪愛之道，此是具眼者得見的方式。」（Iti. 49）

「諸比丘！有人之所有物以爲是恆常、永恆……汝等可曾見如是之所有物？」——「不然，世尊！」——「……若人執取我語取時，而不生憂……惱，汝等可曾見如是之我語取？」——「不然，世尊！」——「……人依止彼依止之見，而不生憂……惱，汝等可曾見如是依止之見？」——「不然，世尊！」——「……諸比丘！若有我，那麼可有我所有？」——「唯然，世尊！」——「諸比丘！若有我所有，那麼可有我？」——「唯然，世尊！」——「諸比丘！對我及我所有的理解不得眞實與確立，而有此見——『此是世界，此是我，我死後必爲恆常、永恆、永住、非變異之法，我將永無止盡地存在』——這是否是全然徹底的愚人之見？」——「世尊！如何不是呢？那確實是全然徹底的愚人之見。」（M. 22）

「有沙門或婆羅門若觀種種我見，彼等所觀見者皆是五取蘊，或此蘊或彼蘊。未聞凡夫不識聖人……觀色是我，或觀我是色所有，或色在我中，或我在色中，（他亦如是觀其他四蘊）。有如是（合理化）觀見，他便有此（根本的）『我是』的想

法。只要有『我是』的想法，便生起眼、耳、鼻、舌、身五根。之後，便有意根，有法與無明界。無聞凡夫被無明觸所生之受所動，而如是思惟：『我存在』、『我是此』、『我將存在』、『我將不存在』、『我將生色界』、『我將生無色界』、『我將為有想』、『我將為無想』、『我將為非有想非無想』。但多聞聖弟子，其五根如實存在，他已捨斷對五根的無明，而生起真實的智。如此而不思惟：『我存在』……『我將為非有想非無想。』」（S. 22:47）

註釋者：一般人對細微的、本具的隨眠煩惱或「我慢」並不察覺。它使他在覺知某個對象時，自動地、同時地產生「我」的意識，並以「我」為出發點來與所知的對象建立關係，我或即是它，我或包含於它，我或與它別立，我或擁有它。這種態度、想法，直到證阿羅漢果時才會被棄除。（見M. 1; M. 49）

阿難：「以執取色故有我，非不執取。執取者何？執取色、受、想、行、識。」（S. 22:83）

「任何沙門或婆羅門，以無常、苦、變易法之色（及其他四蘊），而觀『我是優勝』，或『我是相等』，或『我是低劣』，此見若非無視於真相，又為何等？」（S. 22:49）

（差摩長老回答諸長老比丘的問題時說：）「我於五取蘊中不見我與我所有，而尚非漏盡阿羅漢 ……。相反地，我於五取蘊仍有「我是」的想法，雖然我於其中已不見『我是此』。……如此，我不作如是說：『我是色』，或『我是受』，或『我是想』，

或『我是行』，或『我是識』。我亦不作是說：『我與色異……我與意異』；我於五取蘊仍有我想，雖然我於其中已不作『我是此』之想。聖弟子雖捨斷五下分結（見下文），但隨伴五取蘊之我慢、我欲、我隨眠未斷。之後，他於五取蘊隨觀生滅而住：『此是色，此是色之集，此是色之滅』（其他四蘊亦如是觀察），直到最終永斷我慢為止。」（S. 22:89）

註釋者：最後，我們看一下「十結」在證悟的四個階段中，如何漸次地被擊破。

阿難：「無聞凡夫不識聖者……其心被有身見、疑、戒禁取❸、欲貪與瞋恚所縛與役使，當它們生起時，他不知如何出離，於是它們便於其心積久成習，而無法清除，稱為『下分結』❽。」（M. 64）

「五上分結❾為：色貪、無色貪、慢（我慢）、掉舉與無明。」（D. 33）

「比丘中，有滅盡（前）三結，得入流，不再墮於惡趣，決定者，並趣向於正覺。比丘中，又有滅盡三結，並使貪、瞋、痴薄弱者，為一來：唯一次還來此世間，他們便將永斷其苦。比丘中，又有滅除五下分結者，必得生於上界，並於該處入般涅槃，永遠不還來此世間。比丘中，又有漏盡阿羅漢，其梵行已立，所作皆辦，捨棄重擔，得最上果，滅盡後有之結，由正智而獲究竟解脫。」（M. 118）

「貪、瞋、痴之滅盡，謂爲阿羅漢果。」（S. 38:2）

「當比丘在各國遊行時，落腳之處的賢者會向他發問。諸賢好觀察，如是問：『尊者之師所言爲何？所教爲何？』汝等可正確地回答說：『我等之師教人除去欲貪。』若又被問道：『除去對何物的欲貪？』汝等可回答：『對色（與受、想、行、識）的欲貪。』若又被問道：『你所見到欲貪的過患爲何？』汝等可回答：『若人對這些（五蘊）仍有貪、欲、愛、渴、熱煩與渴愛，一旦五蘊變易、變異時，便生愁、悲、苦、憂、惱。』若又被問道：『你所見到除去貪欲之利益爲何？』汝等可回答：『若人對色、受、想、行、識已沒有貪、欲、愛、渴、熱煩與渴愛，當五蘊變易、變異時，心中不生愁、悲、苦、憂、惱。』」（S. 22:2）

（二）正思惟

註釋者：我們到此結束了對正見的探討，八聖道的第二項是正思惟。

阿難：「何謂正思惟？即出離之思惟、無瞋恚之思惟、無害之思惟，此名之爲正思惟。」（S. 45:8; D. 22）

「聖弟子以正慧善見欲貪所生之樂，何其薄寡；所生之苦，何其深重；所生之過患，何其繁多；從而遠離欲貪，遠離不善法，而得喜樂，甚至更上之喜樂，他因此不再求於欲貪。」（M. 14）

「縱使遭盜賊殘暴地以有柄之兩面鋸支解其肢，若人其時心懷瞋恚者，則非遵循吾教之人。」（M. 21）

「人對自己無瞋害心，或對他人無瞋害心，或對兩者無瞋害心。」（M. 13）

（三）正語

註釋者：上述的正見與正思惟合起來構成八聖道中「慧」的部分。接下來的是第三項——正語。

阿難：「何謂正語？離妄語、離離間語、離粗惡語、離雜穢語，此名之為正語。」（S. 45:8; D. 22）

「在此有人捨妄語：或至集會處，或至眾會，或至親族間，或至公會間，或至王族間，被提出作證人，被詢問：『善者！請告所知。』是時，若實不知，則言『我不知』；若實知，則言「我知」；若實未見，則言『我未見』；若實見，則言『我見』。他不會明知道卻故作謊言，不論其目的是為個己，為他人，或為世間少許之利得。此人捨兩舌：既不將彼處所聞傳來此處而離間彼此，亦不將此處所聞傳到彼處而離間彼此，如是，此人令分離者和合，提倡友誼，愛好和合，讚嘆和合，歡喜和合，成為說和合語者。此人捨粗惡語：其人以不害之語說話，柔和順耳，沁入人心，文雅有禮，為眾人所愛，為眾人所親，成為語如是之語者。此人捨綺語：其人是適時語者、實語者、善語者、法語者、律語者。他說話合乎時節，堪供記載流傳，他所說均是理正、義

明與意善。」（M. 41）

（四）正業

註釋者：第四項爲正業。

阿難：「何謂正業？離殺生、離偷盜、離非梵行❿，此名之爲正業。」（S. 45:8; D. 22）

「優婆塞若得五法，可於自家安穩住，得生天上，猶如被輦輿運載並安置於天上無異。是哪五法？離殺生、離不與取、離非梵行、離妄語，以及離穀酒、果酒與發酵釀製的飲料。」（A. 5:172-73）

（五）正命

註釋者：第五項是正命。

阿難：「何謂正命？即一位高尙的比丘捨棄邪命並持正命而活。」

「（爲欺騙故）陰謀、勸誘、暗示、貶抑、以利求利，此爲（比丘之）邪命。」（M. 117）

「優婆塞不得從事五種販賣。哪五種？販賣刀劍、人口、肉、酒與毒品。」（A. 5:177）

（六）正精進

　　註釋者：上述三項，正語、正業與正命，合起來構成八聖道中「戒」的部分。這些（戒）是修道的前行階段。現在探討第六項——正精進。

　　阿難：「何謂正精進？比丘對未生之惡不善法，爲令其不生，而生起志欲、精進、發勤，以持策心。他爲斷已生之惡不善法，而生起志欲……。他爲令未生之善法生起，而生起志欲……。他爲令已生之善法不忘失，而倍修習、廣修習，使令圓滿，而生起志欲、精進、發勤，以持策心。此名之爲正精進。」（S. 45:8; D. 22）

（七）正念

　　註釋者：現在探討第七項——正念。

　　阿難：「何謂正念？比丘安住於身，隨觀身體，熱忱、正知、正念，調伏世間的貪、憂。他安住於受，隨觀感受，熱忱……。他安住於心，隨觀心識，熱忱……。他安住於法，隨觀諸法，熱忱、正知、正念，調伏世間的貪、憂。此名之爲正念。」（S. 45:8; D. 22）

　　「諸比丘！比丘如何安住於身，隨觀身體？於此，諸比丘！比丘前往森林、樹下或空曠處，結跏趺坐，端正身體，置念面前，正念而入息，正念而出息❶❾。

「如熟練的轆轤匠或他的學徒，在做一個長的轉動時，了知：『我做一個長的轉動。』做一個短的轉動時，了知：『我做一個短的轉動。』比丘如是，在入息長時，了知：『我入息長。』出息長時，了知：『我出息長。』入息短時，了知：『我入息短。』出息短時，了知：『我出息短。』他如是訓練自己：『我當覺知入息的全身而入息。』他如是訓練自己：『我當覺知出息的全身而出息。』他如是訓練自己：『我當安定身行而入息。』他如是訓練自己：『我當安定身行而出息。❷⓿』

「如是，他安住於身，隨觀內身；或外身；或內、外身。❷❶

「或他安住於息身，隨觀生法；或滅法；或生、滅法。

「或他建立起『有息身』的正念，如此建立正念，只爲了更高的智與念。他無所依而住，不執著世間任何事物。

「比丘如是安住於身，隨觀身體。

「復次，他行走時，了知：『我正在行走。』站立時，了知：『我正在站立。』坐著時，了知：『我正在坐著。』躺臥時，了知：『我正在躺臥。』無論何種姿勢，皆如實了知。

「如是，他安住於身，隨觀內身；或外身；或內、外身。

「或他安住於息身，隨觀生法；或滅法；或生、滅法。

「或他建立起『有身』的正念，如此建立正念，只爲了更高的智與念。他無所依而住，不執著世間任何事物。

「比丘如是安住於身，隨觀身體。

「他於行往與歸來時，於前瞻與旁觀時，於屈伸肢體時，於著三衣與持缽時，於吃、喝、咀嚼、品嚐時，於大小便溺時，以正知而行；且於行走、站立、端坐、躺臥、醒覺、言談、靜默時，以正知、正念而行。

「如是，他安住於身，隨觀……

「比丘如是安住於身，隨觀身體。

「復次，猶如雙開口的糧袋，充滿種種穀物，如山米，紅米，黃豆，豌豆，小米，白米，視力佳者，解開糧袋，應如是觀察：『此是山米，此是紅米，此是黃豆，此是碗豆，此是小米，此是白米。』

「同樣地！比丘如是觀察自己的身體，自足底而上，由頭髮而下，充滿種種不淨：『於此身中有頭髮、體毛、指甲、牙齒、皮膚；肌肉、筋腱、骨骼、骨髓、腎臟；心臟、肝臟、橫膈、脾臟、肺臟；大腸、小腸、胃、糞便；膽汁、痰、膿、血、汗、脂肪；淚、油脂、唾液、鼻涕、關節液、尿液。』

「如是，他安住於身，隨觀……

「比丘如是安住於身，隨觀身體。

「如善巧的屠夫或其學徒，屠宰牛隻，並將其肢解成塊後，坐在四衢道口。諸比丘！比丘如是於任何姿勢中，以各種界觀察此身：『於此身中，有地界、水界、火界與風界。』

「如是，他安住於身，隨觀……

「比丘如是安住於身，隨觀身體。

「復次，比丘觀察其身，猶如他正觀察一具被棄置於塚間的死屍，已死亡一日、二日乃至三日，它變得膨脹、青瘀與腐爛：「我的身體也具有相同的本質，將會變成如此，且無法避免這樣的結果。

「如是，他安住於身，隨觀……

「比丘如是安住於身，隨觀身體。

「復次，比丘觀察其身，猶如他正觀察一具被棄置於塚間的死屍，為烏鴉，鳶，兀鷲，狗，豺狼或各種蟲類所嗷食：……猶如他正觀察一具被棄置於塚間的死屍，含有血肉的骨頭，由肌腱

相連：……無肉含血的骨頭，由肌腱相連：……無血無肉的骨頭，由肌腱相連：……肌腱散壞之骨頭，散落各處，此處一手骨，彼處一腳骨，彼處一脛骨，彼處一腿骨，彼處一髖骨，彼處一椎骨，彼處一頭骨：……骨為白色，其色如貝：……積骨成堆，時已有年：……骨已腐朽，粉碎成灰：『我的身體也具有相同的本質，將會變成如此，且無法避免這樣的結果。』

「如是，他安住於身，隨觀……

「比丘如是安住於身，隨觀身體。

「比丘如何安住於受，隨觀感受？

「於此，當感到樂受時，了知：『我感到樂受。』感到苦受時，了知：『我感到苦受。』感到不苦不樂受時，了知：『我感到不苦不樂受。』感到物質的樂受時，了知：『我感到物質的樂受❷。』……（其他兩種受亦復如是）感到非物質的樂受時，了知：「我感到非物質的樂受。』……（其他兩種受亦復如是）。

「如是，他安住於受，隨觀內受；或外受；或內、外受。

「或他安住於受，隨觀生法；或滅法；或生、滅法。

「或他建立起『有受』的正念，如此建立正念，只為了更高的智與念。他無所依而住，不執著世間任何事物。

「比丘如是安住於身，隨觀身體。

「比丘如何安住於心，隨觀心識？

「比丘心為貪欲所染，知其為貪欲所染；心不為貪欲所染，知其不為貪欲所染。心為瞋恚所染，知其為瞋恚所染；心不為瞋恚所染，知其不為瞋恚所染。心為愚痴所染，知其為愚痴所染；心不為愚痴所染，知其不為愚痴所染。心昏沉時，知其昏沉；心散亂時，知其散亂。心廣大時，知其廣大；心不廣大時，知其不廣大⑪。心超越時，知其超越；心不超越時，知其不超越❸。心

專一時，知其專一；心不專一時，知其不專一。心解脫時，知其解脫，心未解脫時，知其未解脫。

「如是，他安住於心，隨觀內心；或外心；或內、外心。

「或他安住於心，隨觀生法；或滅法；或生、滅法。

「或他建立起『有心』的正念，如此建立正念，只為了更高的智與念。他無所依而住，不執著世間任何事物。

「比丘如是安住於心，隨觀心識。

「比丘如何安住於法，隨觀諸法？

「比丘安住於法，隨觀諸法，即依五蓋❷隨觀諸法。比丘如何觀之？

「當心對五欲⑫生起貪欲時，他了知：『我內心對五欲生起貪欲』；當心對五欲不生貪欲時，他了知：『我內心對五欲不生貪欲』。他也了知對五欲未生之貪欲如何生起，對五欲已生之貪欲如何捨斷，對五欲已捨斷之貪欲如何於未來不生起。當生起瞋恚時……當生起昏沉時……當生起掉舉與憂悔時……當生起疑惑時……他了知已捨斷之疑惑如何於未來不生。

「如是，他安住於法，隨觀內法；或外法；或內、外法。或他安住於法，隨觀生法；或滅法；或生、滅法。或他建立起「有法」的正念，如此建立正念，只為了更高的智與念。他無所依而住，不執著世間任何事物。

「比丘如是安住於法，隨觀諸法，依五蓋隨觀諸法。

「比丘安住於法，隨觀諸法，即依五取蘊隨觀諸法。比丘如何觀之？比丘了知：『此是色，此是色生起，此是色壞滅。此是受，此是受生起，此是受壞滅。此是想，此是想生起，此是想壞滅。此是行，此是行生起，此是行壞滅。此是識，此是識生起，此是識壞滅。』

「如是，他安住於法，隨觀……

「比丘如是安住於法，隨觀諸法，依五取蘊隨觀諸法。

「復次，比丘安住於法，隨觀諸法，即依六內入處與六外入處隨觀諸法。比丘如何觀之？比丘了知眼根與色塵，了知緣此兩者而生起的結，了知未生之結如何生起，了知已生之結如何捨斷，了知已捨斷之結如何於未來不再生起。他了知耳根與聲塵……了知鼻根與香塵……了知舌根與味塵……了知身根與觸塵……了知意根與法塵，緣此兩者而生起的結；……了知已捨斷之結如何於未來不再生起。

「如是，他安住於法，隨觀……

「比丘如是安住於法，隨觀諸法，依六內入處與六外入處隨觀諸法。

「復次，比丘安住於法，隨觀諸法，即依七覺支隨觀諸法。比丘如何觀之？比丘內心生起念覺支時，了知：『內心有念覺支。』或內心無念覺支出現時，了知：『內心無念覺支。』他了知未生之念覺支如何生起，已生之念覺支如何修習圓滿。當他生起擇法覺支時……生起精進覺支時……生起喜覺支時……生起輕安覺支時……生起定覺支時……生起捨覺支……他了知未生之捨覺支如何生起，已生之捨覺支如何修習圓滿。』

「如是，他安住於法，隨觀……

「比丘如是安住於法，隨觀諸法，依七覺支隨觀諸法。

「復次，比丘安住於法，隨觀諸法，即依四聖諦隨觀諸法。比丘如何觀之？比丘如實了知：『此是苦』、『此是苦之集』、『此是苦之滅』、『此是導致苦滅之道』。

「如是，他安住於法，隨觀內法；或外法；或內、外法。

「或他安住於法，隨觀生法；或滅法；或生、滅法。

「或他建立起『有法』的正念，如此建立正念，只為了更高的智與念。他無所依而住，不執著世間任何事物。」

「比丘如是安住於法，依四聖諦隨觀諸法。」

「諸比丘！凡修此四念處達七年者，……遑論七年，……七天……可得二果之一：於現法證得究竟智，或得不還果。」（D. 22; M. 10）

「諸比丘！我今為汝等說明四念處之集起與滅壞：身依食集起而集起，依食滅壞而滅壞。受依觸集起而集起，依觸滅壞而滅壞。心依名色集起而集起，依名色滅壞而滅壞。法依作意集起而集起，依作意滅壞而滅壞。」（S. 47:42）

「一切諸法以欲為根本，從作意生起，從觸集起，以受為趣歸，以定為上首，以念為增上，以慧為最上，以解脫為核心。」（A. 8:83）

「若欲護己，當修習四念處，若欲護人，當修習四念處。護己即護人，護人即護己。」（S. 47:19）

（八）正定

註釋者：現在我們探討第八項，即最後一項——正定。

阿難：「何謂正定？彼離諸欲，離不善法；有尋、有伺，由遠離而生喜與樂，達初禪而住。」（D. 2; D. 22; M. 39; S. 45:8）

「猶如熟練之浴室助浴者或其學徒，堆積浴粉於銅盆，徐徐灑水，反復揉捏直至水從裡到外浸透浴粉球中，但又不令其溶於水。同樣地，比丘因遠離所生之喜與樂浸入、充溢、遍滿、散布全身，無有遺處。」（D. 2; M. 39）

「平靜其心，令離尋、伺，有淨信與心一境性，無尋、無伺，由定而生喜與樂，達第二禪而住。」（D. 2; D. 22; M. 39; S. 45:8）

「正如由湧泉所成之湖，無水從東、西、南、北四方注入，亦無水從天偶而降灌，則源泉湧出的清涼之水，將浸入、充溢、遍滿、散布整個湖泊，一無遺處。同樣地，比丘因定所生之喜與樂浸入、充溢、遍滿、散布全身，無有遺處。」（D. 2; M. 39）

「離喜而住於捨、正念、正知，以身感受樂。諸聖者言：『以捨而正念於樂住』，達第三禪而住。」（D. 2; D. 22; M. 39; S. 45:8）

「正如一個池塘，內有青、白與紅蓮花，其中有花生於水下，長於水下，不出水面，茁壯於水中，池水浸入、充溢、遍滿、散布此蓮，從頂至根，無有遺處。同樣地，比丘離喜之樂受浸入、充溢、遍滿、散布全身，無有遺處。」（D. 2; M. 39）

「捨斷苦與樂，滅除先前的喜與憂，不苦不樂，因捨而得清淨正念，達第四禪而住。」（D. 2; D. 22; M. 39; S. 45:8）

「猶如有人，從頭至足，被覆白淨之衣而坐，其白淨衣掩覆全身，無有遺處。同樣地，比丘以如是純淨之心，遍滿其身而

坐，以純淨之心，遍滿全身，無有遺處。」（D. 2; M. 39）

「聖人的正定其因與其助道法爲何？由另外的七道支，可資助其心一境性。正見爲先：了知邪見、邪思惟、邪語、邪業與邪命等是邪；又知正見、正思惟、正語、正業與正命等是正。這兩類的每一支，前者爲有漏，而於存有中得異熟；後者爲出世間，是出世之道支。行者應精進捨斷邪見與其他四邪道支，並修得正見與其他四正道支，此是行者之正精進。行者以正念捨斷邪道，並步上正道：此是行者之正念。」（M. 117）（濃縮）

註釋者：這後面的三項——正精進、正念與正定，合起來構成八聖道中「定」的部分。八聖道，外加正智與正解脫，合稱爲「十正法」⑬，也是入流者所證的「不壞信」。在離開定這個主題之前，我們應當談到四「無色定」。這些定超出正定的內容，只是第四禪的淨化。

阿難：「完全超越一切色想，消滅有對想，不生種種分別想，（覺知）『虛空無邊』，比丘成就並住於空無邊處。」

「復次，完全超越一切空無邊處，（覺知）『識無邊』，比丘成就並住於識無邊處。」

「復次，完全超越一切識無邊處，（覺知）『無所有處』，他成就並住於無所有處。」

「復次，完全超越一切無所有處，他成就並住於非想非非想處。」

「在聖者之律中，這四種禪定不稱爲削減⑭，在聖者之律中，它們稱爲現法樂住。在聖者之律中，四種無色界定亦不稱爲

削減，在聖者之律中，它們稱爲寂靜住。」（M. 8）

「（修持以上八種成就的）比丘可謂令惡魔作盲，以根絕惡魔之眼，不至爲惡魔所見。」（M. 25）

註釋者：以上八法（以及四梵住，見第十章）並非佛陀特有的教義。修持這些法，若不具正見的話，只能引導人生天，而無法得證涅槃。佛陀特有的教義是四聖諦，第九定——滅受想定，只有在最高兩個果位時才能體證，因此它是諸佛及其弟子所特有的。

阿難：「完全超越一切非想非非想處，比丘成就並住於滅受想定，彼依智慧照見而令漏滅盡。此比丘可謂令惡魔作盲，以根絕惡魔之眼，不至爲惡魔所見。更有甚者，他已遠離世間一切執著。」（M. 25）

「住戒有慧人，
修習心與慧，
有勤智比丘，
彼當解此結。」（S. 1:23）

「諸比丘！若人跋涉，達一劫之久，其遺骨若積存不毀，可有毘富羅山⑮之高？」（Iti. 24）

「假使有人將單孔牛軛拋入海中，東風將它吹去西方，西風將它吹去東方，北風將它吹去南方，南風將它吹去北方。又若有

一盲龜每一百年浮到水面一次。諸比丘！汝等對此作何思惟，盲龜最終能將頭從牛軛之孔鑽出來嗎？」

「世尊！在一段漫長的時間後，牠可能做到。」

「諸比丘！盲龜將頭鑽出牛軛之孔，應比愚痴者落入惡道後再得人身，更加快速。」（M. 129）

「諸比丘！我今所善說之法，令明瞭、開顯、開示，以說斷分結。在我今所善說之法中，唯持信於我，唯親近我者，當趣於天。」（M. 22）

「一位具悲心，出於慈悲而為其弟子謀求利益的老師，其所能行之事我皆已為汝等做到了。諸比丘！於樹下、空閒處，禪修去，勿放逸，勿後悔。此即是我們⑯對你們的教示。」（M. 8; M. 152）

註釋者：以上是關於八聖道的闡述，但實際上道要如何修呢？

八聖道的實踐

阿難：阿難尊者於清晨著下衣，持鉢與大衣，入舍衛城乞食，他見生聞婆羅門駕一輛駟馬輕車出城，全然白色：白馬、白韁、白車、白座、白鞋，甚至搖著白扇。人們見之，紛紛說道：「好一輛梵天之車！這輛才像是梵天之乘。」

阿難尊者乞食歸來向世尊報告此事，並問：「世尊！在此法與律之中，可有梵天之乘？」

「阿難！有的。」世尊說：「八支聖道可稱為『梵天之乘』、『法乘』、『戰場上無上之勝利』；因為八支聖道的每一支，皆能究竟棄除貪、瞋、痴。」（S. 45:4）

「（孩子從入胎到出生到長成青年）他的感官成熟，具足五欲，漸生五欲之情，甚而於其中恣意縱情：由眼所識、所欲、所愛、所好，隨欲而激情於色；由耳所識之聲，由鼻所識之香，由舌所識之味，由身所識之觸，也是如此。

「眼見色、耳聞聲、鼻嗅香、舌嘗味、身受觸、意知法，對悅意者，人則貪逐它，對不悅意者，人則嫌恨它。於身未確立正念而住於劣惡心，而且不如實知心解脫與慧解脫，因此無法使惡不善法滅盡無餘。他如是隨於親疏，當感受樂、苦或不苦不樂等任何感受，他便生起喜愛，肯定並接受它，如此做時而生歡喜。歡喜於這些感受就是取；以取為緣而生有；以有為緣而生生；以生為緣而生老、死、愁、悲、苦、憂、惱。如是有全苦蘊之集。

「今有如來出現於世，應供、等正覺者、明行足、世間解、無上士、天人師、佛、世尊。他對諸天、魔王、梵天、沙門、婆羅門、國王與人民的世界宣稱，他已自知、自證。他所教之法，不論是文字或義理上，不論是初、中、後，都是善妙的。他所宣示的梵行，是究竟清淨而圓滿的。

「或有在家居士，或其子，生於某族姓家，聽聞其法。聽聞佛法後，於如來生信。以此信心，作如是思惟：『在家的生活雜亂、不潔；出家的生活寬廣無羈。在家要修如光輝真珠般圓滿清淨的梵行，談何容易？我何不剃除鬚髮，著袈裟，出家而過無家的生活呢？』

「彼於後，或捨小財物，或捨多財物，或捨小親族，或捨多親族，他剃除鬚髮，著袈裟，出家而過無家的生活。

「出家而應學習比丘所具足之生活規定，他捨殺生，放下刀杖，溫和、善良，慈悲一切眾生而住。他捨不與取，唯取人施捨之物，對得到的感到知足，以不偷盜淨化自己而住。他捨非梵行的生活，獨住而過獨身的生活，離淫欲之在俗法。他捨妄語，離妄語而為說真實語者，說真實語，可得信賴，可得依靠，不欺世間。他捨兩舌語……捨粗惡語……捨綺語……應說話時說話，堪供記載，他所說均是理正、義明且與善有關的❷。

「他離傷害種子類與植物類。他一日一食，夜不食而離非時食。他離觀歌舞、音樂、演藝等。他離掛花鬘、以塗香莊嚴、以塗油粉飾；離高廣大床；離受金、銀、穀物、生肉、女人與童女、女婢與男僕、綿羊與山羊、雞與豕、象、牛、牡馬與牝馬、田園與土地；離為人差使；離買賣；離詐秤稱、貨幣、度量；離詐欺、行騙、詐取、奸詐；離使人殘廢、執行死刑、監禁、掠奪與暴行。

「他的衣以蔽體為足，食以果腹為足，全部所有，常隨其身，如鳥欲飛，依其二翼。具足聖者之戒行，他感到清淨無瑕之樂。

「當眼見色時，他不見有任何相與特徵。若未防護眼根，貪、憂之惡不善法將侵襲其心；他修習律儀之法，防護眼根，注意防護眼根之作用。（當耳聞聲、鼻嗅香、舌嘗味、身受觸、意知法時，亦是如此。）具足聖者之根律儀，他感到清淨無染之樂。

「他變得完全正知於前後往返的動作中……以及在靜默中❷。

「具足聖者的戒行、聖者的根律儀、聖者的正念與正知，他

退隱入寂靜之處——山林、樹下、山巖、山峽、山洞、塚間、叢林、露天處與稻草堆。食後從行乞歸來，他結跏趺坐，置身端正，繫念於面前。

「他捨世間貪欲，離貪欲心而住，從貪欲以淨其心。他捨瞋恚與憎恨，住於不瞋恚心，爲一切眾生的利益而發慈悲心，從瞋恨與憎恨以淨其心。他捨昏沉睡眠，離昏沉睡眠而住，有洞察力，正念、正知，從昏沉睡眠以淨其心。他捨掉舉惡作，不掉舉惡作而住，內有寂靜心，從掉舉惡作以淨其心。他捨疑，離疑心而住，對不善法不再猶疑，從疑以淨其心。」（M. 38）

「若一男子借財以創事業，在事業成功，償清借貸後，仍有盈餘以供養妻兒；思惟至此，他歡喜悅樂。又若一男子害病，苦痛不堪，食不養身，體弱無力，但終獲痊癒，恢復體力。又若一男子身陷牢獄，終得平安釋放，資產無損。又若一男子身爲奴僕，不得自主，唯仰他人，無行動自由，但終獲解放，得以自主，有行動自由。又若一男子攜帶財物，行於沙漠，得以越之，不受損失；思惟至此，他歡喜悅樂。同樣地，對比丘而言，未捨斷自身五蓋，猶如負債務、疾病、牢獄、奴僕與沙漠之途；捨斷自身的五蓋後，他便如無負債，重獲健康，脫牢獄苦，得自由身，入安全地。」（M. 39）

「捨斷覆蓋心性令智慧微弱的五蓋，遠離欲貪，遠離不善法，他成就並住於初禪……二禪……三禪……四禪。

「當眼見色、耳聞聲、鼻嗅香、舌嘗味、身受觸、意知法時，不貪逐悅意者，不嫌恨不悅意者。他於身已建立正念，以無量心而住，如實知心解脫與慧解脫，因此使惡不善法滅盡無餘。

他如是捨親疏，當感受樂、苦或不苦不樂等任何感受，他不生起喜愛，也不肯定或接受它。當他如此做後，對諸受的歡喜隨即滅盡，歡喜滅則取滅，取滅則有滅，有滅則生滅，生滅則老、死、愁、悲、苦、憂、惱滅。如是有全苦蘊之滅。」（M. 38）

方法

「若有人欲得蛇，見一大蛇，不得其法，誤執蛇身或蛇尾，蛇返身咬之，他因此而受死或受將死之苦。何以故？因他捕蛇不得法故。同樣地，有迷途者學法，不以慧究明其意義，也不喜於靜思其義，反以之作為挑剔別人與反駁批評的工具，不明學法之目的，以誤取其義故，反造成長久的傷害與痛苦。但若人欲得蛇，見一大蛇，以叉具擒之，執蛇之頸，蛇雖可以身纏蜷其手臂或四肢，他既不會受死，也不受將死之苦。同樣地，某族人學法，以慧究明其意義，也喜好靜思其義，不以之為挑剔別人與反駁批評的工具，深明學法之目的，以明了其義故，而致得長久的利益與安樂。」

「諸比丘！若有旅人見大水流，此岸危險且恐怖，彼岸安全而無恐怖，但無船、無橋可渡。思索之後，他撿拾草枝、樹幹、樹枝、樹葉，繫成一筏，浮在其上，手腳並用，努力划動，終得安度彼岸。達彼岸後，他想：『此筏甚為有用，助我得渡；我何不將它頂在頭上或負於肩上，隨我而行？』如此，他對此筏所做得當否？」

「不然，世尊！」──「他當如何做呢？若在得渡後，他想：『此筏甚為有用，以其助我得渡故，我何不將它拖至乾地，或任其飄流，以便我可隨意而行？』如此，他對此筏便作了得當

的處理。如此，我示汝之法正如筏，爲得度故，非爲執取。諸比丘！當你明白筏喻，便知（乃至善）法尙應捨離，更何況惡法。」（M. 22）（濃縮）

目的

「貪、瞋、痴的止息，是無爲、究竟、無漏、眞諦、彼岸、微妙、極難見、不衰、永住、不分解、不可見、寂靜、不死、無上、安泰、安穩、愛盡、不思議、稀有、無災、無災法、涅槃、無損（不害）、離欲、清淨、解脫、非住、島嶼、庇護所、港灣、皈依處、彼岸。」（S. 43:1-44）

原註

❶ 五取蘊應被視爲五種方便的種類或範疇，在此之下，任何生起經驗的構成要素都可以加以組合，以利於分析與討論。除了那些可代表它們的構成要素，它們並無獨立的存在。這些代表的構成要素並不會個別地出現，它們在結構上互相依存，猶如一只玻璃杯同時意味著諸種特徵：材料（玻璃）、情感的（具吸引力的，或不具吸引力的，或無興趣的）、特相（形狀、顏色等）、被限定的（組成的）用途（所有這些合起來構成「名色」），以及認知這一切的「識」，而此「識」非名色所攝。

❷ 「地」以堅固爲性，「水」以粘合爲性，「火」以溫暖與成熟爲性，「風」以延伸與流動爲性。

❸ 「一切有行作相的總括爲行蘊……（它）有行作的特相……（與）發動組合的作用。」《清淨道論》，髻智比丘譯，第十四章，第131段。（向智）

❹ 思通常譯爲意志（volition）與決心（will）。（向智）

❺ 這有點是必要條件。

❻ 關於緣起論，參見《清淨道論》第十七章。

❼ 對儀式軌範的執取。（向智）

❽ 「觸」指根身與外境相觸（如視覺與所見），這必須有識（如眼識）的出現才有可能完成。所以，「觸」在一切複雜的生起、覺知與組成中，是個基本的因素，不論生起的是前五塵或法塵，乃至兩者。

❾ 「名色」是指能知與所知合在一起,而被經驗與認知(命名),它是結合「想與色」,而對某個對象作出個別性與限定性主體的想法。但在經典中,名色並不包含識,儘管它的存在與識不能分離。後期的文獻把識納在「名」之中,如此便給予原意所不包含的對立詞——「心色」。

❿ 這裡cetana一詞(此處譯為思),亦有譯為意志(volition)與意願(intention)的。

⓫ 應當注意,勿將「無色」(formless,巴利語arūpa)誤認為無為(unformed,巴利語asankhata)。前者指的是一類眾生(bhava),而無為即非有為法(無為unconditioned,巴利語為asankhata,因緣造作謂之「為」condition,巴利語為sankhara),後者是涅槃的同義詞。無色是有為法。

⓬ 到目前為止關於前三個聖諦僅僅列出其解析式的細節,這裡則述及應如何觀察它們。

⓭ 意指這些行為不具道德作用。(向智)

⓮ 芭蕉樹的樹幹唯是葉子層層包捲而成,中空無實。

⓯ 有為亦作「和合的」、「因緣生的」;無為亦作「非和合的」、「非因緣生的」,後者又指涅槃。(向智)

⓰ 巴利文指的是心、思想、認知。(向智)

⓱ 將「我」視為五蘊中之一蘊或多蘊,如此構成一個「我」的「有身」,因而產生不正見。(向智)

⓲ 或執著於形式與儀軌(向智)

⓳ 在此所描述的是心的覺照練習之一,而非身體的培訓或傳統瑜珈所練習的呼吸控制法。《念處經》於今日廣為人讀誦,以作為禪修的基礎。其主旨即在構成佛陀教示的基礎——建立正念。

⓴ 根據註釋書,「覺知(息之)全身」指覺知入息與出息的全貌。「安定身行」表示讓呼吸逐漸地變得更細微、更平靜。(菩提)

㉑ 根據註釋書,「外身」指的是他人的身體等(但也可意指對自己身體所作的純客觀之觀察)。第一段的重點在「定」,而第二段對生、滅(壞)的觀察則集中於「慧」(正見)。第三段所敘述的則是獲得究竟證悟的人所具有的正知。

㉒ 物質的是指食物,衣物等物質,這裡指的是與之相連的感覺。

㉓ 心由於昏沉而縮小;「廣大」乃由欲界昇到禪定境界;「超越」是指心入於禪定或證悟。

㉔ 「蓋」者應視為好像被困在貪、瞋、痴欲流的藩籬之中,而非真有什麼障礙物擋在路上。

㉕ 欲見全文,參考(本章)「正語」部分。

㉖ 欲見全文,參考「正念」部分。

譯註

① 一英噚(約1.8公尺)。

② 十種見:關於其內容可參閱本章前文鬱低迦與佛陀之一段問答。

③ 啟示宗教:指該宗教的教義與經典,是來自於天神的神祕傳授,如基督教、猶太教等。

④ 「現法受業」是指該業必須在它被造的那一世裡成熟,否則即無效。「次生受業」是指該業必須在它被造的下一世裡成熟,否則即無效。「後次受業」是指該業必

須在它被造的第二世以後的任何一世裡成熟，只要還在輪迴，它都不會變成無效。

⑤ 隨眠是指眠伏狀態的煩惱種子。

⑥ 「不動」是對涅槃的描述。

⑦ 「我見」屬分別的煩惱，修行者在見道時斷之；「我慢」屬俱生的煩惱，在證阿羅漢果時將之斷盡。

⑧ 五下分結即三界中之下分界（即欲界）的五種結惑，繫縛眾生，令其不得超脫其界。

⑨ 五上分結即三界中之上分界（即色界與無色界）的五種結惑。

⑩ 巴利文字面上是縱感官欲望之行，但在後文解說時，佛陀尤其是指縱男女情欲之行，是故有人直接譯之為「邪淫」。

⑪ 依菩提比丘的註釋，心廣大是指由低的禪定昇到高的禪定，心不廣大表示沒有禪定之心。

⑫ 這是指貪求色、聲、香、味、觸等五種欲境。

⑬ 「十正法」又名「十無學法」，為得阿羅漢果之人所成就的十種無漏法。

⑭ 削減是指在修道上與煩惱相應的身、口、意三行之削減與袪除。

⑮ 毘布羅山為摩揭陀國王舍城諸山中之第一。

⑯ 我們：依菩提比丘之註，以複數來自稱乃為一種典雅的說話方式。

第十三章

提婆達多

引 言

前文雖提到過佛陀與僧伽遭人誤解、誣陷的故事，其險惡的程度卻遠遠不能與本章的情節相比。更有甚者，策劃殺害佛陀的陰謀者並非外人，而是其堂弟提婆達多。提婆達多本是佛陀的弟子，但當其心為名利攫取後，從請佛退位開始，發展到三次圖害佛命，以及分裂僧伽的不赦之行，就迅速地走上罪惡之路。

本章中也介紹阿闍世王子在受到提婆達多的迷惑後，就犯下行刺父王，遣派殺手，欲殺害佛陀等一系列的惡行。在登上王位之後，他又無端地挑起戰火，與波斯匿王兩次以大軍相對，而終於淪為階下囚。與此形成對比的是，他的父王以德報怨，在刺殺他的陰謀被揭穿之後，不但不懲罰禍首，反而將王位讓出；以及波斯匿王不忘親情，在俘虜了阿闍世王後，又將之釋放的義舉。

本章中包含不少後來廣為流傳的佛經故事。例如提婆達多推石欲殺害佛陀；佛陀懾服野象；舍利弗與目犍連勸服五百比丘回歸僧團，只是其中的數例。對於提婆達多墮入地獄一節，此處雖有提及，但也說明其根據非源於巴利三藏。

我們還可看到，提婆達多曾對佛陀提出五點苦行的要求，遭到佛陀出於中道立場的斷然拒絕。三淨肉的規定，便是此時佛陀針對提婆達多不吃魚肉的請求提出的。我們不妨在此順便指出，根據巴利三藏經典，佛陀從未倡議不吃魚肉的齋食。

註釋者：提婆達多①是佛陀的第一個堂弟，他篡奪佛陀之位的圖謀據說發生在佛陀成道之後的第三十七年，亦即佛陀七十二歲時。

敘述者：下面是律藏中對此事的記述。

迷惑阿闍世，獲得利養

優婆離：那時，提婆達多獨處靜默時，心中思惟：「我從何人贏取信心，因而能獲得利養、榮譽與名聲？」他於是想到：「當是阿闍世王子處。他年輕，前途光明。我何不贏取他的信心？諸多利養、榮譽與名聲都可由此而生。」

如此，提婆達多收拾臥具，持鉢與大衣，動身前往王舍城，終於抵達該處。到達之後，他棄其本形而化身作一青年，眾蛇纏腰，並以此裝束出現在阿闍世王子的膝上。阿闍世王子感到怖畏、焦慮、疑懼、憂慮。提婆達多於是問道：「王子！你可對我有所畏懼？」

「是的，我很畏懼。你是何人？」

「我是提婆達多。」

「尊者！你若是提婆達多，請現出本形。」

提婆達多於是棄捨青年之身，立在阿闍世王子面前，著大衣，手持衣與鉢。王子由提婆達多的神通對他產生了極大的信心。此後，他日夜以五百車乘、五百份乳粥親自供養提婆達多。提婆達多被利養、榮譽與名聲所蔽，野心盤據其心，生如此的欲望：「我將統領比丘眾。」但隨著這一念頭的生起，他的神通就立即消失了。（Vin. Cv. 7:2; 參 S. 17:36）

世尊在憍賞彌隨意地住上一段時間後，便次第遊行，前往王舍城，並如期到達，住在迦蘭陀竹林園。那時，一些比丘來見，稟報世尊：「世尊！阿闍世王子每日早晚親自以五百車乘與五百乳粥供養提婆達多。」

「諸比丘！別羨慕提婆達多所獲的利養、榮譽與名聲。如同將惡狗鼻下的囊包刺破，只會使這惡狗變得更暴惡，只要阿闍世王子如現在般繼續供養提婆達多，提婆達多的善業就會不斷地消失而不是增長。如同芭蕉樹結實後便導致自己的毀滅與衰敗，提婆達多所獲的利養、榮譽與名聲，將導致他自己的毀滅與衰敗。」（Vin. Cv. 7:2; 參 S. 17:35-36與A. 4:68）

欲統領比丘眾，出佛身血

那時，世尊於座上受大眾圍繞而說法，國王亦在其中。提婆達多從座而起，偏袒一肩，雙手合十，對世尊說：「世尊！世尊今已年高、衰老、羸弱、老邁、已入暮年，請世尊休養，安住於現前的法樂。請世尊將比丘眾交付於我，讓我統領比丘眾。」

「夠了，提婆達多！別渴望統領比丘眾。」

提婆達多第二次作出同樣的請求，得到相同的回答。當他第三次提出請求時，世尊說：「我尚且不會將比丘眾交付給舍利弗與目犍連，怎麼會將之交給像你這樣的一個浪子、一團唾沫②？」

提婆達多此時心想：「當著眾人與國王面前，世尊用『一團唾沫』的言語侮辱我，又讚揚舍利弗與目犍連。」他感到瞋怒、憤恨，敬禮世尊後，右繞而去，這是他首次怨恨世尊。

世尊告訴諸比丘說：「諸比丘！讓僧伽在王舍城中公開對提

婆達多作出如下的譴責：『提婆達多前之本性與今之本性相異，他而今的言行與世尊、法與僧伽無關，提婆達多自負其責。』」

此時，世尊對舍利弗尊者說：「如此，舍利弗！你當入王舍城譴責提婆達多。」

「世尊！迄今為止，我一直對提婆達多如此讚揚：『瞿低之子③有大神通、大威力。』我又如何能去王舍城譴責他呢？」

「你讚揚他時說的不是實話嗎？」

「是的，世尊！」

「那麼，你同樣地以實話在王舍城中譴責他就是了。」

「是的，世尊！」舍利弗回答。

如此，舍利弗在得到僧伽的正式授權之後，在幾位比丘的陪同下，進入王舍城去宣布對提婆達多的譴責。那些無信心，缺少智慧，而又輕率的人說：「這些沙門釋子，對提婆達多所獲得的利養、榮譽與名聲感到嫉妒。」但是，那些有信心，有智慧，而又謹慎的人說：「世尊會在王舍城譴責提婆達多，肯定不是尋常的事。」

那時，提婆達多到阿闍世王子處，對他說：「古人長壽而今人短命，你可能至死仍是一位王子，何不殺掉父王，自立為王？我則要殺掉世尊，而成為佛陀。」

阿闍世王子心想：「提婆達多有大神通、大威力，他必知（我所為）。」中午時分，他將一把匕首繫在腿上，便怖畏、焦慮、疑懼、憂慮地試圖闖進內宮。國王的大臣在內宮的入口看到他，將他逮捕。搜身之後，他們找到了那繫在腿上的匕首。他們問道：「你有何企圖，王子？」

「我想要殺掉父親。」

「誰支使你如此做？」

「提婆達多尊者。」

有些大臣認為，王子、提婆達多與所有的比丘皆應處死。另一些大臣則認為眾比丘並無過失，所以不當獲罪，但王子與提婆達多則應處死。又有一些大臣則認為，無論是王子、提婆達多或眾比丘皆不應處死，但應將此事稟報國王，再聽旨行事。

大臣們於是將阿闍世王子帶到摩揭陀國頻婆娑羅王面前，稟報剛才發生的事。

「諸大臣有何意見？」

他們以實情相告。

「佛、法、僧與此有何相干？難道世尊沒有在王舍城公開地譴責提婆達多嗎？」

之後，他便停止那些主張將阿闍世王子、提婆達多與眾比丘都予處死的人的奉餉。又將那些主張不追究無辜的比丘，但應處死王子與提婆達多的大臣予以降職處分。然後，又提拔了那些主張既不處死王子、提婆達多，又不處死比丘，但主張將此事稟報國王，聽旨行事的大臣。如此做之後，頻婆娑羅王又問：「你為何要殺我，王子？」

「我欲得王位，陛下！」

「王子！你既然欲得王位，它現在就是你的了。」

於是，他把王位讓給了他。

提婆達多到阿闍世王子處，對他說：「大王！請派人去奪取沙門喬達摩的性命。」

阿闍世王子便命令一些人：「依提婆達多所說的去做。」提婆達多便告訴其中一人：「去，朋友！沙門喬達摩住在某處，殺了他之後，再循如此這般的路回來。」之後，他又吩咐兩人守在那條路上，告訴他們：「殺死那位循此路而來的人，你們再循如

此這般的路回來。」之後，他又吩咐四人守在那條路上……八人守在那條路上……十六人守在那條路上……。

第一個聽命的人於是帶上他的劍、盾、弓、箭袋，到世尊處。但當走近時，他感到恐懼起來，乃至站立不動，全身僵直。世尊看到他便說：「來，朋友！莫害怕。」此人便將劍、盾、弓、箭袋置於地上，來到佛前，頂禮世尊之足，說道：「世尊！我已犯罪，猶如愚者迷妄且易犯錯，我懷惡心來此處，圖謀人命。世尊！請原諒我的罪過，以防護未來。」

「當然，朋友！你已犯罪，猶如愚者迷妄且易犯錯，你懷惡心來此處，圖謀人命。但你已如實地看到這個過失，並如法懺悔，我們原諒你。因為當人如實地看到過失之為過失，並如法懺悔，以防護未來，這便是增長聖者之律。」

世尊於是為他次第說法……最後獲得清淨無染的法眼……依世尊的教法修行，再不依其他因緣。他說：「妙哉，世尊！……請世尊把我視為追隨世尊的弟子……。」

世尊告訴他說：「朋友！勿循彼路歸，應循此路歸。」世尊沿另外那條路將他送走。

此時，那兩個人心想：「這是怎麼一回事？那人早該回來了。」他們沿路而行，直到看見世尊坐在一棵樹下。他們走上前去，敬禮後，坐於一旁。世尊為他們次第說法。最後，他們說：「妙哉，世尊！……請世尊把我視為追隨世尊的弟子……。」

世尊沿另外那條路將他們送走。同樣的事又發生在那四個人、八個人、十六個人身上。

這時，那第一個人到提婆達多處，對他說：「尊者！我並未奪取世尊的性命，世尊有大神通、大威力。」

「夠了，朋友！不用奪取沙門喬達摩的命了，我將自己奪取

沙門喬達摩的性命。」

那時，世尊在靈鷲山山陰處上下經行。提婆達多爬上靈鷲山，推下一塊巨石，心想：「如此我一定能奪取沙門喬達摩的性命。」

兩塊突出的岩石夾住了這塊巨石，但一塊碎片還是擊中世尊的腳而流血。他仰頭望去，對提婆達多說：「迷途者！你造了非福業；你懷惡心圖謀人命，你已出如來之身血④。」

世尊於是告訴諸比丘：「諸比丘！提婆達多懷惡心圖謀人命，已出如來身血，這對是他所造下直接影響其來世轉生的第一項行為⑤。」（Vin. Cv. 7:3）

阿難：那時，世尊之足被碎石所傷，身體被痛苦、刺扎、難忍、粗糙、不快與不樂的感受所擾。他正念、正知地忍受痛苦而不生苦惱，將大衣褶成四疊，採獅子臥姿，右脅而臥，將一腿置於另一腿上，保持正念、正知。

此時，惡魔來到眼前，以偈頌向世尊說：

「汝何茫然而躺臥？或汝耽著於作詩？
　或達目標已無多？為何獨住僻靜處，
　圖睡眠懶散虛度？」
「我非茫然而躺臥，亦非耽著於作詩。
　目標達成離憂愁。為慈悲一切眾生，
　我獨臥於僻靜處。」

此時，惡魔明白：「世尊已識破我，善逝已識破我。」傷心與失望的他，便立即消失了。（S. 4:13）

借大象欲傷害佛陀

優婆離：諸比丘聽說：「提婆達多試圖謀殺世尊。」他們圍繞著世尊的精舍上上下下，一圈又一圈地經行。他們發出很大的聲響，很高的喧譁，爲警戒、守衛、保護世尊，不停地作各種唱誦。世尊聽到聲音，問阿難尊者：「阿難！這是什麼聲音、喧譁與唱誦？」

「世尊！眾比丘聽到提婆達多試圖謀殺世尊一事，」然後，他告訴世尊他們正在做些什麼。

「如此，阿難！以我之名召集眾比丘：『大師召集諸尊者。』」

「是的，世尊！」阿難尊者回答。他到諸比丘處，告訴他們：「大師召集諸尊者。」

「是的。」他們回答。他們到世尊處。世尊對他們說：「諸比丘！這是不可能的，這是不會發生的，沒有人能以暴力取走如來的性命。當如來入般涅槃時，不會是因任何人的暴力使然。諸比丘！回到你們的精舍，諸如來無須保護。」

那時，王舍城中有頭兇猛大象那羅祇梨，性喜殺人。提婆達多到王舍城中的象廄，對諸象師說：「我等與國王顯貴熟識。我等可以使職位卑下的人得到昇遷，增糧加薪。所以當沙門喬達摩沿此路出現時，把大象那羅祇梨放出來到路上。」「是的，大人！」他們回答。

次日清晨，世尊著下衣，持鉢與大衣，與眾比丘一同入王舍城乞食。在他走上到那條路時，象師們見到他，便放出大象那羅祇梨到路上。大象看見世尊從遠處來。一見到他，它就舉起象

鼻，豎起耳朵與尾巴，向世尊奔來。

　　眾比丘看見牠從遠處奔來。他們說：「世尊！大象那羅祇梨，這頭殺人象被放到路上。世尊！請轉身離去；善逝！請轉身離去。」

　　「來，諸比丘！汝等勿畏懼。這是不可能的，這是不會發生的，沒有人能以暴力取走如來的性命。當如來入般涅槃時，不會是因任何人的暴力使然。」

　　眾比丘第二次、第三次地勸說，都得到相同的回答。

　　那時，在宮殿、房舍、草棚的人們都忐忑不安地等待著。那些無信心，缺少智慧，而又輕率的人說：「相貌莊嚴的沙門喬達摩將被大象所傷害。」但那些有信心，有智慧，而又謹慎的人說：「這是象王與象王的競爭。」

　　此時，世尊以慈心遍滿大象那羅祇梨，大象放下長鼻，走向世尊，站在他的面前。世尊以右手撫摸大象的前額，並以偈頌說：

　　　　大象莫攻擊象王，攻擊象王是害己；
　　　　若欲殺死象王者，後世不得入善趣。
　　　　行事醉狂與放逸，放逸不得入善趣；
　　　　依循此見而行事，你將轉生於善趣。

　　大象那羅祇梨以鼻子吸起世尊腳下的塵土，將之散在自己的頭上，之後，它後退而行，一直到世尊從視野消逝。它回到象廄，站到自己的地方，它由此變得馴服了。因此，人們那時唱出如下的偈頌：

有人使用棍杖，有人用棒與鞭；

智者馴服大象，無須使用刀杖。

人們憤憤不平，低聲抱怨道：「這卑劣的提婆達多，險惡到要謀殺如是有大神通、大威力的沙門喬達摩！」因此，提婆達多所得的利養與名譽減少了，而世尊的利養與名譽則增多了。（Vin. Cv. 7:3）

在提婆達多的利養與名譽減少後，他與追隨者常結伙到各家求食，並事先告知所想吃的食物。人們對此不滿，低聲抱怨道：「這些沙門釋子如何可以結伙聚眾到到各家求食，並事先告知所想吃的食物。誰會不喜歡精緻的東西，誰會不喜歡美好的東西呢？」那些少欲的比丘也對此感到不滿。他們將此事稟報世尊，世尊就問提婆達多：「傳聞中的事情可為實情？」

「是實情，世尊！」

世尊訶責他，在說法後，告訴諸比丘：「諸比丘！今後我不允許有三人以上同在一人家吃飯。其因有三：防止心圖不軌者並安撫如理行事者；防止有惡欲者組黨結派而分裂僧伽；哀愍施主人家。眾人共食者，當如法治之⑥。」（Vin. Cv. 7:3; Vin. Sv. Pāc. 32）

請立五苦行，分裂僧伽

提婆達多到俱伽梨、迦留羅提舍、乾陀驃與三聞達多⑦處，說道：「來，諸友！讓我們在沙門喬達摩的僧伽中製造分裂與不和。」俱伽梨說：「沙門喬達摩有大神通、大威力。我友！我們如何能辦到？」

「諸友！我們可到沙門喬達摩處，向他提出五點要求：『世尊！世尊一向贊許那些少欲、知足、漸損（諸惡）、修頭陀苦行、淨信、減損（執著）、精進的人。世尊！現有五點可助人達到上述的目標，那將是有益的：諸比丘盡形壽當住於林中，住於村中者當受譴責。盡形壽當乞食，受請食者當受譴責。盡形壽當著糞掃衣，受居士施衣者當受譴責。盡形壽當居於樹下，居於室內者當受譴責。盡形壽當不食魚肉，食魚肉者當受譴責。』沙門喬達摩不會贊同以上五點。我們則將這五點告訴人們，運用它們便可在沙門喬達摩的僧伽中製造分裂與不和，因人們向來欽慕自律之人。」

提婆達多於是與他的追隨者一同來到世尊處，敬禮後，坐於一旁。如此作後便說：「世尊一向贊許那些少欲、知足、漸損（諸惡）、修頭陀苦行、淨信、減損（執著）、精進的人。現有五點可助人達到上述的目標……」然後，他一一陳述了那五點。

「夠了，提婆達多！讓欲住於林中者住於林中，讓欲住於村中者住於村中。讓欲乞食者乞食，讓欲受請食者受請食。讓欲著糞掃衣者著糞掃衣，讓欲受居士施衣者得受施衣。我允許一年中八個月住於樹下，但雨季時不得為之。我允許吃三淨肉——不見殺、不聞殺、不為己殺。」

提婆達多高興又得意地說：「世尊不贊同這五點。」他與追隨者便起身，敬禮之後，右繞而去。

回到王舍城後，他四處向人們宣傳那五點：「我友！我們會見了沙門喬達摩，要求他贊成這五點……」他講到那五點，並斷定說：「世尊未贊同這五點，但我們將受持這五點而住。」

這時那些缺少信心的愚者便說：「這些沙門釋子勤修苦行，袪除諸惡，但沙門喬達摩卻生活並沉浸在奢侈之中。」但那些具

有信心的智者對此不滿，低聲抱怨道：「何以提婆達多企圖製造僧伽的分裂與不和？」

諸比丘聽到人們不滿的聲音，那些少欲的比丘對此亦感不滿，並將之稟報世尊。世尊便問提婆達多：「提婆達多！你看來有意在僧伽中製造分裂與不和，可是實情？」

「是實情，世尊！」

「夠了，提婆達多！別試圖在僧伽中製造分裂與不和，破壞和合僧伽者感招苦果直至劫盡，業成熟時生於地獄直至劫盡。但促使已破裂之僧伽重新和合者則功德無量，將在天上享受最勝之福直至劫盡。夠了，提婆達多！別試圖在僧伽中製造分裂，分裂僧伽是重罪。」（Vin. Cv. 7:3; Vin. Sv. Sangh. 10）

一日清晨，阿難尊者著下衣，持鉢與大衣，入王舍城乞食。提婆達多見到他便走上前去，說道：「朋友，阿難！從今日起，我將離開世尊與比丘眾，於布薩日自行布薩，自行僧伽之羯磨。」

阿難尊者乞食畢回來，將此事稟告世尊。了知其中的意義，世尊不禁發出如下的感嘆：

善人為善易，惡人為善難。
惡人為惡易，聖人不為惡。 （Vin. Cv. 7:3; Ud. 5:8）

下一個布薩日來到時，提婆達多令眾人取籌⑧：「朋友！我們去會見世尊，要求他贊同五點，但他拒絕了。我們已受持這五點而住，現在任何贊成這五點的尊者請取籌。」

那時，有五百位跋耆族的新戒比丘由毘舍離來，他們出家不

久，並無辨別力，心想：「此是法、律、大師的教導。」他們因而取籌。僧伽的分裂就這樣產生了，提婆達多帶領五百比丘離開到象頭山。（Vin. Cv. 7:4）

阿難：那時，提婆達多離開未久，世尊住在王舍城靈鷲山。黎明之時，梵天娑婆主，不可思議地現身，其身光明照耀整個靈鷲山，他到世尊跟前，敬禮後，立於一旁。以偈頌對世尊說：

> 蘆薈芭蕉與竹子，
> 生果實後則毀壞。
> 浪子由名聲毀壞，
> 如生小馬之母騾。（S. 6:12；參A. 4:68）

優婆離：舍利弗與目犍連到世尊處，他們告訴他：「世尊！提婆達多製造了僧伽的分裂，帶領五百比丘前往象頭山。」

「舍利弗！你們兩位難道不同情那些新戒比丘嗎？快去（找他們回來），在他們步入毀滅之前。」

「是的，世尊！」他們答道，即動身前往象頭山。他們走後，站在離世尊不遠處的一位比丘因而落淚。世尊便問他：「比丘！你為何落淚？」

「世尊！當世尊的兩位上首弟子舍利弗與目犍連去提婆達多處，他們亦將附從提婆達多的教導。」

「比丘！那是不可能的，那是不會發生，舍利弗與目犍連將不會附從提婆達多的教導。相反地，他們將使那些附從的比丘回心轉意。」

提婆達多於座上受大眾圍繞而說法時，見到舍利弗尊者與目

犍連尊者從遠處走來。他告訴諸比丘：「看，諸比丘！我如此善說法，連沙門喬達摩的兩位上首弟子舍利弗與目犍連也前來，並附從我的教導。」

此話說畢，俱伽梨警告提婆達多：「朋友，提婆達多！別輕信他們，他們來意不善。」

「夠了，朋友！歡迎他們，既然他們是來附從我的教導。」

提婆達多分半座給舍利弗：「來，朋友，舍利弗！請坐此處。」

「夠了，朋友！」舍利弗答道，便另取一座，坐於一旁，目犍連亦如是坐下。提婆達多用了夜晚大部分時間，以法教示、勸導、激勵、鼓舞諸比丘，之後對舍利弗尊者說：「朋友，舍利弗！比丘眾已離昏沉、睡眠，或許您願意為諸比丘說法，我背痛，願稍息片刻。」

「是的，朋友！」舍利弗答道。之後，提婆達多將袈裟褶成四疊，右脅而臥。但他因疲勞而忘念不正知，須臾便已入睡。

舍利弗尊者以記心神變說法，規勸、訓誡諸比丘；目犍連尊者以神通神變說法，規勸、訓誡他們，直到他們獲得清淨無染的法眼：「凡是生法者，即是滅法。」

這時，舍利弗尊者告訴諸比丘：「諸比丘！我們將回世尊處，所有遵循世尊教導的人隨我們同去。」如此，舍利弗尊者、目犍連尊者便領著五百位比丘一同回到竹林園。

俱伽梨喚醒提婆達多：「朋友，提婆達多！起來！舍利弗與目犍連已帶領諸比丘離去！難道我未曾告訴你別信任他們，他們兩人來意不善嗎？」聽到這話，提婆達多當下口吐鮮血。

舍利弗與目犍連尊者到世尊處，說道：「世尊！讓那些跟隨分裂僧伽者的諸比丘重新受具足戒，當為善事。」

「夠了，舍利弗！別再提議讓那些跟隨分裂僧伽者的諸比丘重新受具足戒，讓他們為犯罪而懺悔就是了。但提婆達多如何行事？」

「世尊！提婆達多一如世尊所作，用了夜晚大部分時間，以法教示、勸導、激勵、鼓舞諸比丘，之後對我說：『舍利弗！比丘眾已離昏沉、睡眠，或許您願意為諸比丘說法，我背痛，願稍息片刻。』」

世尊於是告訴諸比丘：「諸比丘！從前有幾頭象住在林中大池塘邊，他們會入魚池中，以鼻拔出蓮莖，在水中洗滌乾淨後，放入口中咀嚼，吞嚥入腹，不含泥垢。如此做對牠們的外觀與健康都有益處，既不因此致死，又不受瀕死之苦。但有一些幼象，未經大象教導，擅入池中，以鼻拔出蓮莖，但洗滌未淨，便入口咀嚼，連泥垢一同吞嚥入腹。如此做對牠們的外觀與健康都無益，因而致死與受瀕死之苦。同樣地，諸比丘！提婆達多將因仿效我，困苦而死。」

仿效我困苦而死，猶如幼象嚥泥垢；
當學象王食蓮莖，注意除泥於河中。（Vin. Cv. 7:4）

具八惡法，不堪弘法使命

優婆離：「諸比丘！比丘若要堪任弘法之使命須具有八種特質。哪八種？此處有比丘，能聞、能使人聞、能學、能記、能解、能使人解、善巧於〔知〕善伴侶與不善伴侶、不鬥諍。比丘若具有此八種特質，便堪任弘法之使命。舍利弗具有八種特質，故可堪任弘法之使命。」

於群眾前不畏怯，言談不失意不覆，

說無遲疑問不惱，比丘如是堪任命。 （Vin. Cv. 7:4; A. 8:16）

「諸比丘！提婆達多已被征服，其心為八惡法所覆蔽，將不免墮入惡道，在地獄受一劫之苦，哪八惡法？有利養、無利養、有名聲、無名聲、有稱譽、無稱譽、惡欲與惡友。提婆達多將墮入惡道，在地獄受一劫之苦，因為他已被征服，其心為八惡法所覆蔽。

「諸比丘！此八惡法，若單獨或一起生起時，應即時克服。比丘克服此八惡法時，其心應抱持何種想法？此八惡法，若單獨或一起生起時，如不即時克服，諸漏與熱惱便會在心中生起。此八惡法，若單獨或一起生起時，如即時克服，那麼諸漏與熱惱便不會在心中生起。所以，諸比丘！你們當如是訓練自己：『此八惡法，若單獨或一起生起時，我等應即時克服。』

「諸比丘！提婆達多已被征服，其心為三惡法所覆蔽，將不免墮入惡道，在地獄受一劫之苦。哪三惡法？惡欲、惡友，以及在僅僅獲得現世殊勝的神通後，便半途而廢。」（Vin. Cv. 7:4; A. 8:7; Iti. 89）

摩揭陀國與憍薩羅國的爭戰

註釋者：藏經中對提婆達多死亡的情形並未記載，根據註釋書的描述，是大地裂開，將其吞沒，捲入地獄，他將待在那兒直到下一個世界壞劫時，其所處之地獄亦壞滅為止。根據註釋書，而非經藏本身，頻婆娑羅王退位之後，其子阿闍世將他囚禁起來，最終處死。野心勃勃的阿闍世即位後，隨即而來的便是一連

串發生在摩揭陀與憍薩羅這兩個強國之間，亦即甥、舅之間的戰爭。

　　阿難：如是我聞。那時世尊在舍衛城，摩揭陀國國王阿闍世韋提希子⑨整備四軍——象軍、馬軍、車軍與步軍，行軍至迦尸國，討伐憍薩國波斯匿王。波斯匿王得到消息後，也整備四軍，行軍至迦尸國，迎戰阿闍世王。這兩國王開戰了，在這場戰役中，阿闍世王打敗了波斯匿王，波斯匿王撤回首都舍衛城。在舍衛城乞食的眾比丘聽到消息，將之報告世尊。他說道：

　　「諸比丘！摩揭陀國阿闍世王，有惡友、惡朋、惡伴；憍薩羅國波斯匿王，有善友、善朋、善伴。但戰敗者的波斯匿王，將受苦而度過此夜。」

　　勝者招致敵人，敗者受苦難寢。
　　只有捨勝與敗，心平者可安眠。

　　之後，兩位國王又再次交戰。在這場戰役中，波斯匿王活捉阿闍世王。波斯匿王想：「摩揭陀國阿闍世王在我未侵害他時來侵害我，但他仍是我的外甥。我何不沒收他的象軍、馬軍、車軍與步軍，放他一條生路？」眾比丘在舍衛城中乞食聽到消息，將之報告世尊。了知其中的意義，世尊不禁發出如下的感嘆：

　　人隨意掠奪他人，他人回報以掠奪，
　　被奪後再行掠奪。只要惡果未成熟；
　　愚者自以為好運，一旦惡果已成熟，
　　愚者便受於苦惱。殺害者得殺己者，

勝利者得勝己者，辱人者得辱己者，

惱人者得惱己者。業行之輪再轉動，

被奪後成掠奪者。（S. 3:14-15）

譯註

① 據傳提婆達多是佛陀叔父斛飯王（或有說是甘露飯王或白飯王）之子，阿難尊者
之兄。

② 提婆達多為了贏得阿闍世王子的心，曾化成嬰兒躺在其懷裡，任其撫弄，王子在
親吻逗戲嬰兒時，其唾沫流入嬰兒口中，所以佛陀對提婆達多有此訶斥。

③ 依據菩提比丘的註釋，「瞿低」是提婆達多母親的姓。

④ 出佛身血是五逆罪之一，其餘四者為殺父、殺母、殺阿羅漢、破和合僧。

⑤ 提婆達多此行乃無間業，來世即墮無間地獄。

⑥ 當如法治之，即指若違此規定，應依犯波逸提罪處理。

⑦ 此四人是提婆達多的伴黨，常防礙佛陀教化，誹謗其他佛弟子，不聽從佛陀的勸
誡。

⑧「籌」是用來計算僧眾之人數或表決之票數。當發生事故或意見分歧時，欲計算
兩方人員，便使各人捉籌而行投票，以票數而知人數。其籌以竹與紙片等作之。

⑨ 阿闍世的母親為韋提希夫人，因此他又名「阿闍世韋提希子」。

引 言

　　這一章引述佛陀以大山從四面走來的比喻，告訴波斯匿王老與死之無可逃遁。波斯匿王亦注意到，他所擁有的強大軍隊、善於咒術的臣子與無數的寶藏，都一概無濟於事。阿難尊者在照顧佛陀的過程中，也注意到佛陀本人的衰老，並由此引發了與佛陀對此題目的一段對話。

　　這一章中還包括佛陀在探索之路上，以令人難以置信的不撓精神，所實踐過的種種極端的苦行。波斯匿王在與佛陀的最後一次會面時，對佛法之莊嚴，給出許多親身觀察而得的生動例證。本章最後以波斯匿王本人的不幸結局告終。

面臨衰老，當行於佛法

　　阿難：如是我聞。一時，世尊住在舍衛城，憍薩羅國波斯匿王一天中午來拜訪世尊。世尊問道：「大王！你在這正午時分從何處來？」

　　「世尊！剎帝利種的灌頂王，有諸多王事：沉醉於權力，耽於感官欲樂，鞏固政權與征服廣大領土，我現在忙碌於此等事。」

　　「大王！你認為如何呢？若有值得信賴、忠誠可靠的人從東方來，說道：『大王！我從東方來。我看見東方一座高聳入雲的大山正朝向此方而來，並摧毀一切生命。大王！做好你應做的事。』此時，又有人從西方、北方、南方來，都報告在各自方向所發生相同的事。面臨著如此嚴重的威脅，面對人類毀滅的殘酷，人身更難再受，你會如何做呢？」

　　「世尊！在那種時刻，除了行於佛法、行於正行、修善與造福外，我還可能做任何其他的事嗎？」

　　「那麼我要告訴你，大王！我對你宣說：衰老與死亡正朝你走來。當衰老與死亡朝你走來時，大王！你會如何做呢？」

　　「世尊！當衰老與死亡朝我走來，除了行於佛法、行於正行、修善與造福外，我還可能做任何其他的事嗎？作為沉醉於權力，耽於感官欲樂，鞏固政權與征服廣大領土的剎帝利種灌頂王，我可以調動象軍、馬軍、車軍、步軍來與敵人作戰，但當我面臨衰老與死亡之戰時，這些卻毫無機會與效用。在我的王宮裡有善咒之大臣，能以咒語破來攻之敵，但當我面臨衰老與死亡之戰時，這些卻毫無機會與效用。在我的王宮裡有埋藏於地下與貯藏於庫房的大量黃金、金銀，可用錢收買來攻之敵，但當我面臨

衰老與死亡之戰時，這些卻毫無機會與效用。世尊！當衰老與死亡朝我走來時，除了行於佛法、行於正行、修善與造福，我還可能做任何其他的事嗎？」

「如是，大王！如是。當衰老與死亡朝你走來時，除了行於佛法、行於正行、修善與造福外，你還可能作任何其他的事嗎？」（S. 3:25）

佛陀的衰老

當世尊住在舍衛城的東園鹿母講堂時，一天傍晚，世尊靜坐畢，坐在夕陽下暖身。這時阿難尊者走上前來敬禮畢，以手為世尊揉搓四肢時說：「真是稀有啊！世尊，真是不可思議啊！世尊的膚色不再清淨皎潔，手足弛緩，皺紋密佈，身軀前傾，眼、耳、鼻、舌、身等諸根也已有變異。」

「如是，阿難！如是。少壯必衰老，無病必有疾，生命必死亡。而今我的膚色不再清淨皎潔，手足弛緩，皺紋密佈，身軀前傾，眼、耳、鼻、舌、身等諸根也已有變異。」

世尊如是說示後，善逝師又說如下偈頌：

可恥衰老誠可羞，彼是醜陋製造者。
形體過去曾優雅，今受衰老之踐踏。
譬如已得百年壽，終不免落老朽手。
衰老所向無匿處，踐踏一切盡無餘。　（S.48:41）

真正的不幸是對僧伽之道產生爭論

　　一時，世尊住於釋迦國之舍彌村，尼乾陀若提子逝世於波婆。尼乾子的弟子在他死後分裂成兩派，他們爭吵、辯論、爭論，以唇槍舌劍傷害對方：「你不知此法與律。你如何知此法與律呢？你的方法是錯誤的，我的方法才是正確的。我所說是一致的，你是自相矛盾的。應當先說的你後說，應當後說的你先說，你的理解是本末倒置的。你的教法已被駁倒，你已被擊敗了，去學點新的東西吧，若有能力，就把自己從迷惑中解脫出來。」尼乾子的弟子之間似乎發生了內鬨，在家白衣弟子對他們感到失望、不滿與厭惡，猶如此法與律是尼乾子的非正說，使人難以理解，方向不明，無法助長平靜，非等正覺者所說，它的塔已壞，追隨者無所依歸。

　　此時，純陀沙彌剛在波婆結束夏安居，來找阿難尊者，告訴他波婆所發生的事。他們一同到世尊處，阿難向世尊報告純陀所說之事。之後，他補充說：「世尊！我想：『世尊入滅後，讓僧伽沒有爭論。爭論對眾多人、天都是不幸的、不安的、傷害的與苦的。』」

　　「阿難，你認為如何呢？我所證知並教導你們的這些教法——四念處、四正勤、四神足、五根、五力、七覺支、八正道，你覺得會有任何兩位比丘對我的這些教導有不同的解釋嗎？」

　　「不會的，世尊！但有些現在尊崇世尊的人，在世尊過世後會在僧伽內製造爭端，尤其是關於僧伽的活命與波羅提木叉方面。這樣的爭端將造成許多人的不幸與不安。」

　　「阿難！對僧伽的活命與波羅提木叉有爭論尚是小事。然而，若是僧伽之中對僧伽之道與修行之法產生爭論，這方面的爭論就會給大眾帶來真正的不幸。」（M.104）

佛陀回應善星的誹謗

一時，世尊住在毘舍離城西郊的樹林中，離車族之子善星比丘，剛捨棄此法與律不久，他在毘舍離的各個聚會上說：「沙門喬達摩並無超越常人的境界，無聖人的知見。沙門喬達摩所教的法只不過是他自己發想而出，跟隨心中生起的探索念頭。而以那法所教導的人都是爲自身的利益——當他修習此法時，只能引導他至苦的滅盡（但對其他問題則毫無益處）。」

舍利弗尊者聽到這些，便稟告世尊。「舍利弗！迷途者善星是個憤怒者，他在怒氣之中說出那些話。雖然本意是爲了誹謗，但實際上稱讚了如來。因爲他稱讚如來說：『以那法所教導的人都是爲自身的利益——當他修習此法時，只能引導他至苦的滅盡。』」

「就如有人實現了它，我已直接體證眾所周知的四種梵行，我修習最極端的苦行、貧穢行、嫌厭行①與孤獨行。

「這是我的苦行❶：我裸身，拒絕行一切世俗法，我食後舔手；當人要我過來時，我置之不理；當人要我停下時，我不予理睬；我不接受帶來的、特意製作的東西，也不接受邀請；我不接受從鍋裡、碗裡拿出的東西；越過門檻、柴薪、杵棒遞過來的東西；二人共食之際，〔只由其中一人〕所給的東西；由孕婦、哺乳的婦女、男人擁抱的女人所給的東西；從周濟窮人處、近於狗處、有蒼蠅飛舞處而來的東西；我不食魚、肉；不飲烈酒、水果酒或發酵而成的飲料。從一戶人家我只乞一口食物，從二戶乞二口……從七戶乞七口。我曾一日以一小碟食物爲生，以二小碟食物爲生……以七小碟食物爲生。我曾每日進食一次，每兩日進食一次……每七日進食一次，漸次延長，直到每半個月進食一次，

專心於定期食的修行。我曾單以野菜爲生，或單以小米、野米、薄皮、水草、米糠、煮飯之泡汁、胡麻粉、野草、牛糞爲食，或以森林中樹根的野果與吹落於地的野果爲食。我曾著麻衣、麻之混織衣、塚間衣、糞掃衣、樹皮、鹿皮、吉祥草衣、樹皮衣、木頭纖維衣、人髮編織衣、獸毛衣、梟羽衣。我曾爲拔鬚髮行者，取拔自己的鬚髮而修行。我曾爲站立行者，拒絕各類座席。我曾爲蹲踞行者，持續地保持蹲踞的姿勢。我曾爲臥荊棘行者，而以荊棘爲床。我曾修習於日落前要三次浸在水中澡浴。事實上，我曾修習虐待、折磨自己身體的各種方式，我曾有這樣的苦行。

「這是我的貧穢行：如柿子樹，青苔經年累月地在其樹幹上結了一層層由軟變硬的組識，它層層剝落。同樣地，塵垢經年累月地在我的身體上結了一層層由軟變硬的體垢，它層層剝落。我從未想過：『啊呀！讓我用手擦拭這些塵垢，或叫另一個人用手擦拭它們。』我從未生起這樣的想法。我曾有這樣的貧穢行。

「這是我的嫌厭行：我總是正念於或前或後的步伐，甚至連對一滴水珠都充滿了憐憫②。我常這麼想：『讓我不要傷害這個在地縫中的小生命。』我曾有這樣的嫌厭行。

「這是我的孤獨行：我會離開人群到樹林中，並住在那裡。就像森林中長大的鹿，一旦看到人，立刻就從樹林奔逃到另一片樹林，從密林奔逃到密林，從山谷奔逃到山谷，從山丘奔逃到山丘。當我看到牧牛者、放羊者、拾柴撿草者、樵夫，我會從樹林奔逃到樹林，從密林奔逃到密林，從山谷奔逃到山谷，從山丘奔逃到山丘。爲什麼呢？好讓他們看不到我，我也看不到他們，我曾有這樣的孤獨行。

「當牛群被放出去，牧牛者任其自由行動時，我會爬進牛欄，以尚在哺乳的犢牛之糞爲食。只要我自己的糞尿還在，我也

曾以它爲食。我曾如此地扭曲過飲食習慣。

「我曾離開人群到令人生怖畏的樹林中，並住在那裡。這種令人生怖畏的樹林，往往使貪欲未盡的人毛骨悚然。在寒冬之夜，從降雪之季，月前分第八日至後分第八日止，我會於空曠處度過黑夜，於林中度過白天。在熱季的最後一個月，我會於空曠處度過白天，於林中度過黑夜。不由自主地，我誦出自己從未聽過的偈頌：

　　　　寒夜與暑日，獨處怖畏林，
　　　　裸形無火暖，隱士勤探索。

「我會睡在塚間，以死屍之骸骨爲床座。牧牛者前來對我吐唾沫、撒尿、扔塵土，以柴枝戳我的耳朵，我從未憎恨他們。我曾有這樣的平等心。

「有些沙門與婆羅門相信並主張清淨來自於食物。他們說：『讓我們以可樂果爲食，』他們吃可樂果，吃可樂果粉，飲可樂果汁，以可樂果作出各種食品。我曾每天靠一粒可樂果維生。但是，舍利弗！你可能以爲那時的可樂果比較大，但你不應如此認爲；那時的可樂果頂多與現在一樣大。每天只吃一粒可樂果，我的身體變得極度消瘦。……還有些沙門與婆羅門相信並主張清淨來自於食物，他們說：「讓我們以豆子爲生。」……他們說：「讓我們以胡麻子爲生。」……他們說：「讓我們以米爲生。」……我曾每天只吃一粒豆子……一粒胡麻子……一粒米……但依著這種儀軌、戒律與種種艱難的修法，我仍未達到超越常人的境界，並無聖人的知見。爲什麼得不到呢？因我並未證得聖慧，若達此聖慧，就會引導修習者滅盡一切苦，因這種聖慧屬於聖界，

能引導人解脫世間。

「有些沙門與婆羅門相信並主張清淨來自於輪迴的某一道，但在我漫長的輪迴中，絕不可能找到我不曾去過的輪迴界，淨居天❷是唯一的例外，因生於淨居天，我便不會再轉生於此世界。

「有些沙門與婆羅門相信並主張清淨來自於祭祀。但在我漫長的輪迴中，絕不可能找到我未曾作過的祭祀，不論是身為剎帝利的灌頂王，或大富的婆羅門。

「有些沙門與婆羅門相信並主張清淨來自於拜火。但在我漫長的輪迴中，絕不可能找到我未曾拜祭過的火，不論是身為剎帝利的灌頂王，或大富的婆羅門。

「有些沙門與婆羅門相信並主張『一個善人只要保持年輕、黑髮、青春，在人生之初期，達到最圓滿的智慧辯才。但當他高齡、衰老，被歲月壓迫，經歷過人生的起伏，邁入生命的最後階段，年齡已達八十、九十或一百歲，那麼，他便會失去智慧辯才。』但不應如此認為。我現在已高齡、衰老，被歲月壓迫，經歷過人生的起伏、邁入生命的最後階段：我已八十歲了。假如我有四個弟子，各有一百年的壽命，可活到一百歲，他們的正念、注意力、記憶力、智慧辯才各方面都是最圓滿的，猶如裝備齊全的射手，受過良好的訓練、練習與考驗，可輕易地把輕箭射穿過多羅樹的樹蔭。如果他們的正念、注意力、記憶力、智慧辯才各方面都是最圓滿的，如果他們不斷地請教有關四念住的問題，我則有問必答，他們牢記每個答案，從不追問或停頓，除了進食、飲水、咀嚼、品嘗或大小便利，或休息以克服昏沈。縱然如此，如來說法——對各道支的解釋，以及對問題的回答，各方面都無有窮盡。我那四個弟子，各有百年壽命，可活到百歲，但百年時間一到，他們還是要死亡。舍利弗！即使有一天你必須把我置於

床上而抬行，如來的智慧辯才仍不會改變。」（M.12）

波斯匿王與佛陀的會面

敘述者：在佛陀的晚年，有幾件按一般標準可稱爲令人痛心的事情發生。正如剛才說過的，一位捨戒比丘善星（曾擔任佛陀的侍者），公開地發表言論背棄並抨擊佛陀，貶低他的世間神通。佛陀於是作「獅子吼」，宣說沒有哪一種自辱的苦行未曾修習過，沒有哪一種淨化的方法他未嘗試過。不久之後，他又失去了兩位大弟子③。那段期間，佛陀四十多年來的大護法——憍薩羅國的波斯匿王，也愈來愈被政局的波動所煩擾。

註釋者：波斯匿王與佛陀同齡，所以當時也正好是八十歲。之前，他就深爲自己與外甥——摩竭陀國阿闍世王，所進行的毫無目的，又一無展獲的戰爭，以及自己王國內部不時發生的動亂而憂惱。由於一個宮庭陰謀，他的軍隊統帥槃頭羅將軍，因被指控反叛國王而遭處死，可是事後他發現這位將軍是無辜的，他的心於是爲悔恨所縈繞。或許是爲了彌補這個過失，他提拔了將軍的外甥長作，接掌將軍所留下的職位。（M.89與D.16的註釋）

敘述者：波斯匿王到佛陀那裡聽取忠告。當他的忠實伴侶末利夫人逝世後，他極度絕望地來到舍衛城見佛陀，以尋求寬慰。（參A.5:49）

註釋者：國王的宮殿與輝煌的首都不再帶給他任何喜悅。他帶著許多隨從，毫無目標的四處遊行。

敘述者：在沉浸於懷舊與不安的遊行途中，年邁的國王偶爾與佛陀在路上交會，那時國王就會去見佛陀。國王的逝世在三藏中並無記載，但根據註釋書，國王在即將過世時曾聽到佛陀的一次開示。下面便是對他們最後那一次會面的記載。

阿難：如是我聞。一時，世尊住在釋迦國的彌婁離村。憍薩羅國的波斯匿王為某些事務來到邑名城，他對長作說：「朋友！傳喚御馬車，讓我們去幽美的園林瀏覽美景。」

「遵命，大王！」長作回答。當馬車傳到時，他說：「大王！御馬車已到，悉聽尊便。」

於是波斯匿王上了御馬車，擺著皇家耀眼威嚴的排場朝著園林的方向駛去。他把馬車趕到車道的盡頭，便改為步行。在他步行漫遊時，觀察樹下，內心激發出信任與信心；這些樹下安靜而無噪音，遠離人群，人可隱蔽不被發現，適合於靜思。這景象讓他想起世尊，於是說：「吾友，長作！這些樹下像那些……在那裡我們曾禮敬應供、等正覺者的世尊。這位應供、等正覺者的世尊，現在住在那裡呢？」

「大王！在釋迦國的彌婁離，應供、等正覺者的世尊現在住在那裡。」

「從邑名城到彌婁離有多遠？」

「不遠，大王！大約三由旬，我們可在天黑前趕到那裡。」

「那麼，朋友！備好馬車。讓我們現在就去看望應供、等正覺者的世尊。」

「遵命，大王！」長作回答。國王於是從邑名城驅車趕到釋迦國的彌婁離，在天黑前趕到那裡。他駕著車朝向園林，直到車道盡頭，之後便下車步行。

當時有幾位比丘露天經行，國王走上前去，問道：「尊者！應供、等正覺者的世尊現在住在哪裡？我們想參見應供、等正覺者的世尊。」

「那兒門正關著的便是他的住處，大王！你可靜靜地上前，從容地走上玄關；輕咳一聲，然後敲敲門板，世尊就會為你開門。」

波斯匿王當場解下寶劍與王冠交給長作。長作心想：「大王現在要有個秘密的會談，我必須獨自在這裡等待嗎？」

依著指示，國王來到門前，在敲門後世尊開了門。國王走進屋裡，頭面頂禮世尊之足，親吻世尊之足，用手撫摸它們，並自報姓名：「世尊！我是憍薩羅國的波斯匿王；世尊！我是憍薩羅國的波斯匿王。」

「但是，大王！你對這個身體表示最上的恭敬，表示如此的友愛，這樣作會給你帶來什麼利益呢？」

「世尊！我相信如下對於世尊的描述是真實的：『世尊是等正覺者；法為世尊所善說；世尊弟子所組成的僧伽為善行道者。』世尊！我曾看到有些沙門與婆羅門在十年、二十年、三十年、四十年裡過著梵行的生活，但之後卻享受、沉溺於五種欲樂中。然而，在此我見到比丘們終生過著圓滿的梵行生活，直到命終。這就是為何我相信如下對世尊的描述是真實的：『世尊是等正覺者；法為世尊所善說；世尊弟子所組成的僧伽為善行道者。』

「復次，世尊！王與王爭、剎帝利與剎帝利爭、婆羅門與婆羅門爭、居士與居士爭、母與子爭、子與母爭、父與子爭、子與父爭、兄弟與兄弟爭、兄弟與姊妹爭、姊妹與兄弟爭、朋友與朋友爭。然而，在此我看到的是比丘們和諧相處，沒有爭執，如水

乳合，彼此以善意相待。確實地，世尊！我在別處從未見過有如此和諧的團體。這也是爲何我相信對於世尊的描述，是眞實不虛的一個原因。

「復次，世尊！從一個園林到另一個園林，從一個花園到另一個花園，我曾看到那麼多沙門與婆羅門羸弱、可憐、醜惡、面黃肌瘦，四肢上血管到處突起，讓人想到就不忍卒睹。我想：『這些尊者顯然不樂於梵行的生活，他們也許犯了罪且把它隱藏起來，所以看來是才會如此。』我走上前去，詢問他們何故如此，他們回答：『大王！我們罹患家族性的遺傳病。』但在此，我看到比丘們喜樂、悅樂、滿悅、愛樂，諸根充滿活力，平靜、安穩、無求，以如野鹿柔和之心而住。我想：『這些尊者確實因體驗到世尊那處處殊勝的教導，才會看起來如此。』這也是爲何我相信對於世尊的描述，是眞實不虛的一個原因。

「復次，世尊！身爲刹帝利灌頂王，我可對死刑者處以死刑，對應罰款者予以罰款，對應放逐者予以放逐。可是，在會議上仍有人會打斷我的話。儘管我說：『大德們！別在開會時打斷我，讓我把話講完再說。』但他們仍會打斷我。在此我看到不止數百位的比丘聽眾聆聽世尊說法時，諸弟子連咳嗽或清嗓子的聲音都沒有。有次世尊爲數百人說法時，有位弟子清了一下嗓子，某個同梵行者就以膝蓋輕推他，說：『請安靜，尊者！別作聲，世尊正在說法。』我想：『眞是稀有啊！眞是不可思議啊！比丘聽眾竟能不靠懲罰或刀杖，而如此地遵守紀律。』確實地，世尊！我在別處尚未見過如此守紀律的聽眾。這也是爲何我相信對於世尊的描述，是眞實不虛的一個原因。

「復次，世尊！我見識過眾多刹帝利學者、婆羅門學者、聰慧的居士學者、沙門學者，他們都很聰明，熟知諸家的理論到猶

如吹毛求疵的神箭手熟知箭術一般，有人會想：他們必然會四處巡遊，以自己所具的學識推翻任何錯誤的觀點。他們聽說：『沙門喬達摩將到某一鎮或某一村。』他們便設計了一個問題：『若我們這樣問，他便會這樣答，我們就反駁他的理論。若我們那樣問，他便會那樣答，我們就反駁他的理論。』他們聽說：『沙門喬達摩已到了某鎮、某村。』他們就前往沙門喬達摩的處所。沙門喬達摩以法教示、督促、激勵與鼓勵人們。之後，他們竟然都未質問世尊，那麼如何去反駁他的理論呢？事實上，他們當場成為世尊的弟子。這也是為何我相信對於世尊的描述，是真實不虛的一個原因。

「復次，世尊！梨師達多與富蘭那是我的兩名木工，我供給他們食物與日用所需，提供他們生計，並為他們帶來名望。儘管如此，他們對我的恭敬，還比不上對世尊的恭敬。有次我帶軍隊出門演習，有意考驗一下這兩名木工，我佈置了一間狹小的陋室。結果他們當天夜裡用了相當多的時間討論佛法。之後他們躺下時，把頭朝向他們聽說世尊當時所在處，而把腳朝向我。我想：『真是稀有啊！真是不可思議啊！這兩個好人確實體會到世尊那處處殊勝的教導。』這也是為何我相信如下對於世尊的描述是真實不虛的：『世尊是等正覺者；法為世尊所善說；世尊弟子所組成的僧伽為善行道者。』

「復次，世尊！世尊是剎帝利，我也是剎帝利；世尊是憍薩羅人，我也是憍薩羅人；世尊現在八十歲，我也八十歲。這些都是為何我對世尊表示最上的恭敬，表示如此的友愛。現在，世尊！我要告辭了。我很忙，還有許多事情要處理。」

「大王，悉聽尊便。」

憍薩羅國波斯匿王於是起座，敬禮世尊後，右繞而離開。

他離開不久，世尊對比丘說：「諸比丘！這位波斯匿王在起身離開前說出了佛法莊嚴的例證。你們要學習這些莊嚴法，要受持這些法，因爲它們有助於安樂，是屬於梵行的基礎。」

世尊說了如上的話，比丘們對世尊所說的話都感到滿意且歡喜。（M.89）

波斯匿王喪命他鄉

敘述者：國王這次會見佛陀之後的經歷，只在註釋書中有記載。

註釋者：國王走到佛陀的精舍時，把他的王冠與權仗留給長作。長作是個愛抱怨、疑心重的人。他開始想國王上一次與佛陀單獨見面之後，導致國王處死他那位將軍舅舅，於是他懷疑自己現在面對著相同的命運。當國王一進入佛陀的精舍，長作就帶著王冠與權仗離開去到營地。在那裡，他告訴國王的兒子毘琉璃太子立刻篡位，否則他要自己篡位。王子於是同意了，長作留下一匹馬、一把劍、一位閨中婦女，告訴她去警告國王，若珍惜自己的生命的話就不要試圖追趕，之後他帶著其餘的隨從由駐軍地啓程趕去舍衛城。當國王從佛陀的精舍出來，看不到隨從，就走到營地，在那裡等待著的婦女告訴他所發生的事情。

國王這時決定向他的外甥阿闍世王求援，在去王舍城漫長的路上，他吃了許多他不習慣的粗食並喝了很多水。當他到達王舍城時天色已晚，城門已關，他於是必須在公眾的歇憩所過夜。當天夜裡，他突然犯了重病，天亮之際就過世了。那位等待的婦女在國王死於其懷中之後，悲痛地呼喊：「我的主人，憍薩羅國的

國王，兩個國家的統治者，現在像窮人般地死了，停躺在一個窮人歇腳之處，在一個異國城市的城門之外！」阿闍世王聽到消息後，馬上命令舉行皇家的葬禮。之後，他作出氣憤不平的姿態，宣佈對他的表弟——毘琉璃王，進行懲罰性的進攻。但不久他就採納了大臣的建議：老國王已死，這樣的攻擊是失策的，也無益處。於是，他也就承認了自己表弟的繼承權。

原註

❶ 在此所敘述的苦修情形主要是耆那教所提倡的。

❷ 淨居天是較高的梵天界中的一部分，生到此處的眾生全是證得不還果的人（參第十二章），他們住在此處，不再轉生到其他世界，直到證得般涅槃。

譯註

① 「嫌厭行」一詞取自於《漢譯南傳大藏經》，其英文是scrupulousness，為「謹小慎微」之意。

② 這句話是意指悲憫生存在小水珠內的眾生。

③ 舍利弗與摩訶目犍連都選擇於佛陀涅槃之前入滅。

第十五章

最後一年

引 言

　　本章記述的是世尊生涯的最後一年，以及他入般涅槃的詳盡過程。其中我們可看到，世尊在生命的最後一年裡，反覆地教導僧伽，囑咐他們和合敬長，以法為依歸，並提出七不退法、四大教法等具體可行的方針。本章不僅記述世尊在入般涅槃前，如同常人般為各種病痛折磨，以及所受到來自人天的禮遇。還有他雖然在一方面規定如何處理自己的遺體，在另一方面，卻一再地強調對他的最高禮敬是奉持他的教導。

　　本章也收錄了在佛教史上頗有爭議的一些事件，特別是有關世尊在食用金匠之子純陀供養的碎豬肉後，身患重病的情節。有人從世尊食畢，即令純陀將所餘之碎肉掘洞掩埋，並說除他本人再無他人可消化此食上，找到世尊實際上是受到毒害的根據。從諸多典籍中，讀者可以找到對這一事件種種不同的解釋，但值得牢記的是，世尊本人在事後對純陀的讚揚與肯定。

　　身為世尊多年的侍者，阿難尊者毫無疑問地在佛教史上扮演了重要的角色。在世尊的最後歷程中，阿難一如既往地起著請教與轉達佛意的作用，但其中發生的幾個事件，卻成了大迦葉尊者乃至後人譴責阿難的理由。這包括世尊示意阿難，可應阿難之請住世一劫，而阿難卻不解其意，毫無反應；世尊在講到小小戒可捨，阿難卻不問其詳，以至後人無據可尋；世尊在病中口渴，請阿難到河中打水，

他卻以河水渾濁，一拒又拒等佛教史上著名的典故。

　　最後應當提請讀者注意的是，世尊在提出四大教法時所作出的忠告。亦即辨別佛法真偽的唯一依據，是它的內容而非講法者的名聲與地位。此外，世尊明確地宣告他所說之法毫無隱密保留，無有未宣的祕法。這點在後世的佛教發展中，特別值得我們謹記於心。

　　敘述者：下面所記述的事件，全都發生在世尊入般涅槃的一年之內，除了他的兩位上首弟子的過世，其餘所有的事件都記載於同一部經裡。事件的時間順序在經藏中一般是難以推斷，但在這部經裡才變得十分明顯。

使國家興盛而不衰的七不退法

　　阿難：如是我聞。一時，世尊在王舍城靈鷲山，那時，阿闍世王急於討伐跋耆人。他說：「我將滅掉這些具大神通、大威力的跋耆人，毀滅他們，將他們徹底消滅。」

　　阿闍世王於是對摩揭陀國的大臣婆羅門禹舍說：「來，婆羅門！到世尊處，說：『世尊！摩揭陀國王阿闍世韋提希子，頭面頂禮世尊之足，問候您是否無病、無恙，身體健康強壯，生活安樂。』然後再說：『世尊！摩揭陀國王阿闍世韋提希子，急於討伐跋耆人，他說：『「我將滅掉這些具大神通、大威力的跋耆人，毀滅他們，將他們徹底消滅。」』你仔細注意他的回答，然後回來稟報，諸如來從不妄語。」

「是的，大王！」禹舍答道。之後，他令人備上幾輛豪華的
馬車，登上其中一輛，從王舍城向靈鷲山駛去，直至車道終止
處，他下車步行至世尊所在處。敬禮世尊後，坐於一旁。坐定
後，便轉達國王的口信。

世尊對站在身後搖扇的阿難尊者說：「阿難！你可聽說跋耆
人常集會、多參與集會？」

「他們確實是如此，世尊！」

「阿難！只要他們確實是如此，便可興盛而不衰。你可聽說
他們集會時相互和睦，起立時相互和睦，履行跋耆人之義務時相
互和睦；他們是否避免制立未立之法，或廢棄已立之法，並按古
制的法規行事；他們是否尊重、恭敬、禮遇、愛戴跋耆的長者，
聽從他們的教導；他們是否不奸淫、誘拐宗族的婦女、童女；他
們是否尊重、恭敬、禮遇、奉持跋耆城鄉各處的塔廟，不使迄今
為止的香火祭祀中斷；跋耆人是否提供阿羅漢合法的保護、守
護、衛護，以使未來到此地的阿羅漢願意前來，而已住於當地的
阿羅漢能安樂而住？」

「他們確實是如此，世尊！」

「只要他們確實是如此，便可興盛而不衰。」

世尊於是對禹舍說：「我住在毘舍離的沙蘭它它廟時，傳授
了跋耆人七不退法。只要此七不退法存在於跋耆人之間，且他們
善奉行此七不退法，那麼跋耆人便可興盛而不衰。」

此話說畢，禹舍評論道：「喬達摩大師！若跋耆人能保持其
中的一條，便可興盛而不衰。那麼，若他們保持了所有的七條，
那麼情況又將是如何呢？確實地，喬達摩大師！阿闍世王不可能
在戰場上征服跋耆人，除非他收買他們，並在他們中間播下不和
的種子。喬達摩大師！我們要告辭了。我們很忙，還有許多事情

要處理。」

「婆羅門！時間到了，悉聽尊便。」（D.16; A. 7:20）

使僧伽興盛而不衰的七不退法

禹舍心滿意足，他歡喜世尊的話，起身致謝後，動身離去。他一離去，世尊就對阿難說：「阿難！將王舍城附近的比丘召集到講堂。」

「是的，世尊！」他答道。召集大眾後，他通報世尊。世尊即從座起，來到講堂，坐於已事先備好的座位。對諸比丘說：「諸比丘！我今教導你七不退法，善諦聽我所說。」

「是的，世尊！」他們答道。

世尊說：「只要諸比丘時常集會、多參與集會；只要他們集會時相互和睦，相互和睦地提升、履行僧伽成員的義務；只要他們避免制定未立之戒，或廢棄已立之戒，並能持守已立之戒；只要他們能尊重、恭敬、禮遇、愛戴富於經驗的、僧臘教長，身為僧伽之父與僧伽導師的諸長老比丘，聽從他們的忠告；只要他們在導致生死輪迴的渴愛生起時，不為其所支配；只要他們樂住於阿蘭若；只要他們自身能保持正念，以致未前來之同梵行善友願意前來，已前來之同梵行善友得安樂而住，他們便可興盛而不衰。

「又有其他七不退法：只要諸比丘不喜、不欣、不耽樂於俗務；不喜愛閒談；不愛好睡眠；不喜愛社交；只要他們不生惡欲，不陷於惡欲；只要他們不交惡友，不為惡友所制；只要他們在修道上不會因得微小的世間成就，便知足不前而半途而廢，他們便可興盛而不衰。

「又有其他七不退法：只要諸比丘具信心、有慚、有愧、多聞、精進、正念、有慧，他們便可興盛而不衰。

「又有其他七不退法：只要諸比丘修習正念覺支、擇法覺支、精進覺支、喜覺支、輕安覺支、定覺支與捨覺支，他們便可興盛而不衰。

「又有其他七不退法：只要諸比丘能增長無常想、無我想、不淨想、過患想、捨貪想、離貪想、滅貪想，他們便可興盛而不衰。」（D.16; A. 7:20）

「有六不退法：只要諸比丘當眾或私下對待同梵行者，在身、語、意業上都能充滿慈愛；只要他們能公平無私地與同梵行之持戒者分享如法取得之物，乃至鉢中之食；只要諸比丘與同梵行者當眾或私下都能守持清淨戒，其戒行不壞、不破、不污、不雜，令人解脫，為智者所稱歎，未曲解（戒法），增益修定；只要諸比丘持導致脫離（輪迴）之聖見，以及導致自業所招之苦究竟壞滅之聖見，他們便可興盛而不衰。

「只要在諸比丘中，堅持與教導這些不退法，他們便可興盛而不衰。」（D.16）

佛陀勸修戒、定、慧

世尊住在王舍城靈鷲山時，他時常對諸比丘說如是法要：「此是戒，此是定，此是慧。修習戒成就，則定有大利益、大果報；修習定成就，則慧有大利益、大果報；修習慧成就，則心完全由欲漏、有漏、見漏與無明漏等之諸漏解脫。」

世尊在王舍城隨意地住上一段時間後，對阿難尊者說：

「來，阿難！讓我們前去菴摩羅樹園。」

「是的，世尊！」阿難尊者答道。之後，世尊與諸比丘同行至菴摩羅樹園。到達之後，住在菴摩羅樹園的王邸之中。

世尊住在那裡時，時常對諸比丘說如是法要：「此是戒，此是定，此是慧。修習戒成就，則定有大利益、大果報；修習定成就，則慧有大利益、大果報；修習慧成就，則心完全由欲漏、有漏、見漏與無明漏等之諸漏解脫。」

佛在菴摩羅樹園隨意地住上一段時間後，對阿難尊者說：「來，阿難！讓我們前去那爛陀。」

「是的，世尊！」阿難答道。之後，世尊與諸比丘同行至那爛陀。到達之後，住在那爛陀的婆婆利芒果園中。 （D.16）

三世諸佛的成就

那時，舍利弗尊者來到世尊處，說道：「世尊！我深信於此：於過去、未來與現在，沒有任何沙門、婆羅門比世尊在覺悟上更有成就。」

「舍利弗！此語甚大，如師子吼，其聲甚大。那麼你可曾以你之心了知所有過去世尊、應供、等正覺者的心，而知：『此是他們的戒，此是他們的定，此是他們的慧，此是他們所住之成就，此是他們所獲的解脫？』

「不，世尊！」

「你是否能以相同的方式了知所有未來世尊、應供、等正覺者的心？」

「不，世尊！」

「那麼，你是否能以相同的方式了知我——世尊、應供、等

正覺者——之心？」

「不，世尊！」

「那麼，你如何可以作如此大言，發如是之師子吼呢？」

「世尊！我不曾以心了知過去、未來與現在應供、等正覺者的心，但我卻對正法有這樣的信心。設有一國王，於邊界的城市，建築深壕、高牆、堡壘，只留一門。國王派一位聰明賢能的守門人，阻擋不識者，而放行所識者；又曾親自環城巡視，未見縫隙、洞孔，可容貓竄越。他因而知一切眾生，凡其身大小若超過某尺寸者，欲出入其城，必經此門。同樣地，世尊！我對正法有這樣的確定。所有過去的世尊、應供、等正覺者，捨棄能使智慧變弱的五蓋，令心善住於四念處，他們如實修習修持七覺支而成就無上之等正覺。所有未來的世尊、應供、等正覺者，亦復如是。現在的世尊、應供、等正覺者，亦復如是。」（D. 16; S. 47:12）

無戒者的過患與持戒者的利益

世尊住在那爛陀的婆婆利芒果園時，時常對諸比丘說如是法要：「此是戒，此是定，此是慧。修習戒成就，則定有大利益、大果報；修習定成就，則慧有大利益、大果報；修習慧成就，則心完全由欲漏、有漏、見漏與無明漏等之諸漏解脫。」

世尊在那爛陀隨意地住上一段時間後，對阿難尊者說：「來，阿難！讓我們前去波吒利村。」

「是的，世尊！」阿難尊者答道。之後，世尊與諸比丘同行至波吒利村。

在波吒利村的信眾聽說：「看來世尊已來到波吒利村。」他

們前來拜見世尊，敬禮後，坐於一旁。如此作後，他們說：「請世尊納受一休息堂。」世尊沉默同意。見世尊同意接受，他們由座而起，敬禮後，右繞而去，至休息堂。他們將休息堂搭上頂蓋，於堂內鋪設諸敷具，安置水瓶，並懸掛油燈。之後，他們告知世尊所作之事，並補充說，「現在悉聽尊便。」

世尊著下衣，持鉢與大衣，來到休息堂。洗腳後進入堂內，靠近中央柱面東而坐。諸比丘也在洗腳後入休息堂，靠近西壁，繞世尊面東而坐。波吒利村的信眾，洗腳後也入休息堂，靠近東壁，向世尊面西而坐。這時，佛對波吒利村的信眾說：

「居士們！犯戒的無戒者招致五種過患。哪五種？一者，無戒者因放逸而窮困。二者，惡名遠播。三者，在大眾中，無論是在剎帝利、婆羅門、白衣或沙門之間，他總缺少自信，需要信心。四者，在死時惱亂不安。五者於身壞命終之後，墮入惡生、惡趣、苦趣，乃至地獄之中。

「但圓滿戒律的持戒者獲得五種利益。哪五種？一者，持清淨戒者因精進而獲大財富。二者，善名遠播。三者，在大眾中，無論是在剎帝利、婆羅門、白衣或沙門之間，他總具信心。四者，在死時心不惱亂。五者，於身壞命終之後，得生善趣，乃至天界。」

然後，世尊用了夜晚的大部分時間教示、勸導、激勵、鼓舞波吒利村的信眾。在散會前，又說道：「居士們，夜色已深，悉聽尊便。」

「是的，世尊！」他們答道，從座而起，敬禮之後，右繞而去。他們離開不久，世尊走進一間靜室。（D. 16; Ud. 8:6; Vin. Mv. 6:28）

智者已渡越彼岸

那時，摩揭陀的兩位大臣須尼陀與禹舍正在波吒利村修築城塞，以防跋耆人的入侵。時有數以千計的天人，在田野出沒。其中有神力的天人說服有神力的國王與大臣，在他們的出沒處築城；次等的天人則說服次等的國王與大臣，在他們的出沒處築城；而低劣的天人則說服低劣的國王與大臣，在他們的出沒處築城。以勝過常人的清淨天眼，世尊看到那些天人。夜將盡，天將破曉之時，世尊起身，向阿難尊者問道：「阿難！是誰在波吒利村修築城塞？」「世尊！是須尼陀與禹舍在修築城塞。」

「他們所作如同與三十三天的天人商議一般。」世尊說道，並說出他的天眼所見。他又補充說：「在所有聖者經常往來與貿易中心裡，波吒釐子城❶將是其中之最，猶如開封之珍寶袋。此城面臨三種危險——火、水與糾紛。」

須尼陀與禹舍到世尊處，並邀請他次日應供。用食結束，當世尊食畢，放下鉢後，他們兩人敷座於下位，坐於一旁。世尊以偈頌爲他們祝願：

智者於所居之處，必先供養有德人，
因其以自律過活，既而供奉地祇神，
對地祇禮敬尊重，彼等還以慈相待。
地祇對智者之心，猶如母愛於稚子，
若人爲神所鍾愛，其所見者皆吉祥。

然後，世尊從座起身離去。但須尼陀與禹舍卻在後跟隨世尊，他們思惟：「世尊離開所經之門，將名之爲『喬達摩門』；

他涉渡恆河之河津，將名之爲『喬達摩河津』。」於是，世尊離開所經之門於是稱爲「喬達摩門」。但世尊到恆河邊時，正逢河水泛濫，灘上河水溢滿，連烏鴉都可以從中飲水。要渡河的人有的在尋找船隻，或尋找浮舟，或綁製竹筏。那時，在如力士屈伸臂之頃間，世尊與比丘眾從恆河的此岸消失，而立於彼岸。世尊看到那些要渡河的人在尋找船隻、浮舟或綁製竹筏。了知其中的意義，不禁發出如下的感嘆：

> 欲渡高漲之河者，或築橋或尋淺處，
> 彼等綁製竹筏時，智者已渡越彼岸。
>
> （D.16;Ud.8:6;Vin.Mv.6:28）

洞察四諦，斷除有愛

那時，世尊對阿難尊者說道：「來，阿難！讓我們前去拘利村。」

「是的，世尊！」阿難尊者答道。之後，世尊與諸比丘同行至拘利村。住拘利村時，世尊告訴諸比丘：「諸比丘！因未通曉、洞察四諦，你我方流轉於此漫長生死之路。是哪四諦？爲苦聖諦、苦集聖諦、苦滅聖諦、苦滅道聖諦。一旦通曉、洞察以上四諦，即斷除有愛，有愛既除，便可不再受生。」

世尊住院在拘利村時，時常對諸比丘說如是法要：「此是戒，此是定，此是慧。修習戒成就，則定有大利益、大果報；修習定成就，則慧有大利益、大果報；修習慧成就，則心完全由欲漏、有漏、見漏與無明漏等之諸漏解脫。」（D.16;Vin.Mv.6:29）

諸比丘、居士命終投生何處

　　世尊在拘利村隨意地住上一段時間後，對阿難尊者說：「來，阿難！讓我們前去那提迦村。」

　　「是的，世尊！」阿難尊者答道。之後，世尊與諸比丘同行至那提迦村。到達之後，住在繁耆迦精舍。

　　那時，阿難尊者到世尊處，說道：「世尊！現有比丘沙羅死在那提迦村，他去到何處，投生為何？又有比丘尼難陀、居士須達多、女居士善生、居士卡具陀、迦陵伽、尼迦吒、迦提沙跋、賭達、山賭達、婆頭樓與蘇婆頭樓——俱死在那提迦村，他們去到何處，投生為何❷？」

　　「阿難！沙羅比丘由現法自知作證，以諸漏盡，而住於無漏心解脫、慧解脫。難陀比丘尼斷除五下分結，即時生於上界，當於該處得證涅槃，不再回到欲界受生。居士須達多斷除三結，令貪、瞋、痴薄弱，成為一來者，他將於欲界再受生一次，即得苦滅。女居士善生斷除三結，成為入流者，不再墮惡趣，已得不壞淨信，趨向於覺悟。居士卡具陀、迦陵伽、尼迦吒、迦提沙跋、賭達、山賭達、婆頭樓與蘇婆頭樓，以及其餘五十位居士俱已成為不還果者。又有九十位居士成為一來者。又逾五百位居士成為入流者。

　　「人本不免一死，但若每有人死，你便來問我，這將令如來疲煩。所以我今授你一法，名為『法鏡』①，聖弟子即可據此預期各自之未來：『我將不墮地獄道、畜生道、餓鬼道，不生惡趣。我為入流者，不再墮惡趣，已得不壞淨信，且趨向於覺悟。』

「所述之『法鏡』是什麼呢？若聖弟子對佛陀具足正信：
『世尊是阿羅漢、等正覺者、明行具足者、善逝、世間解、無上
士、調御丈夫、天人師、佛、世尊。』又對法具足正信：『法是
由世尊善說；自見（其效用於當下可見）；無時的（其報迅速不
拖延）；來見的（任何人皆能親嚐其味）；引導的（領人向
前）；智者各自證知。』又對僧伽具足正信：『世尊的弟子是善
行道的、正直行道的、真理行道的、正當行道的，即四雙八輩❸
之世尊的弟子，是供養者、可供奉者、可施者、可恭敬合掌者，
是世間無上的福田。』他是聖者所愛之圓滿持戒者，其戒行不
壞、不破、不污、不雜，令人解脫，為智者所稱歎，未曲解（戒
法），增益修定。此為『法鏡』，聖弟子即可據此預期各自之未
來：『我將不墮地獄道、畜生道、餓鬼道，不生惡趣。我為入流
者，不再墮惡趣，已得不壞淨信，且趨向於覺悟。』」

世尊住在那提迦村的繁耆迦精舍時，時常對諸比丘說如是法
要：「此是戒，此是定，此是慧。修習戒成就，則定有大利益、
大果報；修習定成就，則慧有大利益、大果報；修習慧成就，則
心完全由欲漏、有漏、見漏與無明漏等之諸漏解脫。」(D.16)

比丘當正念、正知而住

佛在那提迦村隨意地住上一段時間後，對阿難尊者說：
「來，阿難！讓我們前往毘舍離。」

「是的，世尊！」阿難尊者答道。之後，世尊與諸比丘同行
至毘舍離，到達之後，住於菴婆波梨林。在林中世尊告訴諸比
丘：「諸比丘！比丘當正念正知而住，這是我們對你們的教示。
比丘當如何正念而住？比丘安住於身，隨觀身體，熱忱、正知、

正念，去除對世間的貪欲與憂惱。安住於受，隨觀感受，熱忱、正知、正念，去除對世間的貪欲與憂惱。安住於心，隨觀心識，熱忱、正知、正念，去除對世間的貪欲與憂惱。安住於法，隨觀諸法，熱忱、正知、正念，去除對世間的貪欲與憂惱。又比丘當如何正知？比丘行往與歸來時，於前瞻與旁觀時，於屈伸肢體時，於著三衣與持缽時，於吃、喝、嚼、嚐時，於大小便利時，於行、住、坐、臥、醒、語、默時，皆以正知而行。比丘當正念、正知而住，這是我們對你們的教示。」（D.16;參D.22）

菴婆波梨獻園林

那時，妓女菴婆波梨聽到世尊已抵達毗舍離，並住在她的芒果園。她備有數輛豪華的馬車，登上其中一輛，從毗舍離朝芒果園駛去，直到車道盡頭，之後便下車步行至世尊處。敬禮世尊後，坐於一旁。坐定後，世尊說法，以教示、勸導、激勵、鼓舞她。爾後，她對他說：「世尊！請世尊與比丘眾明日接受我請食。」世尊默然同意，她從座而起，敬禮之後，右繞而去。

然而，毗舍離的離車族人也聽說世尊住在菴婆波梨的芒果園中，他們備有數輛豪華的馬車，登上馬車，駛出毗舍離城。其中有的藍色裝扮，藍色彩繪，著藍衣，佩戴藍色飾品；有的是黃色裝扮，黃色彩繪，著黃衣，佩戴黃色飾品；有的是紅色裝扮，紅色彩繪，著紅衣，佩戴紅色飾品；有的是白色裝扮，白色彩繪，著白衣，佩戴白色飾品。

妓女菴婆波梨在路上迎面撞上這群年輕的離車人，軸對軸、輪對輪、軛對軛。他們對她說：「喂！菴婆波梨！你為何在路上與年輕的離車人迎面相撞，軸對軸、輪對輪、軛對軛？」

「公子們！我剛才邀請以世尊爲首的比丘眾明日接受我請食。」

「喂！菴婆波梨！將此請食讓與我們，給你十萬金。」

「公子們！即使以毘舍離所有的土地予我，我也不願出讓明日的請食。」

於是，這些離車人不禁彈指說：「噢！此芒果女佔了我們的上風，此芒果女以智得勝。」

他們驅車至菴婆波梨林，世尊看見他們從遠處來，他對諸比丘說：「讓那些未曾見過三十三天諸天人的比丘觀察這群離車人，讓他們觀察這群離車人，讓他們想像三十三天諸天人恰如這群離車人。」

離車族人驅車至車道盡頭，下車步行至世尊處。敬禮後，坐於一旁。世尊說法，以教示、勸導、激勵、鼓舞他們。然後，他們對他說：「世尊！請與比丘眾明日接受我們請食。」

「離車人！我已接受了妓女菴婆波梨明日的請食。」

於是，這些離車人不禁彈指說：「噢！此芒果女佔了我們的上風，此芒果女以智得勝。」

儘管如此，他們還是十分歡喜世尊的教導，從座而起，右繞而去。

是夜過後，妓女菴婆波梨在自己園中準備好各種豐盛的食物，並特別向世尊通報：「時間已到，食物已備。」

當世尊食畢，放下鉢後，菴婆波梨取下座，坐於一旁。她說：「世尊！我將此芒果園獻給以世尊爲首的比丘眾。」世尊接受了園地，爲她說法教示之後，起座離去。

世尊住在毘舍離菴婆波梨園時，時常對諸比丘說如是法要：「此是戒，此是定，此是慧。修習戒成就，則定有大利益、大果

報;修習定成就,則慧有大利益、大果報;修習慧成就,則心完全
由欲漏、有漏、見漏與無明漏等之諸漏解脫。」(D.16;Vin.Mv.6:30)

以自為洲,以自為依處

　　世尊在毘舍離隨意地住上一段時間後,對阿難尊者說:
「來,阿難!讓我們前去竹林村。」

　　「是的,世尊!」阿難尊者答道。之後,佛與諸比丘同行至
竹林村。在竹林村時,他告訴諸比丘:「來,諸比丘!到毘舍離
附近你的親友與相識、友好者之處度過雨安居,我將在竹林村度
過雨安居。」

　　「是的,世尊!」他們答道,動身離去並依囑行事。

　　世尊在雨安居的住所安頓下來後,為重病及劇痛所襲,幾乎
致命。他以正念、正知忍受著病痛,而無呻吟。此時,他思惟:
「在未告訴侍者,未與比丘眾告別之前,我不宜入般涅槃。我何
不用意志抑制此病,以延長壽命?」他如此做後就病癒了。

　　世尊病癒後,從病房出來,坐於精舍後面備好之座上。阿難
尊者來到世尊處,說道:「世尊!我一向慣於見到世尊安穩與健
康。今世尊身體有恙,我感到渾身惶懼,四面不明,不辨諸法。
但是,世尊!我僅以世尊在未向比丘眾宣說遺教之前,是不會入
般涅槃的想法聊慰己心。」

　　「阿難!但是,僧伽對我還有何期望?我所授之法,於內於
外並無區別:此處並無老師私藏手中的秘寶。若有人如是思惟:
『我統領僧伽』或『僧伽全倚賴於我』,他才會向僧伽宣說遺教,
但如來不作是想。那麼他又如何對僧伽宣說遺教呢?阿難!我已
衰老,年已八十,譬如一部老車,須有他物之助,方能前行,如

來之身，也須他物之助，方能度日。如今，如來之身只有在不作意一切相，滅盡各種感受，住於具足無相心三昧時，才得安穩。所以，阿難！你們每人應以自爲洲❹，以自爲依處，不以其他爲依處；以法爲洲，以法爲依處，不以其他爲依處。比丘當如何行之？比丘安住於身，隨觀身體，熱忱、正知、正念，去除對世間的貪欲與憂惱。安住於受，隨觀感受……安住於心，隨觀心識……安住於法，隨觀諸法，熱忱、正知、正念，去除對世間的貪欲與憂惱。於今時或我入滅之後，若有人以自爲洲，以自爲依處，不以其他爲依處；以法爲洲，以法爲依處，不以其他爲依處，則於勤學者中，是我最上之比丘。」（D.16;S.47:9）

舍利弗與目犍連先入般涅槃

註釋者：在經藏中，雖然並未明確地指出時間，但好像世尊是在這時去訪舍衛城，並在那裡聽到他的兩位上首弟子的死訊。

阿難：一時，佛在舍衛城祇樹給孤獨園。那時，舍利弗尊者在摩揭陀那羅聚落身患重病，苦痛不堪，純陀沙彌爲其侍者。因病痛在身，舍利弗尊者入般涅槃。純陀沙彌攜舍利弗尊者的衣與鉢，來到舍衛城祇樹給孤獨園阿難尊者處。敬禮之後，說道：「尊者！舍利弗尊者已入般涅槃，此是他的衣、鉢。」

「朋友，純陀！此信息當稟報世尊，我們應去見世尊並稟報此事，讓我們前去稟報。」

「是的，尊者！」純陀沙彌答道。他們一同來到世尊處，敬禮後，坐於一旁，阿難尊者說：「世尊！純陀沙彌告訴我舍利弗尊者已入般涅槃，此是他的衣、鉢。世尊！聽到此訊，我感到渾

身惶懼，四面不明，不辨諸法。」

「為什麼？阿難！你認為他入般涅槃後，他的戒蘊、定蘊、慧蘊、解脫蘊或解脫知見蘊是否也隨之消逝？」

「不是的，世尊！我但想他如何幫助同梵行者，勸諫、提供信息、教示、勸導、激勵、鼓舞他們；如何誨人以法，孜孜不倦。我們憶念舍利弗尊者是如何在法上助長、滋養、幫助我們。」

「阿難！難道我不曾告訴你，與一切親愛、所愛者終有別離、離散、分離之日？凡有所生、所為、有為、有滅壞之法者，豈能不滅？實無可能。譬如根深柢固之大樹，其大枝先斷落，同樣地，穩固堅牢之僧伽，有舍利弗入般涅槃。凡有所生、所為、有為、有滅壞之法者，豈能不滅？實無可能。以自為洲，以自為依處，不以其他為依處；以法為洲，以法為依處，不以其他為依處。」（S.47:13）

一時，世尊與諸比丘在跋耆國恆河畔之郁伽支羅城。那時，舍利弗與目犍連入般涅槃不久。那時，世尊露地而坐，比丘眾四面圍繞。世尊環視靜默的比丘眾後，告訴他們：「在我看來，這次集會彷彿很空虛。舍利弗與目犍連入般涅槃之後，在我看來，這樣的集會彷彿很空虛。而今到處都沒有人可尋找並說：『舍利弗與目犍連住在此。』過去諸世尊、應供、正等覺者，每一位皆有與舍利弗與目犍連等齊的一雙弟子，未來諸世尊也是如此。他們兩者在眾弟子中是稀有者，是未曾有者，他們是如何驗證大師的教導，遵循教誡，是如何為僧伽珍愛、尊重、恭敬與敬愛。他們兩者於如來是稀有者，是未曾有者，當這樣的一雙弟子入入般涅槃時，他既不憂愁，亦不悲惱。凡有所生、所為、有為、有滅

壞之法者，豈能不滅？實無可能。」（S.47:14）

阿難未請佛住世

一日清晨，世尊著下衣，持鉢與大衣，入毘舍離乞食，在毘舍離遊行乞食已，食後歸來，對阿難尊者說：「阿難！帶著座具，讓我們今天一同到遮婆羅廟去。」

「是的，世尊！」阿難答道，拿起座具，跟隨世尊身後，去到遮婆羅廟。世尊坐於備好之座上，阿難敬禮後，坐於一旁。世尊說：「毘舍離為悅人之處，憂園廟、瞿曇廟、七聚廟、多子廟、娑羅廟、遮波羅廟，亦皆為悅人之處。任何人修習、多修習四神足，以其為工具，以其為基礎，建立、穩固、保持它，便可隨其所欲住壽一劫或一劫以上。阿難！如來已修習四神足，可隨其所欲住壽一劫或一劫以上。」

雖然世尊說出如此清楚明顯的暗示，但阿難尊者卻無法了解。他的心因為被惡魔所覆蔽，所以並未向世尊懇求：「世尊！請世尊住壽一劫，請善逝住壽一劫，以利樂眾生、慈憫世間、安樂人天。」世尊又第二次、第三次說同樣的話，阿難尊者之心仍受惡魔所覆蔽❺。世尊於是對阿難尊者說：「阿難！你可離去，悉聽尊便。」

「是的，世尊！」他答道。從座而起，敬禮世尊後，右繞而去，坐於附近的樹下。（D.16;A.8:70;Ud.6:1）

惡魔請佛陀入滅

阿難尊者剛離去不久，惡魔便來到世尊處，立於一旁，說

道：「請世尊現在入般涅槃，請善逝現在入般涅槃，現正為世尊入般涅槃之時。世尊曾如是說：『惡魔！我將不入般涅槃，直到我的弟子——比丘、比丘尼、優婆塞、優婆夷，變得有智慧、守戒律、具信心、多聞；直到他們善憶持法，修行正法，依真道修，於法中行；直到他們從各自的老師學習後，開始宣說、教導、證明、確立、揭示、解釋與論議法；直到他們能以正理駁倒生起的非難爭論，並教導妙法。』而今上述所有皆已成就，請世尊現在就入般涅槃。世尊又曾如是說：『惡魔！我將不入涅槃，直到梵行成就、繁榮、廣布、廣為人知；直到它被人們所徹底踐行。』而今上述所有皆已成就，請世尊現在就入般涅槃。」

此話說完，世尊回答：「惡魔！你可以安心了，如來不久即將入般涅槃。三個月以後，如來即將入般涅槃。」

世尊是時在遮婆羅廟，正念、正知，放捨求生之念。當他如此做時，大地震動，其勢恐怖，令人毛髮直豎，天鼓迴響不已。了知其中的意義，世尊不禁發出如下的感嘆：

智者放捨求生念
不論有量或無量，
其心內攝且歡喜
棄我猶如卸甲冑。　（D.16;A.8:70;Ud.6:1）

大地震動的原因

阿難想道：「真是稀有啊！真是不可思議啊！大地震動，其勢恐怖，令人毛髮直豎，天鼓迴響不已。以何因緣大地震動？」

他到世尊處，敬禮後，坐於一旁，然後向世尊問起這場地

震。

「阿難！大地震動有八種原因。哪八種？大地依水而住，水
依風而住，風依空而住。時有巨風吹起（強大力量的移動）；風
吹水動；水動則地動，這是第一種原因。復次，有神通、心得自
在的沙門或婆羅門，或具大神通、大威力的天神，僅修地想而少
修水想時，則使地搖動、震動與顫動，這是第二種原因。復次，
若有菩薩，正念、正知，離兜率天，入母胎中，則地搖動、震動
與顫動，這是第三種原因。復次，若有菩薩，正念、正知，由母
胎出，降生於世，則地搖動……這是第四種原因。復次，當如來
證無上等正覺時，則地搖動……這是第五種原因。復次，當如來
轉無上法輪時，則地搖動……這是第六種原因。復次，當如來正
念、正知，放捨求生之念，則地搖動……這是第七種原因。復
次，當如來於無餘涅槃界入般涅槃時，則地搖動……這是第八種
原因。」❻（D.16;A.8:70;Ud.6:1）

阿難三次請求佛陀住世而遭拒

「阿難！往昔我成就正覺，在優樓頻螺村尼連禪河邊牧羊人
之榕樹下時，惡魔來對我說：『請世尊現在就入般涅槃。』隨後
世尊講述了他與魔王之間的對話，之後他說：「阿難！如來今天
在遮婆羅廟，正念、正知，放捨求生之念。」

聽到此言，阿難尊者說：「世尊！請世尊住壽一劫，請善逝
住壽一劫，以利樂眾生、慈憫世間、安樂人天。」

「夠了，阿難！別懇請如來，現在非懇請如來之時。」

阿難第二次提出相同的請求，但得到相同的回答。在第三次
時請求，世尊說：

「阿難！你對如來所成的正覺有信心嗎？」

「有，世尊！」

「既然如此，又爲何三度請求如來呢？」

「世尊！我由世尊口中聽聞並學到：『任何人修習、多修習四神足，以其爲工具，以其爲基礎，建立、穩固、保持它，便可隨其所欲住壽一劫或一劫以上。』」

「你對此有信心嗎？」

「有，世尊！」

「如此，阿難！這是你的惡作、你的罪過。雖然如來說出如此清楚明顯的暗示，但你卻無法了解。你未懇求世尊，請世尊住壽一劫，以利益並安樂人天。你若如此懇求，如來將拒絕你二次，第三次時他將接受。因此，阿難！這是你的惡作、你的罪過。往昔我在王舍城靈鷲山時，也曾告訴你：『阿難！王舍城是悅人之處，靈鷲山是悅人之處。任何人修習、多修習四神足……便可隨其所欲住壽一劫或一劫以上。阿難！如來已修習四神足，可隨其所欲住壽一劫或一劫以上。』雖然如來說出如此清楚明顯的暗示，但你卻無法了解。你未懇求世尊：『世尊！請世尊住壽一劫，請善逝住壽一劫，以利樂眾生、慈憫世間、安樂人天。』你若如此懇求，如來將拒絕你二次，第三次時他將接受。因此，阿難！這是你的惡作、你的罪過。又，往昔我在王舍城尼拘律園……在盜賊谷）……在毘婆羅山……在七葉窟……在仙人山黑石窟……在寒林之薩婆桑提迦岩……在溫泉園中……在迦蘭陀竹林園……在耆婆的芒果園……在曼直林之鹿園……；往昔我亦在毘舍離的憂園廟……在瞿曇廟……在七聚廟……在多子廟……在沙羅廟……又，今天在此遮婆羅廟……阿難！與一切親愛、所愛者終有別離、離散、分離之日？凡有所生、所爲、有爲、有滅壞之

法者，豈能不滅？實無可能。如來已棄捨、棄除、捨離、捨斷、放下與出離求生之念，如來已明確地宣布：『如來不久即將入般涅槃，三個月後，如來即將入般涅槃。』如來已不可能收回此語。阿難！讓我們前往大林的重閣講堂。」

「是的，世尊！」阿難尊者答道，到達後，世尊對阿難尊者說：「阿難！召集在毘舍離一帶的比丘到講堂集合。」

阿難尊者如囑召集比丘，在比丘聚集後，他通報世尊。世尊來到講堂，在備好的座位上入座。他對諸比丘說：

「諸比丘！我已教導你們所證知之法，你們當善理解、修習、多修習，令此梵行長續久住；你們當為利樂眾生、慈愍世間、安樂人天而修行。所修之法為何？即四念住、四正勤、四如意足、五根、五力、七覺支與八正道。我已教導你們所證知之法，你們當善理解……為安樂人天而修行。」

世尊於是對諸比丘如是說：「諸比丘！我向你們宣說此語：『諸行的本質是皆歸衰滅。你們當精進，以圓滿成就，如來不久將入般涅槃。』世尊如是說後，善逝如是說後，大師又說：

我命已成熟，我壽已減少；
舍汝等我往，獨歸我自己。
諸比丘精勤，正念持淨戒，
正思心等持，已善守護心。
精勤住法戒，舍離生流轉，
以使苦止息。（D.16;參A.4:1）

佛陀最後一次回顧毘舍離

那時，世尊於清晨著下衣，持鉢與大衣，到毘舍離乞食。在毘舍離遊行乞食，食後歸來途中，他如同大象般②轉過身來，回顧毘舍離。然後，他對阿難尊者說：「阿難！這是如來最後一次見毘舍離。來，阿難！讓我們前往犍荼村。」

「是的，世尊！」阿難尊者答道。之後，世尊與諸比丘同行至犍荼村。在犍荼村時，世尊如是告訴諸比丘：「諸比丘！因不知、未洞察四種法，我與你們如是長久於流轉輪迴。哪四種法？即聖者之戒、聖者之定、聖者之慧與聖者之解脫。但若得知並洞察此四種法，則斷盡有欲，滅盡導有之渴愛，而永不再生。」
（D.16;參A.4:1）

諸比丘當憶持四大教法

世尊在犍荼村時，時常對諸比丘說如是法要：「此是戒，此是定，此是慧。修習戒成就，則定有大利益、大果報；修習定成就，則慧有大利益、大果報；修習慧成就，則心完全由欲漏、有漏、見漏與無明漏等之諸漏解脫。」

佛在犍荼村隨意地住了一段時間後，對阿難說：「來，阿難！讓我們前往象村。」

「是的，世尊！」阿難尊者答道。之後，世尊與諸比丘同行至象村。

類似地，他又訪問了菴婆羅村和閻浮村。他在閻浮村隨意地住上一段時間後，對阿難說：「來，阿難！讓我們前往負彌城。」

「是的，世尊！」阿難尊者答道。之後，世尊與諸比丘同行至負彌城。到達之後，住在負彌城中的阿難廟中。在那裡，他對諸比丘說：「諸比丘！我今教授你們四大教法。諦聽！善思念我所說法。」

「是的，世尊！」他們答道。世尊接著說：「諸比丘！有比丘說：『我從世尊口中親自聽聞；此是法，此是律，此是大師所教。』又有比丘說：『某處有僧伽，諸長老與耆德居住其中，我從該僧伽處親自聽聞，此是法，此是律，此是大師所教。』又有比丘說：『某處有眾長老比丘，為多聞，善知其承傳，善憶持律，善憶持戒者，我從那些長老處親自聽聞，此是法，此是律，此是大師所教。』又有比丘說：『某處有一長老比丘，為多聞，善知其承傳，善憶持律，善憶持戒者，我從該長老處親自聽聞，此是法，此是律，此是大師所教。』

「對此比丘之所說，不應讚嘆、不應排拒，並無讚嘆或排拒，而當善理解其辭句，或以律藏印證它，或以經藏確認它。若無法從律藏中獲得印證，或從經藏中得到確認，則當作此結論：『這些話絕對不是世尊所說，是該比丘，或該比丘僧伽，或該長老們，或該長老的誤解。』你們當依之予以拒絕。若此言能從律藏中獲得印證，或從經藏中得到確認，則當作此結論：『這些話絕對是世尊所說。該比丘，或該比丘僧伽，或該長老們，或該長老正解無誤。』你們當憶持以上四大教法。」（D.16;A.4:180）

佛在負彌城阿難廟時，時常對眾比丘作如是言：「此是戒，此是定，此是慧。修習戒成就，則定有大利益、大果報；修習定成就，則慧有大利益、大果報；修習慧成就，則心完全由欲漏、有漏、見漏與無明漏等之諸漏解脫。」（D.16）

世尊受純陀請食而患病

世尊在負彌城隨意地住上一段時間後，對阿難尊者說：「來，阿難！讓我們前往波婆城。」

「是的，世尊！」阿難尊者答道。之後，佛與諸比丘同行至波婆城。到達後，住在波婆城金匠之子純陀的芒果園中。

金匠之子聽到世尊住在他的芒果園，便世尊處，敬禮後，坐於一旁。世尊說法，以教示、勸導、激勵、鼓舞他。之後，純陀對世尊說：「世尊！請世尊與比丘眾明日接受我請食。」

世尊默然同意，純陀明白世尊已接受，便起身敬禮世尊後，右繞而去。

是夜過後，他在家中準備好各種豐盛的食物，以及許多剎碎的豬肉❼，派人通報：「世尊！時間已到，食物已備。」世尊於清晨著下衣，持鉢與大衣，與諸比丘一同前往金匠之子純陀家。抵達後，坐於備好之座上，然後對純陀說：「純陀！將你所準備的碎豬肉拿來給我，將其餘食品給比丘眾。」

「是的，世尊！」純陀答道，並依囑而行。世尊又告訴他：「純陀！如尚有碎豬肉餘下，須在地上挖洞埋之。在這諸天、魔與梵天的世界，乃至沙門、婆羅門、國王與臣民的眾生界中，除了如來，我不見尚有其他人吃下此肉，而可消化者。」

「是的，世尊！」純陀答道，並將剩餘的碎豬肉埋入洞中。之後，到世尊處，敬禮後，坐於一旁。世尊以正教示他後，離座而去。

世尊在食用金匠之子純陀所提供的食物後，便患重症之痢疾，痢血痛極，幾乎致命。他以正念、正知忍受著病痛，毫無呻吟。他對阿難尊者說：「來，阿難！讓我們前往拘尸那羅城。」

「是的，世尊！」阿難尊者答道。（D.16;Ud.8:5）

阿難取水，驚見渾水清

世尊於途中離開大路，坐在一棵樹下，對阿難尊者說：「阿難！將我的大衣褶成四疊，舖在地上；我身疲乏，將坐下小憩。」

「是的，世尊！」阿難尊者答道。世尊坐於備好之座上，他說：「阿難！請取些水來，我口渴欲飲。」

阿難尊者說：「世尊！有五百車乘方涉水過河，水被車輪所攪，其流不暢，渾濁不清。腳俱多河河離此不遠，其水澄淨、甘美、清涼，其岸平緩宜人。世尊可於彼處飲水，亦可於彼處涼爽手足。」

世尊第二次要求，得到相同的回答。世尊又第三次說：「阿難！請取些水來，我口渴欲飲。」

「是的，世尊！」阿難尊者答道。他拿了鉢，來到河邊。水被車輪所攪，其流不暢，渾濁不清，但阿難尊者一到，河水就立刻變得澄澈清淨，他為此而感到驚訝。以鉢取水後，回來將發生的事告訴世尊，又補充說：「世尊！請世尊飲此水，請善逝飲此水。」世尊則將其水飲盡。（D.16;Ud.8:5）

車乘、雷雨不擾佛陀

那時有個末羅族人福貴，是阿羅邏迦羅摩的弟子，正走在拘尸那羅到波婆城的路上。見世尊坐在樹下，他走上前去，敬禮後，坐於一旁，說道：「世尊！眞是稀有啊！那些離家而出家

者，能如此平靜而住，眞是不可思議啊！往昔阿羅邏迦羅摩於旅途中，離開大路，白天坐息於樹下。那時，有五百車乘通過其附近。其後，有一人隨商隊車乘之後而行，來到阿羅邏迦羅摩處，問道：『尊者！你可曾見到五百車乘從這裡駛過？』──『『朋友！我沒有見到。』──『那麼，尊者！你可聽到其車聲？』────『朋友！我沒有聽到。』──『那麼，尊者！你剛才睡著了嗎？』──『朋友！我並未睡著。』──『那麼，尊者！你的意識是清醒的嗎？』──『朋友！我的意識清醒。』──『那麼，尊者！你既意識清醒又未睡著，卻未眼見五百車乘由你身旁駛過，也未耳聞其車聲，然而你的大衣上卻濺了泥？』──『是的，朋友！』其人於是心想：『眞是稀有啊！那些離家而出家者，能如此平靜而住，眞是不可思議啊！他們意識清醒，不曾入睡，卻未眼見五百車乘駛過，也未耳聞其車聲。』對阿羅邏迦羅摩表示了極大信心之後，他繼續上路。」

「福貴！你認爲如何呢？某人意識清醒，不曾入睡，卻未眼見五百車乘駛過，也未耳聞其車聲。或另一人意識清醒，不曾入睡，既未眼見傾盆大雨，雷電交加，又未耳聞其聲。這兩者之間，何者爲難？」

「世尊！若以五百、六百、七百、八百、九百，乃至上千車乘，又何足論？保持意識清醒，不曾入睡，既未眼見傾盆大雨，雷電交加，又未耳聞其聲，實爲更難。」

「福貴！我曾住於阿頭村一座打穀倉附近。一次逢傾盆大雨，雷電交加，有兩個耕夫兄弟、四頭牛皆受到雷擊而死。有一群人走出阿頭村，來察看那喪命的兩位兄弟與四頭牛。那時，我走出打穀倉，於門前的空地來回經行。有一人自群眾中走出，當他向我敬禮後，立於一旁。我問他：『朋友！這群人爲何聚集於

此？』——『世尊，方才傾盆大雨，雷電交加，有兩個耕夫兄弟、四頭牛皆受到雷擊而死，所以眾人群聚於此。但是，世尊！你當時在何處？』——『朋友！我在此處。』——『世尊！你可眼見？』——『朋友！我沒有見到。』——『那麼，世尊！你可聽到其聲？』——『朋友！我沒有聽到。』——『那麼，世尊！你剛才睡著了嗎？』——『朋友！我並未睡著。』——『那麼，世尊！你的意識是清醒的嗎？』——『朋友！我的意識清醒。』——『那麼，世尊！你既意識清醒又未睡著，卻未眼見，又未耳聞傾盆大雨、雷電交加？』——「是的，朋友！」其人於是心想：『真是稀有啊！那些離家而出家者，能如此平靜而住，真是不可思議啊！他們意識清醒，不曾入睡，卻未眼見，又未耳聞傾盆大雨、雷電交加！』他對我表示了極大的信心，敬禮後，右繞而去。」

「世尊！讓我把對阿羅邏迦羅摩的信心，如隨大風而吹去，隨激流而漂去。世尊，真是殊勝啊！世尊，真是殊勝啊！……我皈依世尊、皈依法、皈依僧。從今日起，請世尊接受我為盡形壽追隨世尊的弟子。」（D.16）

柔絹金色衣失色

末羅族人福貴於是對某人說：「為我取來兩件柔絹金色衣。」

「是的，尊者！」此人答道，並依囑作。福貴將之攜至世尊處，說道：「世尊！請世尊慈愍我，接受此兩件柔絹金色衣。」

「那麼，福貴！你可將其一著於我身，其一著於阿難身。」

「是的，世尊！」他答道，並依囑作。然後，世尊說法，以

教示、勸導、激勵、鼓舞他。結束後,福貴即從座起,敬禮後,右繞而去。

他離去後不久,阿難尊者將那兩件柔絹金色衣覆於佛身。如此作時,那燦爛的金色衣似乎失去了它的光芒。阿難尊者說道:「世尊,真是稀有啊!世尊的膚色是多麼澄澈光明,真是不可思議啊!當我將這兩件柔絹金色衣覆於佛身時,那燦爛的金色衣似乎失去了它的光芒。」

「實為如此,阿難!實為如此。有兩個時機如來的膚色變得特別地澄澈光明,是哪兩個時機?一是證得無上正覺的前夕,二是於無餘涅槃界入般涅槃的前夕。阿難!事實上,今晚後夜時分,於末羅國進入拘尸那羅城的娑羅樹林中的娑羅雙樹下,如來將入般涅槃。」

「是的,世尊!」阿難尊者答道。

然後,世尊與相隨的諸比丘來到腳俱多河畔,走入河中,沐浴並飲水,出水後走到一個芒果園。在那裡世尊對淳陀尊者說:「淳陀!將我的大衣褶成四疊,鋪在地上,我身疲乏,今將臥息。」

「是的,世尊!」淳陀尊者答道,並依囑作。決定好醒覺的時間後,世尊採獅子臥姿,右脅而臥,將一腿置於另一腿上,保持正念、正知。淳陀尊者便坐於世尊前。（D.16）

純陀供養佛陀的果報

世尊對阿難尊者說:「阿難!或有人挑撥,使得金匠子純陀生如此悔意:『於你此實非功德,而為過失,純陀!世尊於汝處得最後供養,便入般涅槃。』此等悔意,當如是駁之:『於你此

實爲功德，此非過失，純陀！世尊於汝處得最後供養，便入般涅槃。朋友，純陀！我親聞世尊說：有兩種供養食，有相等的果報與異熟，比其他的供養食，更爲殊勝。哪兩種？一是食此供養食後，如來證得無上正覺。二是食此供養食後，如來於無餘涅槃界入般涅槃。金匠之子純陀已積聚福行，將來必定得長壽、生高貴家、得安樂、得好名聞、得生天上。』他若生任何悔意，當如是駁之。」

了知其中的意義，世尊不禁發出如下的感嘆：

布施者其福必增，自制者則無冤敵，
善巧者遠離諸惡，息貪、瞋、痴而得涅槃。 （D.16;Ud.8:5）

百花飄落，向佛陀致敬

然後，世尊對阿難尊者說：「來，阿難！讓我們前往希連禪河對岸，末羅國進入拘尸那羅城的娑羅樹林。」

「是的，世尊！」阿難尊者答道。之後，世尊與諸比丘同行至希連禪河對岸，末羅國進入拘尸那羅城的娑羅樹林。然後，他對阿難尊者說：「阿難！請在娑羅雙樹下爲我敷設床坐，使頭朝北，我身疲乏，今將臥息。」

「是的，世尊！」阿難尊者答道，並依囑作。世尊採獅子臥姿，右脅而臥，將一腿置於另一腿上，保持正念、正知。

那時，娑羅雙樹於非時節而花開纍纍，其花飄落，繽紛而下，遍覆世尊之身，向世尊致敬。又有曼陀羅花、栴檀香末，從天飄落，繽紛而下，遍蓋世尊之身，向世尊致敬。又有妙音、妙歌，於空中演唱，向世尊致敬。

世尊於是對阿難尊者說：「阿難！此娑羅雙樹於非時節而花開纍纍，其花飄落，繽紛而下，遍覆世尊之身，向世尊致敬。又有曼陀羅花、栴檀香末，從天飄落，繽紛而下，遍蓋世尊身，向世尊致敬。又有妙音、妙歌，於空中演唱，向世尊致敬。然而，這並非恭敬、尊重、尊敬、供養如來的方式。正確的方式應爲比丘、比丘尼、優婆塞、優婆夷，安住於法，如法生活，如法而行。在所有的恭敬、尊重、尊敬、供養如來的方式中，以此法供養爲最。因此，阿難！你當如此修習：『我等當安住於法，如法生活，如法而行。』」（D.16）

佛陀將入般涅槃，諸天哀傷

其時，優波摩尊者站在世尊前，爲世尊搖扇。世尊對他說：「去，比丘！勿立於我前。」

阿難尊者思惟：「優波摩尊者爲世尊侍者時日已久，親奉持、常近侍世尊。但在這最後時刻，世尊卻斥退他說：『去，比丘！勿立於我前。』這是什麼緣故？」阿難便問世尊，世尊回答：「阿難！十方世界眾多諸天今皆來此探望如來，於娑羅樹園十二由旬內，連馬的一毫毛端那點空間也都爲諸天所佔滿。他們正抱怨著：『我等自遠處來瞻仰如來，如來、應供、等正覺者出現世間甚爲稀有，今晚後夜，如來將入般涅槃。卻有此比丘，其身顯赫，立於世尊前，遮蔽我們，使我們在最後的一刻，不得瞻仰如來。』諸天如是埋怨，阿難！」

「如此，世尊！世尊認爲彼等諸天的狀態是如何呢？」

「於虛空界的天人，有地上之俗念者，他們現在或散髮而哭，或仰舉雙臂而哭，或跌坐在地，前後翻滾，高聲哭喊：『世

尊之般涅槃，何其迅速！善逝之般涅槃，何其迅速！世間之眼目
消逝，何其迅速！』於地上的天人，有地上之俗念者，其反應也
是如此。但其中有離欲愛盡的天人，他們正念、正知地思惟道：
『諸行無常，凡有所生、所爲、有爲、有滅壞之法者，豈能不
滅？實無可能。』」（D.16）

佛陀的聖跡有四處

「世尊！以前諸比丘在各處雨安居後，都會來見如來。我們
由此可見到諸比丘，並向其致敬。但世尊入般涅槃之後，我們就
無法再如此做了。」

「阿難！有個四處所，具信心者前往見之，便能望而生信。
哪四處？如來是在此處出生，具信心者若前往見之，便能望而生
信。如來是在此處成等正覺，具信心者若前往見之，便能望而生
信。如來是在此處轉無上法輪，具信心者若前往見之，便能望而
生信。如來是在此處於無餘涅槃界入般涅槃：具信心者若前往見
之，便能望而生信。具信心的比丘、比丘尼、優婆塞、優婆夷會
前來此地，並說：『如來是在此處出生』、『如來是在此處成等
正覺』、『如來是在此處轉無上法輪』、『如來是在此處於無餘涅
槃界入般涅槃』。那些懷具信心，跋涉去朝禮這些聖跡者，於身
壞命終後，當生於善趣，乃至天界。」（D.16）

與女人相處的態度

「世尊！我們應如何與女人相處？」
「不要看她們。」

「世尊！但如果我們看到了呢？」

「不要對她說話。」

「但如果她和我們說話呢？」

「阿難！要保持正念。」（D.16）

如何處理世尊遺體

「世尊！我們當如何處理世尊的遺體？」

「阿難！別在恭敬供養如來遺體上過費心思，將心放在追求自己的目標上，努力實現自己的目標，精進、熱忱，為自己的利益而調伏自我。自有具智慧的剎帝利、婆羅門與居士，他們對如來具足信心，會知道如何供養如來的遺體。」

「世尊！但人應如何處理世尊的遺體呢？」

「當按轉輪聖王之儀規處理❽。」

「世尊，但按轉輪聖王之儀規又是如何處理？」

「他們將遺體以新布裹之，又以疊絮包之，再以新布裹之。如此往復，雙層包裹，計五百次。置於有油的鐵棺，再將此棺，置於另一槨中。又以諸香木堆砌一柴堆，火化遺體，又在四衢道中築一塔以為紀念，此是處理轉輪聖王遺體之儀規；如來的遺體亦當依照此儀規。又當在四衢道中築一佛塔以為紀念；凡對佛塔獻花、燒香、圖繪、禮拜，在其處生信心者，當獲得長久的利益與安樂。有四種人，應值得為之造塔。哪四種人？如來、應供、等正覺者；辟支佛；證阿羅漢果的如來弟子；轉輪聖王。此四種人值得為之造塔的目的為何？許多人生起信心而思惟：『此是如來、應供、等正覺者之塔』、『此是辟支佛之塔』或『此是證阿羅漢果的如來弟子之塔』或『此是轉輪聖王之塔。』生此信心

者，於身壞命終後，當生於善趣，乃至天界。」（D.16）

阿難的悲傷

然後，阿難尊者進入精舍，閂鎖門栓，佇立涕泣。他想道：
「我今還是個有學者，尚未成為無學者，慈愍我的老師，卻行將
入般涅槃！」

世尊問諸比丘：「諸比丘，阿難在哪裡？」

「世尊！他方才進入精舍，閂鎖門栓，佇立涕泣。他想道：
『我今還是個有學者，尚未成為無學者，慈愍我的老師，卻行將
入般涅槃！』」

世尊對一比丘說：「來，比丘！到阿難處，以我之名告訴他
說：『朋友，阿難！老師喚你。』」

「是的，世尊！」比丘答道，到阿難處，告訴他：「朋友，
阿難！老師喚你。」

「是的，朋友！」阿難尊者答道，於是他來到世尊處，敬禮
後，立於一旁。世尊對他說：「好了，阿難！勿再悲傷，勿再憂
惱。難道我不曾反復地告訴你與一切親愛、所愛者終有別離、離
散、分離之日？凡有所生、所為、有為、有滅壞之法者，豈能不
滅？實無可能。阿難！長期以來，你一貫以慈愛、利行、安樂、
摯誠的身行，毫無保留地奉侍如來，語行與意行也是如此。阿
難！你功德已立，善為精勤，便可儘速解脫諸漏。」

然後，世尊如是告訴諸比丘：「諸比丘！過去諸應供、等正
覺者，亦有侍者，其奉侍如來，猶如阿難現今奉侍於我。未來諸
應供、等正覺者，亦將有侍者，其奉侍如來，亦如阿難現今奉侍
於我。諸比丘！阿難是智慧者，他了知：『此刻當是比丘前來見

如來之時；此刻當是比丘尼前來見如來之時；此刻當是優婆塞……
……優婆夷前來見如來之時；此刻當是國王、國王的大臣、外道與
外道弟子前來見如來之時。』」（D.16）

轉輪聖王有四種稀有、不可思議之法。哪四種？若有剎帝利
眾、婆羅門眾、居士眾、沙門眾，見之即生歡喜；若他說法，眾
人聞之即生歡喜；若他默而不語，他們則不滿足。阿難也有四種
稀有、不可思議之法。哪四種？若有比丘眾、比丘尼眾、優婆塞
眾、優婆夷眾，見之即生歡喜；若他說法，他們聞之即生歡喜；
若他默而不語，他們則不滿足。（D.16;A.4:129-30）

佛陀選在拘尸那羅城入滅

如是說後，阿難尊者說：「世尊！請別在這個窮鄉僻壤、偏
遠不便的小鎮入般涅槃。今有大城如瞻波城、王舍城、舍衛城、
娑祇多城、憍賞彌城與波羅奈城。請世尊在其中之一處入般涅
槃，那裡有許多地位顯赫、信仰如來的剎帝利，婆羅門與居士，
他們會恭敬供養世尊的舍利。」❾

「別如此說，阿難！別說：『這個窮鄉僻壤、偏遠不便的小
鎮。』往昔曾有大善見王，他是轉輪聖王，征服四方，國土安
寧，七寶具足。他的京城在拘尸那羅城，在當時稱為拘舍婆提，
此城由東向西有十二由旬，由北到南有七由旬。此拘舍婆提京
城，宏偉、繁榮、富裕，城中居民稠密，如諸天所謂的阿拉加曼
陀王城一般。拘舍婆提京城中有十種聲不絕於耳，象聲、馬聲、
兵車聲、大鼓聲、鼓聲、琵琶聲、歌謠聲、鈸聲、鑼聲與『吃！
飲！嚐』之吆喝聲。」（D,16,17）

「阿難！去拘尸那羅城，對城裡的末羅族人說：『婆私吒等！今晚後夜時分，如來將入般涅槃。快來！婆私吒，快前來！免生後悔：如來在我們的城鄉入般涅槃，而我們在最後一刻未去見如來。』」

「是的，世尊！」阿難尊者答道，他著下衣，持缽與大衣，由一位比丘隨同進入拘尸那羅城。那時，拘尸那羅城的末羅族人正聚集會堂商議眾事。阿難尊者入其會堂，對眾宣布：「婆私吒等！今晚後夜時分，如來將入般涅槃。快來！婆私吒，快前來！免生後悔：『如來在我們的城鄉入般涅槃，而我們在最後一刻未去見如來。』」

聽到阿難尊者的話，拘尸那羅城末羅族的青年、少女與婦女，皆感到絕望、驚愕，陷於悲傷之中，有些人或散髮而哭，或仰舉雙臂而哭，或跌坐在地，前後翻滾，高聲哭喊：「世尊之般涅槃，何其迅速！善逝之般涅槃，何其迅速！世間之眼目消逝，何其迅速！」

懷著絕望、驚愕，陷於悲傷之中，末羅族的青年、少女與婦女一同來到末羅國進入拘尸那羅城的娑羅樹林，他們找到阿難尊者。阿難尊者於是思惟：「我若令拘尸那羅城的末羅族人一一敬禮世尊，恐怕未結束，天就亮了。我何不令每一家族派一代表來敬禮世尊，並向世尊宣報：『世尊！末羅族人某某，同其子女、妻子、僕役與朋友，頂禮世尊之足。』」他便如此作。初夜未竟，人們對世尊敬禮完畢。（D.16）

須跋陀成爲佛陀最後的弟子

然而，有位遊方沙門須跋陀正暫住在拘尸那羅城，他聽到：

「今晚後夜時分，沙門喬達摩將入般涅槃。」然後思惟：「久聞遊方沙門的長老與老師們說，如來、應供、等正覺者出現世間，甚為稀有。今晚後夜時分，沙門喬達摩將入般涅槃。我心中有疑，但我對沙門喬達摩有信心，相信他能善巧為我說法，使我得除此疑。」

他來到末羅國進入拘尸那羅城的娑羅樹林，到阿難尊者前，告訴他自己心中的想法，又加上說：「阿難大師！唯願我得見沙門喬達摩。」

阿難尊者說道：「夠了！朋友，須跋陀！勿煩擾如來，世尊甚為疲倦。」

遊方沙門須跋陀又提出相同的請求，第二次、第三次都得到相同的回答。世尊聽到他們的對話，於是對阿難尊者說：「夠了，阿難！勿阻攔須跋陀，讓他來見如來，他之所問，只是為了求知，而非煩擾我，我對他所說的，他將立刻理解。」

阿難尊者於是告訴遊方沙門須跋陀：「去，朋友，須跋陀！世尊已允你入見。」

他到世尊處，彼此問候、寒暄後，坐於一旁，然後對世尊說：「大師喬達摩！時有諸多沙門、婆羅門，各有信眾，各有弟子，為弟子之師，各是有名聲、著名的賢者，被許多人認為是聖者，諸如富蘭那迦葉、末伽梨瞿舍利、阿耆多翅舍欽婆羅、迦求陀迦旃延、珊闍耶吠羅底子與尼乾陀若提子。他們是否如其所宣稱的已證知，或其中沒有任何人證知，或其中有人已證知，而有人未證知？」

「夠了，須跋陀！不論他們如其所宣稱的已證知，或其中沒有任何人證知，或其中有人已證知，而有人未證知，任其為之。我今為你說法，須跋陀！善諦聽我所說。」

「是的，世尊！」 他回答道。

「須跋陀！在任何的法與律中，若無八支聖道者，其處則無第一之沙門果，無第二之沙門果，無第三之沙門果，亦無第四之沙門果❿。在任何的法與律中，有八支聖道者，其處則有第一之沙門果，有第二之沙門果，有第三之沙門果，亦有第四之沙門果。他人之教，不見諸沙門果。諸比丘但能依正道而行，世間便不會缺少阿羅漢。

「須跋陀！
　我歲二十九，出家求善道，
　自出家以來，五十餘年逝。
　在此教法外，少分法而行③，
　則無沙門果。

「亦無第一之沙門果，無第二之沙門果，無第三之沙門果，亦無第四之沙門果。他人之教，不見諸沙門果。諸比丘但能依正道而行，世間便不會缺少阿羅漢。」

遊方沙門須跋陀於是說道：「真是神妙啊！世尊，真是神妙啊！世尊以不同的方法清楚地闡釋法，如扶正傾覆，或能揭露覆藏，或指點迷津，又如於黑暗中提舉燈火，令有眼者見色。我要皈依世尊、法與比丘眾，我願隨世尊出家，受具足戒。」

「須跋陀！若為其他外道者，願於此法與律中出家求受具足戒，慣例要有四個月的考驗期。四個月之後，若比丘眾無異議，方可剃度出家受具足戒，成為比丘，但我知道在此還是有些例外。」

「世尊！既然如此，我願意被考驗四年，四年之後，若比丘

眾無異議，他們將讓我出家受具足戒，成爲比丘。」

　　但世尊告訴阿難尊者說：「阿難！此時讓須跋陀出家。」

　　「是的，世尊！」阿難尊者答道。

　　遊方沙門須跋陀於是對阿難尊者說❶：「你得大利益，朋友，阿難！你得大利益，在大師面前，得以選爲繼承的弟子。」

　　如此遊方沙門須跋陀依世尊出家，受具足戒。受戒後不久，他在獨住、遠離、精進、熱忱、自制中，於現法自證、現證，具足無上梵行而住，也就是聖弟子離家而過出家生活的目的。他證知：「我生已盡，梵行已立，所作已辦，不受後有。」如此，須跋陀尊者成爲一位阿羅漢。他是最後一位世尊親自度化的弟子。（D.16）

佛陀囑咐阿難的幾件事

　　然後，世尊告訴阿難尊者：「阿難！你或許認爲：『老師之教言已成往事，我等已不復有老師。』但你不應如此認爲，於我滅後，我之前所教的法與律即爲你們的老師。直至今日，諸比丘均以『朋友』互稱，於我滅後，勿再使用。比丘中年長者可直呼年少者之名或姓，或是『朋友』；比丘中年少者應稱年長者爲『大德』或『尊者』。於我滅後，僧團如有此意，小小戒可以捨。於我滅後，於車匿比丘當加重其懲罰❷。」

　　「那麼，世尊，其懲罰當如何加重呢？」

　　「不論車匿比丘有何欲求，不論他有何言詞，比丘眾應莫與之言，莫諫之，莫教之。」（D.16）

世尊自在入般涅槃

世尊如是告訴諸比丘：「諸比丘！若比丘對佛、法、僧、道或正道之進展有疑，可疾問之，免後生悔：『我們於老師面前時，未得直接向世尊請問。』」

如此說後，諸比丘默然不語，世尊第二次、第三次說了相同的話，每次他們都默然不語。世尊於是告訴他們：「諸比丘！你們無須對老師心懷敬畏，但可以直言如友。」

如此說後，他們默然不語，阿難尊者於是對世尊說：「真是稀有啊！世尊，真是不可思議啊！我對比丘眾有如是信心，我相信沒有任何比丘對佛、法、僧、道或正道之進展有所疑惑。」

「阿難！你說此語出於信心，但如來有如是之智，知在此比丘眾中，並無一位對佛、法、僧、道或正道之進展有所疑惑。此五百比丘眾中，在最後者也已成為入流者，不再墮惡趣，得不壞淨信，趨向於覺悟。」

然後，世尊如是告訴諸比丘：「諸比丘！我以此語告訴你：『諸行皆是壞滅之法，應自精進不放逸，勤求出道。』」❸
（D,16;A.4:76）

這是如來最後的遺教。

然後，世尊入初禪；由初禪出定，而入第二禪；由第二禪出定，而入第三禪；由第三禪出定，而入第四禪；由第四禪出定，而入空無邊處定；由空無邊處定出定，而入識無邊處定；由識無邊處定出定，而入無所有處定；由無所有處定出定，而入非想非非想處定；由非想非非想處定出定，而入滅受想定。

阿難尊者於是對阿那律尊者說：「尊者！世尊已入般涅

槃。」

「不,朋友!世尊尚未入般涅槃,他入於滅受想定中。」

然後,世尊由滅受想定出定,而入非想非非想處定;由非想非非想處定出定,而入無所有處定;由無所有處定出定,而入識無邊處定;由識無邊處定出定,而入空無邊處定;由空無邊處定出定,而入第四禪;由第四禪出定,而入第三禪;由第三禪出定,而入第二禪;由第二禪出定而入初禪;由初禪出定而入第二禪;由第二禪出定,而入第三禪;由第三禪出定,而入第四禪;由第四禪出定後,世尊入般涅槃。

世尊入般涅槃時,大地震動,其勢恐怖,令人毛髮直豎,天鼓迴響不已。

世尊入般涅槃時,娑婆主梵天以偈頌說:

一切世間諸有情,捨眾緣和合之身,
縱無倫比之老師,圓滿大力正覺者,
亦已入於般涅槃。 (D.16;S.6:15)

世尊入般涅槃時,眾天之王釋提桓因以偈頌說:

一切行無常,斯皆生滅法,
雖生尋已滅,斯寂滅為樂。 (D.16;S.6:15)

世尊入般涅槃時,阿那律尊者以偈頌說:

縱聖人如彼,其心安樂住,
已無有氣息,已滅諸貪欲,

智者盡其壽，專致於寂靜。
以無礙之心，善忍諸痛苦，
其心之解脫，猶如燈火滅。

世尊入般涅槃時，阿難尊者以偈頌說：

啊！其時甚恐怖，
啊！身毛皆豎立；
無上榮耀正覺者，
今已入於究竟滅。（D.16;S.6:15）

世尊既入般涅槃，比丘眾中有未離欲者，或仰舉雙臂而哭，或跌坐在地，前後翻滾，高聲哭喊：「世尊之般涅槃，何其迅速！善逝之般涅槃，何其迅速！世間之眼目消逝，何其迅速！」但那些已離欲者，正念、正知地說：「凡有所生、所爲、有爲、有滅壞之法者，豈能不滅？實無可能。」

阿那律尊者於是告訴諸比丘：「夠了，朋友！莫再悲傷，莫再憂惱。難道世尊不曾告訴我們，與一切親愛、所愛者終有別離、離散、分離之日？凡有所生、所爲、有爲、有滅壞之法者，豈能不滅？實無可能。諸友！諸天也正在抗議。」

「阿那律尊者！您心中所想的是哪一類的諸天？」

「諸友！於虛空界的天人，有地上之俗念者，他們現在或散髮而哭，或仰舉雙臂而哭，或跌坐在地，前後翻滾，高聲哭喊：『世尊之般涅槃，何其迅速！善逝之般涅槃，何其迅速！世間之眼目消逝，何其迅速！』於地上的天人，有地上之俗念者，其反應也是如此。但其中有離欲的天人，他們正念、正知地說：『諸

行無常,凡有所生、所爲、有爲、有滅壞之法者,豈能不滅?實無可能。』」

阿那律尊者與阿難尊者以當夜剩餘的時間說法。然後,阿那律尊者對阿難尊者說:「去,朋友!到拘尸那羅城去,向該城的末羅族人宣告:『婆私吒!世尊已入般涅槃,悉聽尊便。』」

「是的,尊者!」阿難尊者答道。他於清晨著下衣,持鉢與大衣,由一位比丘隨同進入拘尸那羅城。那時,拘尸那羅城的末羅族人正聚集會堂商議眾事。阿難尊者入其會堂,對眾宣布:「婆私吒!世尊現已入般涅槃。」

聽到阿難尊者的話,拘尸那羅城末羅族的青年、少女與婦女,皆感到絕望、驚愕,陷於悲傷之中,有些人或散髮而哭,或仰舉雙臂而哭,或跌坐在地,前後翻滾,高聲哭喊:「世尊之般涅槃,何其迅速!善逝之般涅槃,何其迅速!世間之眼目消逝,何其迅速!」(D.16)

火化佛陀的遺體

然後,拘尸那羅城的末羅族人向男眾們發出命令:「將拘尸那羅城的香料、鮮花與一切樂器,集中此處。」他們帶著香料、鮮花、樂器以及五百匹布,來到末羅國進入拘尸那羅城娑羅樹林世尊的遺體停放處。當日他們以舞蹈、歌唱、音樂、花鬘、香料,以布搭起帳篷,對世尊的遺體表示恭敬、尊重、尊敬、供養。他們接著心想:「時間已晚,今日不宜火化世尊的遺體,當於明日行事。」第二日、第三日、第四日、第五日、第六日的情況也完全相同。

第七日時,他們心想:「讓我們將世尊遺體往南移到城外南

方，並以舞蹈、歌唱、音樂、花鬘、香料，對世尊的遺體表示恭敬、尊重、尊敬、供養，再於城南之處火化世尊的遺體。」

之後，八位末羅族首長洗頭、更衣，試圖抬起世尊的遺體，卻絲毫動彈不得。他們向阿那律尊者請教原因。

「婆私吒！你們有一意向，諸天也另有意向。」

「那麼，尊者！諸天的意向是什麼呢？」

「你們的意向是：『讓我們將世尊遺體往南移到城外南方，並以舞蹈、歌唱、音樂、花鬘、香料，對世尊的遺體表示恭敬、尊重、尊敬、供養，再於城南之處火化世尊的遺體。』諸天的意向是：『讓我們將世尊遺體往北移到城北，並以舞蹈、歌唱、音樂、花鬘、香料，對世尊的遺體表示恭敬、尊重、尊敬、供養。然後，從北門進城，從城中心走過，再從東門出城，到城東末羅族人的天冠寺，在那裡火化世尊的遺體。』

「尊者！聽從諸天的意向。」

那時，拘尸那羅城曼陀羅花遍地，深至人膝，垃圾、糞堆之上，亦不例外。

如此，諸天與人各以舞蹈、歌唱、音樂、花鬘、香料，對世尊的遺體表示恭敬、尊重、尊敬、供養後，諸天便與拘尸那羅城的末羅族人一同將世尊遺體抬至城北，從北門進城，從城中心走過，再從東門出城，到城東末羅族人的天冠寺，在那裡放下遺體。

然後，拘尸那羅城的末羅族人對阿難尊者說：「阿難尊者！我們當如何處理世尊的遺體？」

「婆私吒！世尊的遺體當按轉輪聖王的儀規處理。」

「阿難尊者！按轉輪聖王儀規又是如何處理？」

「婆私吒！他們將轉輪聖王的遺體以新布裹之，又以疊絮包

之，再以新布裹之。如此往復，雙層包裹，計五百次。置於有油的鐵棺，再將此棺，置於另一槨中。又以諸香木堆砌一柴堆，火化遺體，又在四衢道中築一塔以為紀念，此是處理轉輪聖王遺體之儀規；如來的遺體亦當依照此儀規。又當在四衢道中築一佛塔以為紀念；凡對佛塔獻花、燒香、圖繪、禮拜，在其處生信心者，當獲得長久的利益與安樂。」

因此，拘尸那羅城的末羅族人向男眾們發出一道命令，收集所有末羅國的疊絮，他們將世尊的遺體以新布裹之，又以疊絮包之；再以新布裹之；如此往復，雙層包裹，計五百次。置於有油的鐵棺，再將此棺，置於另一槨中。又以諸香木堆砌一柴堆，將世尊的遺體置於柴堆之上。（D.16）

那時，大迦葉尊者與五百比丘眾，行於從波利城至拘尸那羅城的大道途中，他離開大路，坐在樹下。那時有一邪命外道，在拘尸那羅城撿到一朵曼陀羅花，正行於那條大道上。大迦葉尊者見他走近，便問道：「朋友！你可知道我們的老師？」

「是的，朋友！我知道他。沙門喬達摩已在七日前入般涅槃，所以我得到這朵曼陀羅花。」

比丘眾中有未離欲者，或仰舉雙臂而哭，或跌坐在地，前後翻滾，高聲哭喊：「世尊之般涅槃，何其迅速！善逝之般涅槃，何其迅速！世間之眼目消逝，何其迅速！」但那些已離欲者，正念、正知地說：「凡有所生、所為、有為、有滅壞之法者，豈能不滅？實無可能。」

集會中，有位晚年才出家的須跋陀比丘，對諸比丘說：「夠了，諸友！莫再悲傷，莫再憂惱，我們終於從大沙門處得解脫。我們一向苦於他的阻撓：『此事汝當行，此事汝不當行。』而

今，我們可隨己欲而行，隨己所不欲而不行。」

然後，大迦葉尊者如是告訴諸比丘：「夠了，諸友！莫再悲傷，莫再憂惱。難道世尊不曾告訴我們，與一切親愛、所愛者終有別離、離散、分離之日？凡有所生、所為、有為、有滅壞之法者，豈能不滅？實無可能。」（D.16;Vin.Cv.11:1）

四位末羅族首長洗頭、更衣，他們心想：「讓我們點燃世尊的柴堆。」但卻無法點燃。他們向阿那律尊者請教原因。

「婆私吒！你們有一意向，諸天也另有意向。」

「那麼，尊者！諸天的意向是什麼呢？」

「婆私吒！諸天的意向是：『大迦葉尊者與五百比丘眾，行於從波利城至拘尸那羅城的大道途中，世尊的柴堆將在大迦葉尊者頂禮之後，才予點燃。』」

「尊者！聽從諸天的意向。」

大迦葉尊者來至拘尸那羅城末羅族人之天冠寺的柴堆處，到了之後，他著袈裟，令偏袒一肩，雙手合十，右繞柴堆三匝，世尊露出其足，迦葉便頭面頂禮世尊之足。五百位比丘亦著袈裟，令偏袒一肩，依大迦葉尊者所作而行。當頂禮結束時，柴堆便自行點燃。如同奶油，燃燒後不生灰燼，世尊的遺體於燃燒後亦不生灰燼，不論是外皮、內膚、肌肉、肌腱或關節液無一處留下灰燼，所餘唯有骨頭。五百層的包裹，所燃僅最內與最外兩層，其餘皆不燃。

世尊的遺體火化後，虛空降下甘霖，將柴火熄滅，又有水從地涌出，將柴火熄滅，拘尸那羅城的末羅族人也以各種香水，將柴火熄滅。（D.16）

八國均分佛陀舍利入塔

　　之後，末羅族人將佛骨舍利置於集會堂共七日之久，他們以交叉的長矛搭起架子，以弓作成一垣四面圍繞；又以舞蹈、歌唱、音樂、花鬘、香料，對它表示恭敬、尊重、尊敬、供養。

　　摩揭陀國的阿闍世王聽說：「世尊看來已入般涅槃。」便派遣特使到拘尸那羅城的末羅族人處，並提出要求：「世尊為剎帝利種，我也是剎帝利種。我應值得受世尊的一份遺骨舍利，我也將為世尊造舍利塔，並興供養。」

　　毘舍離的離車族人聽到這個消息，他們也派遣特使，並提出相同的要求：「世尊是剎帝利種，我們也是剎帝利種。我們應值得受世尊的一份遺骨舍利，我們也將為世尊造舍利塔，並興供養。」

　　迦毘羅衛國的釋迦族人聽到這個消息，他們也派遣特使，並提出相同的要求：「世尊是我們種族中最偉大者。我們應值得受世尊的一份遺骨舍利，我們也將為世尊造舍利塔，並興供養。」

　　遮羅頗國的跋離族人聽到這個消息，他們也派遣特使，並提出相同的要求：「世尊是剎帝利種，我們也是剎帝利種。我們應值得受世尊的一份遺骨舍利，我們也將為世尊造舍利塔，並興供養。」

　　羅摩伽國的拘利族人聽到這個消息，他們也派遣特使，並提出相同的要求：「世尊是剎帝利種，我們也是剎帝利種。我們應值得受世尊的一份遺骨舍利，我們也將為世尊造舍利塔，並興供養。」

　　毘留提村的婆羅門聽到這個消息，他們也派遣特使，並提出相同的要求：「世尊是剎帝利種，我們也是剎帝利種。我們應值

得受世尊的一份遺骨舍利，我們也將為世尊造舍利塔，並興供養。」

波婆城的末羅族人聽到這個消息，他們也派遣特使，並提出相同的要求：「世尊是剎帝利種，我們也是剎帝利種。我們應值得受世尊的一份遺骨舍利，我們也將為世尊造舍利塔，並興供養。」

如此說後，末羅族人將各方使節聚集一堂，如是回答：「世尊在我國境內入般涅槃，我們不得將遺骨舍利分予他人。」

婆羅門頭那於是以偈頌對集會的大眾說：

大德們！請聽我言，我等覺者說忍辱。
因分無上者舍利，彼此爭奪不相宜。
我等應融洽和好，同意舍利分八份，
各建佛塔遍四方，眾生信依具眼者。

「那麼，婆羅門！你當親自將遺骨舍利均等地分為八份。」

「是的，大德！」他回答道，並將遺骨舍利分成均等的八份。之後，他對集會大眾說：「大德們！請賜我此瓶，也將為世尊造瓶塔，並興供養。」他們於是將瓶給了他。

畢鉢村的孔雀族人聽到這個消息：「世尊看來已入般涅槃。」他們也派遣特使，並提出相同的要求：「世尊是剎帝利種，我們也是剎帝利種。我們應值得受世尊的一份遺骨舍利，我們也將為世尊造舍利塔，並興供養。」

「世尊之舍利已全部分盡，它們全都分配完畢，你可將骨灰拿去。」於是，他們便將骨灰帶走。

之後，摩揭陀國阿闍世王為世尊之舍利造塔，並興供養。其

餘各方，也是如此。所以，計有八座佛骨舍利塔、一座瓶塔、一
座骨灰塔。這便是此事發生的經過。（D.16）

原註

❶ 波吒利村在此因新城的建立，改名為波吒釐子城。此城後來因成為由摩揭陀國擴
展而出的阿育王帝國之國都而著名。

❷ 據註釋書，《闍尼沙經》（*JanavasabhaSutta*）（D.18）即在此時宣講。

❸ 「四雙八輩」即四向道以及與此四證悟階段相應的四果。「果」者表示一旦證得
這四個階段之一，其果便即時產生（參閱S.2:1, vv5-6），這便是上述的「法是無時的」
意思之一，在修道上的成就是即時的，不必等候一段時間，譬如在死後才能見到
結果。

❹ 巴利語其意可為「洲」或「燈」，註釋書將之解為「洲」意。

❺ 值得注意的是，佛陀是在梵天的邀請下，決定弘法（第三章）。他是在魔王的干涉下，在無人請佛住世的情形下，才放棄此重大的決定。

❻ 受篇幅的限制，下文的八種眾、八勝處、八解脫，略去未錄於此。

❼ 「剁碎的豬肉」從很早便引起許多討論。此經的註釋說：「此為市場上出售的肉（見Vin.Mv.6:31），既不太嫩，又不太老。該肉看來為柔軟多汁，意指其為精心烹調。（但又有人說是一種烹調法，將五種牛產品與熟飯一起烹調，正如「牛飲」指的是一種飲料。又有說其實它指的是一種精煉而成的長生不老藥，而純陀準備此長生不老藥的用意在「使世尊不入般涅槃。」但四大洲以及周圍二千島嶼的天人在其中灌注的卻是營養劑。）（注意：括號中的文字並未刊載在所有的版本中。）除此之外，《自說》（Udana）的註釋書又說：「據大僧伽羅註釋書（Great Sinhalese Commentary）（今已無存本），有一說是市場上賣的嫩而多汁的豬肉。又有說，此實一種被豬踐踏過的竹筍；又有說是在豬踐踏之地所生的菇；但又有說其實是長生不老藥，是金匠在聽到世尊當天將入般涅槃的消息後，以為『此藥或可令他多活一段時間』。將它供養大師，是為延長他的壽命」（Ud.8:5之註釋）。佛陀是允許食肉的，但須符合三個條件：不見殺、不聞殺、不疑為食肉者而殺。（M.55;Vin.Mv.6:31;參A.4:44;又Vin.Cv.7:4本書第十三章。）我們可能永遠無法確定此字的真意。我們選用「剁碎的豬肉」因其保有某種不確性，其意可作多種解釋，又它與原文有較好的對應：sukara=豬；maddava=甜；參考「牛眼」與「馬背上的天使」等辭。

❽ 印度轉輪聖王的神話可見於D.26與M.129。

❾ 根據註釋書，《長遊行經》（Maha Sudassana Sutta）（D.17）於此時宣說。

❿ 此四沙門果通常解釋為入流、一來、不來與阿羅漢等四果。

⓫ 依註釋書，須跋陀羅說這句話時抱持著一個錯誤的觀念，正如別的宗教領袖的作法般，佛陀於臨終前亦將收徒授戒之權傳給他的弟子，該弟子即繼承他成為僧伽之領袖。後幾頁中提到的須跋陀羅，與此處的當非同一人。

⓬ 菩薩悉達多·喬達摩王子與他的馬伕車匿、座騎犍陟，如何於夜晚離家的故事並未記載於三藏典藉中，儘管其中的《天宮事》（Vimanavatthu）（vv7:7）提到過犍陟。但在覺音論師所著的《本生經》註釋書中，則有完整的敘述。這位馬伕出身的車匿比丘，在律藏中（Par.4；Sangh.12等處）以一位驕傲，頑固的形象出現多次。各經中講到他在佛般涅槃後如何懺悔，並向阿難長老求教。在長老的一席開示後，他成為阿羅漢。（S.22:90）

⓭ 或許戴維茲教授（T.W. Rhys Davids）所作之翻譯「以精進而得解脫」因艾略特（T.S.Eliot）在他的《荒原》（Waste Land）一書中的引用，而成為經典之說，在此應予保留。但那譯法看來自由度太大，（佛陀所說）最後的話其巴利語為：Handa, 'dani bbhikkhave amantayami vo:Vaya-dhamma sankhara; appamade-na sampadetha.

譯註

① 「法鏡」意為由正法所作之鏡。

② 依註釋書的解釋，大象看景物時，必轉動其全身面對該景物。

③ 依註釋書的解釋，此句指的是第一沙門果。

第十六章

第一次結集

引 言

　　佛陀的入滅，對佛教與僧團的前途無疑是一個嚴重的考驗。第一次藏經的結集，爲佛教在後世的弘揚奠定堅實的基礎。大迦葉尊者、阿難尊者與優婆離尊者分別是這次結集的召集人與經、律的複誦者，他們在歷史上對佛教的貢獻是不可抹滅的。

　　作爲本書的最後一章，在此介紹了第一次在王舍城結集的籌備過程，及其影響。作者在選材上突顯了在此一過程中，大迦葉尊者對阿難尊者的種種指責，與對自己的諸般讚賞。與此成對比的是阿難尊者，作爲佛陀的侍者與經藏的複誦者，不但不自恃其功，反而在大迦葉尊者與五百長老比丘面前體現深湛的忍辱精神，精進於證悟，而使經典的結集能大功告成。

　　這一章也述及阿難尊者在結集後對佛教思想的貢獻，其中包括「依法不依人」這一原則的詳盡闡述。此外，此章從佛教史的角度，論及佛陀入滅之後的印度史，包括佛陀祖國的滅亡，以及後來的結集，還有上座部、大眾部的形成與發展。對中文的讀者來說，有趣的是文中引用了唐朝義淨三藏法師的遊記材料，及游陀羅笈多王的孫子阿育王統治時代的第三次結集，以及巴利三藏的定型。

大迦葉尊者訶責阿難尊者

敘述者：佛陀入般涅槃之後，諸比丘從拘尸那羅城流散至各處，大迦葉長老日漸成爲比丘眾中最有聲望的人物。

註釋者：他在早先曾被佛陀放在一個長長的傑出弟子名單上的第四位。其中位於第一位的阿若憍陳如長老是最早皈依佛陀的人；第二位與第三位則分別是舍利弗長老與目犍連長老，即佛陀的二位上首弟子，但他們在此時俱已入般涅槃。在經藏中，大迦葉的故事記載甚多，也似乎顯示出他的爲人嚴峻、堅毅，對苦行一絲不苟，並且不止一次毫不委婉地對阿難尊者無私的舉動橫加指責，認爲阿難不該爲此而犧牲自己獲證聖果的機會，因爲那樣作其實更符合長遠利益，與此成爲對比的是，大迦葉尊者在這方面則功已早成。

敘述者：以下是在這一過度時期，所發生的一個能深刻地反映出他性格的事件。

阿難：如是我聞。一時，大迦葉尊者住在王舍城迦蘭陀竹林園。那時，阿難尊者與一群比丘於南山遊行，其時，有三十位他的同住者捨戒還俗，其中大部分是年輕人。

阿難尊者在南山隨意遊行了一段時間，便到王舍城竹林園去見大迦葉尊者。向他禮敬後，坐於一旁。大迦葉尊者說：「朋友，阿難！是什麼原因，世尊會說不可有超過三位比丘在施主家應供？」

「迦葉長老！世尊如此做有三個原因：爲約束心不正者，以

及為慰解如理者；不使有惡念者於僧伽內結黨；又為憐愍施主。」

「朋友，阿難！那麼你為何和那些不守護六根、飲食不知節制、睡眠不時的新戒比丘們去遊行呢？人們不禁猜想你或有意踐踏田中穀物，或有意毀壞施主家。你的徒眾分崩離析，你的信徒正在疏遠，而你這個年輕人真不知道自己的分寸！」

「迦葉長老！我的頭髮都灰白了，請迦葉尊者莫再以『年輕人』稱我。」

「朋友，阿難！但你的確是個『年輕人』。你和那些不守護六根、飲食不知節制、睡眠不時的新戒比丘們去遊行呢？人們不禁猜想你或有意踐踏田中穀物，或有意毀壞施主家。你的徒眾分崩離析，你的信徒正在疏遠，而你這個年輕人真不知道自己的分寸！」

偷羅難陀❶比丘尼聽到這些，她心想：「看來毘訶提的具眼者──阿難尊者，因被迦葉尊者喚作『年輕人』而不悅。」她為此而憤怒，並發出不悅之詞：「過去曾為外道的迦葉尊者，怎麼可以妄想叫毘訶提的具眼者──阿難尊者為『年輕人』，而使他不悅呢？」（S. 16:11）

大迦葉尊者如何遇上佛陀

大迦葉尊者聽到她所說的話，便對阿難尊者說：「朋友，阿難！偷羅難陀比丘尼言語輕率，不加思索。我自剃除鬚髮、著袈裟，出家而過無家的生活以來，除了世尊、應供、等正覺者之外，從未追隨過其他老師。當我在家之日，曾如是思惟：『在家的生活雜亂、不潔；出家的生活寬廣無羈。在家要修如光輝真珠

般圓滿清淨的梵行，談何容易？我何不剃除鬚髮，著袈裟，出家而過無家的生活呢？』之後，我自製大衣，剃除鬚髮、著袈裟，為成為世間的阿羅漢，出家而過無家的生活。

「我出家以後，行於路上，見到世尊坐在王舍城與那爛陀之間的多子廟裡。一見到他，我即思惟：『若我今生但禮一位大師，非此世尊莫屬。若我今生但禮一位善逝，非此世尊莫屬。若我今生但禮一位等正覺者，非此世尊莫屬。』之後，我頭面頂禮世尊之足，說道：『世尊！世尊是我的老師，我是他的弟子！世尊是我的老師，我是他的弟子！』世尊於是對我說：『迦葉！若有人不知、不見，卻對像你這樣一心不二的弟子說：『我知』、『我見』，他的頭將會裂開。但迦葉，我已知而說：『我知』；我已見而說：『我見』。因此，迦葉！你應如此訓練自己：『對於僧團中的年長、年幼與年紀中等的諸比丘，我都要存有強烈的是非之心與慚愧心。』你應如此訓練自己：『無論我聽到什麼教法是導向善的，我都應專心聆聽，檢視它、思惟它，並全心吸收它。』你應如此訓練自己：『於身念處正念樂住，我不敢有所遺忘！』你應如此訓練自己。世尊給我如此的教誡後，便起身離座而去。

「我猶如負債者①在鄉間乞食七天。然後在第八天，我生起究竟智。然後，世尊離開大道，坐在一棵樹下。我將大衣褶成四疊後，對佛陀說：『世尊！為了我長遠的利益與快樂，請坐其上。』世尊便坐在準備好的座位上。然後他說：『迦葉！你的大衣十分柔軟。』──『請世尊慈悲，接受我的大衣。』──『但你可願意穿我行將丟棄的糞掃衣？』

『世尊！我願意穿世尊行將丟棄的糞掃衣。』我把自己的大衣送給世尊，換上世尊行將丟棄的糞掃衣。若世上有一人配得上

如此的形容：『他是世尊之子，由佛口生，由法所生，由法所化，爲法的傳人，又得世尊行將丟棄的糞掃衣』，那麼此人應非我莫屬。」

敘述者：接著，他又講到自己是如何可隨意地進入並住於四種禪、四無色定、滅受想定，並得世間五種神通，即神變、天耳通、他心通、宿命通與能知眾生依其業行死而再生的天眼通。他又在結語中說：

阿難：「若我願意，便可於現法自證、自知，我已無漏、漏盡，住於心解脫、慧解脫。若有人想像能遮蔽我的六種神通，那猶如欲以一片多羅樹葉，遮蔽一頭十四尺高或更高的象王。」

偷羅難陀比丘尼日後於梵行上退沒了。（S. 16:11）

大迦葉尊者召集長老複誦法與律

註釋者：時間仍是佛陀入般涅槃之後的數週之內。

敘事比丘：大迦葉尊者說道：「那麼，朋友們！讓我們複述一遍世尊的法與律。現已有人宣揚邪法、邪律，藐視正法、正律。持邪法、邪律者已然大有強勢，而持正法、正律者已然淪於弱勢。」

「如此，尊者！請長老召集比丘集會。」

因此，大迦葉尊者召集了五百人，其中只有一位不是阿羅漢，因爲諸比丘說：「阿難尊者當在場。雖然他仍是有學者──入流者，但已不會因貪、瞋、痴或恐懼而墮入惡道。他在世尊身

邊耳濡目染，對法、律俱有博識。請長老也傳喚阿難尊者。」因此，他也傳喚阿難尊者。然後，他問諸比丘：「當於何處複誦？」

諸長老比丘心想：「王舍城場地寬敞，住所亦多。何不去王舍城雨安居？」於是大迦葉尊者便對僧伽作出了如下的決議：

「僧伽諸友，請聽我言！僧伽若無異議，請准此議：此五百比丘將於王舍城雨安居，爲了複誦法與律，其餘比丘今夏不得於王舍城安居，這便是決議。僧伽諸友，請聽我言！今以僧伽之名，授令如是：此五百比丘將於王舍城雨安居，爲了複誦法與律，其餘比丘今夏不得於王舍城安居。無異議者請沉默，有異議者可發言。僧伽現以沉默通過此一議案，我今如是記錄它。」

諸長老比丘於是到王舍城會合，複誦法與律。但他們考慮：「世尊告誡我們要先修理破損、毀壞之物。所以，諸友！讓我們在第一個月內先料理此事，等到第二個月再集合背誦。」

當背誦之日將到時，阿難尊者思惟：「明天就要集會了，我以有學者的身分出席，實不相宜。」於是他徹夜不眠，觀察其身。天將破曉之時，他思惟：「我將躺下。」但他仍對身體保持正念。在他的頭觸枕之前，腳離地之後的一刹那，他的心因無執取，而解脫諸漏。因此，阿難尊者以阿羅漢的身分參加集會。

（Vin. Cv. 11:1-6）

大迦葉尊者問律於優婆離尊者

那時，大迦葉尊者對僧伽作一動議：「僧伽諸友，請聽我言！僧伽若無異議，我將問律於優婆離尊者。」

然後，優婆離尊者也對僧伽作一動議：「僧伽諸友，請聽我

言！僧伽若無異議，我當回答大迦葉尊者所問之律。」

　　大迦葉尊者於是向優婆離尊者問道：

　　「朋友，優婆離！於何處制立第一條波羅夷？」

　　「尊者！在毘舍離。」

　　「因誰而制立？」

　　「因須提那迦蘭陀子而制立。」

　　「是關於什麼事呢？」

　　「關於行淫之事。」（Vin. Cv. 11:7）

　　註釋者：大迦葉尊者隨後向優婆離尊者詢問第一條波羅夷之事，它的因緣、人物、制定、修改、犯與不犯。之後，他又同樣地詢問了其他三條波羅夷——偷盜、殺人、妄稱得上人法②。以如此的方式，他詢問了兩部律——比丘戒與比丘尼戒。優婆離尊者對所有的問題都逐一作了回答。

大迦葉尊者問法於阿難尊者

　　敘事比丘：然後，大迦葉尊者對僧伽作一動議：「僧伽諸友，請聽我言！僧伽若無異議，我將問法於阿難尊者。」

　　此時，阿難尊者也對僧伽作一動議：「僧伽諸友，請聽我言！僧伽若無異議，我當回答大迦葉尊者所問之法。」

　　大迦葉尊者於是向阿難尊者問道：

　　「朋友，阿難！於何處說《梵網經》？」

　　「尊者！在王舍城與那爛陀之間，菴婆羅樹林內的國王行宮。」

　　「因誰而說？」

「因遊方沙門須卑與婆羅門生徒梵摩達而說。」（Vin. Cv. 11:8）

註釋者：大迦葉長老又詢問了作為長部第一經的《梵網經》的因緣與人物。其後，他又以相同的方式問及有關《沙門果經》的問題。以這樣的方式，他又向阿難問及經藏主要四部中所有相關的經典。③

阿難尊者懺悔惡作

敘事比丘：之後，阿難尊者對諸長老比丘說：「諸尊者！世尊將入般涅槃時，曾告訴我：『於我滅後，僧團如有此意，小小戒可以捨。』

「朋友，阿難！但你可曾詢問世尊何者是小小戒呢？」

「諸尊者！我未曾問。」（Vin. Cv. 11:9）

註釋者：諸長老便對四重戒之外的戒條中，哪些是小小戒表達了各種不同的意見。大迦葉尊者便對僧伽又作了一動議。

敘事比丘：「僧伽諸友，請聽我言！我們的諸多戒律，皆與在家眾有關，因此他們也知道沙門釋子何者應作，以及何者不應作。若我們捨棄小小戒，難免有人會說：『沙門喬達摩為弟子所制立的戒律，僅傳到他色身火化為止。其弟子們但於他住世之時學戒，而當他一入般涅槃，他們便不學戒了。』僧伽若無異議，則未制不得制，已制不得壞，讓僧伽仍依已制之戒而行。」這一動議向僧伽提出之後，當即通過。

諸長老比丘於是對阿難尊者說：「朋友，阿難！你未詢問世

尊何者是小小戒，你犯惡作，應懺悔此惡作。」

「諸尊者！我未詢問世尊何者是小小戒，乃出於失念。我不見此行為是惡作，但出於對諸長老的信心，我懺悔此惡作。」

「復次，你為世尊補綴雨衣時，以足踐踏，你犯惡作，應懺悔此惡作。」

「諸尊者！我如此做，實非出於對世尊不敬。我不見此行為是惡作，但出於對諸長老的信心，我懺悔此惡作。」

「復次，你令婦女先瞻禮世尊之遺體，她們哭泣時淚水沾污世尊的遺體。你犯惡作，應懺悔此惡作。」

「諸尊者！我令婦女先瞻禮世尊之遺體，為免她們於不適當的時分外出。我不見此行為是惡作，但出於對諸長老的信心，我懺悔此惡作。」

「復次，世尊說出如此清楚明顯的暗示，你卻未向世尊懇求：『世尊！請世尊住壽一劫，請善逝住壽一劫，以利樂眾生、慈憫世間、安樂人天。』你犯惡作，應懺悔此惡作。」

「因為我的心被惡魔所覆蔽，所以我未曾懇求。我不見此行為是惡作，但出於對諸長老的信心，我懺悔此惡作。」

「復次，由於你的介入與勸請，使女人得於如來所說的法與律中出家。你犯惡作，應懺悔此惡作。」

「諸尊者！我如此做，是思惟摩訶波闍波提瞿曇彌乃世尊之姨母、養母、哺乳母，當世尊之生母去世後，她哺乳世尊。我不見此行為是惡作，但出於對諸長老的信心，我懺悔此惡作。」

（Vin. Cv. 11:9-10）

那時，富蘭那尊者與五百位比丘，遊行於南山。諸長老複誦法與律後，富蘭那長老又在南山隨意地住上一段時間後，才來到

王舍城竹林園諸長老比丘處。他們對他說：「朋友，富蘭那！法與律已由諸長老比丘複誦，你可贊同此舉？」

「諸友！法與律已由諸長老比丘善複誦。無論如何，我將憶念它們，如我聞世尊親口所說。」（Vin. Cv. 11:11）

具十法，可受恭敬

敘述者：下面講述的事件，顯示了年輕的僧伽在它的奠基者逝世之後開始發展成為一個有活力的團體——一個從未間斷地生存至今，蓬勃發展了二千五百年的團體。

敘事比丘：如是我聞。一時，阿難尊者在王舍城迦蘭陀竹林園，時距佛陀入般涅槃之日未久。

那時，摩揭陀國王阿闍世韋提希子為防範阿槃提國的燈光王，在王舍城建防禦工事。

阿難尊者於清晨著下衣，持鉢與大衣，入王舍城乞食。此時，心中生起此念：「此刻到王舍城乞食，為時尚早，婆羅門目犍連今於朝中掌理國防，我何不去其建防禦工事之處造訪？」

他於是去到那裡。婆羅門見他前來，說道：「大師阿難光臨，歡迎大師阿難，大師阿難久違了！請大師阿難入座，此處有備好之座。」

阿難尊者坐於備好之座，婆羅門則自取下座，坐於一旁，說道：「大師阿難！世上可有一比丘具有大師喬達摩的所有特質？」

「婆羅門！實無此人。因為世尊是令未生之道而生者、未造之道而造者、未說示之道而說示者，世尊是知道者、見道者、於

道通達者。今隨順於道的諸弟子是依世尊之後而作，才能具足而住。」

他們的談話未竟之時，恰有摩揭陀國的大臣婆羅門禹舍來巡視王舍城的工事，在主掌國防的目犍連建防禦工事之處見到阿難尊者。彼此寒暄之後，坐於一旁，說道：「你們兩位在談論什麼，我所打斷的又是何等議論？」

阿難尊者告訴了他適才談話的內容，又補充說：「這便是當你到達時，我們正在談論而未結束的話題。」

「大師阿難！今日世上可有一比丘，為大師喬達摩所任命：『於我滅後，你們皆應皈依此人』，你們今日可依止此人？」

「知者、見者、應供、等正覺者的世尊，實未如此任命任何一位比丘。」

「那麼，大師阿難！今日世上可有一位比丘，曾被僧伽所挑選，由眾多上座比丘所選定：『世尊滅後，我們皆應皈依此人』，你們今日可依止此人？」

「婆羅門！實無此人。」

「大師阿難！若今實無人可歸依，你們以何原因而得以和諧？」

「婆羅門！我們非無可依，我們實有可依，法即是我們的皈依處。」

「大師阿難！但當如何理解以上所說的意義呢？」

「知者、見者、應供、等正覺者的世尊，已為諸比丘訂定學處，又制定了波羅提木叉。我們住於同一村邑的比丘，每逢半月布薩日便聚集一處，選出熟諳波羅提木叉的人。如有比丘犯戒，以所誦讀的波羅提木叉為據，我們依法、依律而糾正其行，我們並非依人而行，而是依法而行。」

「大師阿難！今日世上可有一位比丘，爲你所恭敬、尊重、尊敬、供養，爲你所近住、恭敬與尊重？」

「婆羅門！實有此人。」

「大師阿難！但有人問你：『今日世上可有一比丘，爲大師喬達摩所任命：於我滅後，你們皆應皈依此人？』你回答實無此人。當有人問你：『今日世上可有一位比丘，曾被僧伽所挑選，由眾多長老比丘所選定：世尊滅後，我們皆應皈依此人。你們今日可依止此人？』你回答實無此人。又，當有人問你：『今日世上可有一位比丘，爲你所恭敬、尊重、尊敬、供養，爲你所近住、恭敬與尊重？』你卻回答實有此人。當如何理解以上所說的意義呢？」

「婆羅門！知者、見者、應供、等正覺者的世尊，曾說有十法可激勵信心。若我們之中有具足十法者，我們恭敬、尊重、尊敬、供養他，並近住、恭敬與尊重他。是哪十法呢？

「比丘要爲具戒者，以別解脫律儀防護，圓滿正行與行處，見微細的罪過也感怖畏，以受持學處而學。他是多聞者，善憶持、集錄所聞之法；他教導佛法，此法不論是文字或義理上，不論是初、中、後，都是善妙的，要爲人們解說此圓滿清淨的梵行；這些教法他都善學、憶持，依語整理，依意思惟，依正見善洞察。他於飲食，衣服，臥具與醫藥都能少欲知足。他能隨意自在，出入四種禪定，安住於現前的法樂。他現種種神變：以一化多，以多化一；或現或隱，穿牆走壁，越山而行，猶如行空，自在無礙；入出大地猶在水中；跏趺而坐行於天上，如展翅之鳥；他有大神通、大威力，手可觸及日月；其身之力，遠及梵天。他天耳界清淨，超於人間，天與人兩種之聲，不論遠近皆得聞。他有他心通能知他之人心與眾生心，當心爲貪欲所染，知其爲貪欲

所染……（見第十二章）……心未解脫時，知其未解脫。他能憶
念種種過去世……（見第二章）。又有超人的清淨天眼，見眾生
的死時與生時……（見第二章）……他明白眾生如何依自己的業
行而流轉生死。他依漏盡、無漏，於現法自證知，住於無漏之心
解脫、慧解脫。此即爲十法。」

此話說畢，婆羅門禹舍轉向跋難陀將軍，問道：「將軍！你
意下如何？若眾人以此作爲對所應尊敬者示其敬意的標準，他們
可有不當之處？又，他們若不如此作，又當恭敬、尊重、尊敬、
供養何人？當近住、恭敬與尊重何人？」(M. 108)

世尊讚嘆與不讚嘆的禪定

婆羅門禹舍問阿難尊者：「大師阿難！您今住於何處？」
「婆羅門！我今住於竹林園。」
「大師阿難！我希望竹林園是令人愉悅的、安靜的，無聲
囂、離人里，可避人跡，是適於獨處靜默的地方。」
「婆羅門！因爲有你這樣的護衛、保護者，所以竹林園確實
擁有這些特質。」
「大師阿難！由於禪定者、修定者等諸善者，所以竹林園確
實擁有這些特質，因爲諸善者確實是禪定者、修定者。往昔大師
喬達摩住於毘舍離大林之重閣講堂時，我曾至其處且親近他。大
師喬達摩以各種方式談論禪定，他修習禪定，並常自入禪。事實
上，大師喬達摩讚嘆一切禪定。」
「婆羅門！世尊並未讚嘆一切禪定，也未譴責一切禪定。世
尊不讚嘆何種禪定呢？若有人之心住於貪欲，爲貪欲所攫，不能
正確了知遠離貪欲。不論於禪修、更上的禪修、未禪修、再次禪

修時，此人皆以貪欲爲先。同樣的情形，此人之心爲瞋恚、昏眠、掉悔、疑所擾。此等禪定爲世尊所不讚嘆。

「世尊讚嘆何種禪定呢？若有人捨離諸欲，捨離不善法，進入並住於初禪，伴隨著尋、伺，及由捨離所生的喜與樂。復次，他進入並住於第二禪、第三禪、第四禪，此種禪定爲世尊所讚嘆。」

「大師阿難！看來大師喬達摩讚嘆應被讚嘆的禪定，譴責應被譴責的禪定。大師阿難！我們在此告辭了，我們很忙，還有許多事待辦。」

「婆羅門！悉聽尊便。」

摩揭陀國的大臣婆羅門禹舍便起身離座，對阿難尊者所說歡喜贊同，辭行而去。他離去不久，主掌國防的婆羅門目犍連便說：「大師阿難尙未回答我們的問題。」

「婆羅門！難道我們不曾對你說：『世上實無一比丘具有世尊、應供、等正覺者的所有特質。因爲世尊是令未生之道而生者、未造之道而造者、未說示之道而說示者，世尊是知道者、見道者、於道通達者。今隨順於道的諸弟子是依世尊之後而作，才能具足而住。』」（M. 108）

阿闍世王滅跋祇盟國

註釋者：在那一段時間，阿闍世王一心想滅掉位於恆河北岸，以毘舍離爲首都，國力強大的鄰國跋祇盟國。禹舍爲了協助國王達到此一目的，僞裝成反叛者反對國王，讓自己以賣國者的身分遭到揭發，然後逃到毘舍離避難。在這之後的三年裡，他致力於在聯盟國間挑撥離間，當認爲時機成熟時，便暗中通報阿闍

世王。毘舍離的統治者們，此時已分裂到無法抵禦外敵的地步，阿闍世王很快就成功地大舉入侵，又隨後對跋祇族人進行了大屠殺，這便是獨立的跋祇盟國滅亡之日。憍薩羅國的琉璃王很快也效仿了他表兄的行為，大舉入侵在其東北邊界屬於釋迦族與拘利族的領土，並對其人民也進行了同樣的殺戮。

佛教的流傳，以及在印度的消亡

　　敘述者：印度歷史的第一幕到此結束。在這之後的一個半的世紀裡，直到孔雀王朝及其帝國的興起，史料所載的僅有摩揭陀歷代國王的名字，以及在佛陀入滅百年後眾阿羅漢的第二次結集。但在此之前，北部的強國憍薩羅國已經滅亡（其因不詳），古老的摩揭陀的繼承者旃陀羅笈多王（希臘旅行家麥加斯梯尼（Megasthenes）稱為他Sandrocottos），已統治整個恆河流域，並將首都設在今日的巴特那（華氏城，Pāṭaliputta）。

　　第二次結集的始末，毋庸置疑地是在那次結集當時被載入律藏之中。經典再次被複誦，可以肯定的是，第一次結集之後新出現的幾部經典是在這次結集時加到藏經裡。第三次結集則發生在阿育王（旃陀羅笈多王的孫子）執政時期，論藏因增加一書討論多種異論④而完整，事實上，三藏經典至此定型。

　　此時佛教已出現了十八個不同的部派，其中上座部（保守長老學派），在皈依佛教的阿育王在位時期成為主流。他的兒子（或說是他的侄子）——阿羅漢摩哂陀，把巴利三藏及其註釋書帶到錫蘭❷，而其他長老則分赴各個不同的國家。他所攜去的巴利三藏至今仍完好地保存在錫蘭，同時也傳到緬甸、泰國與柬埔

寨這些上座部仍興盛的國家。

　　中國旅行家義淨三藏在第七世紀末曾遊學於印度（但未到錫蘭），根據他的說法，當時上座部佛教盛行於南印度，而說一切有部（其梵文經典晚出於巴利藏經）則盛行於北印度，雖然除此之外，還有其他部派也在各地傳播。說一切有部的藏經後來向北方與東方傳播，而巴利藏經則向南方與東方傳播。據義淨三藏說（他本人為說一切有部的學者），在他的年代裡，大乘佛教似乎便已植根於每一個或大多數的部派，一般公認它是由大眾部分出。雖然大乘佛教曾多次在錫蘭與緬甸興盛一時，但它卻從未能取代它在那些國家裡的老對手。而在印度，任何形式的佛教都在進入十五世紀之前，已完全消失。

原註

❶ 偷羅難陀比丘尼常以一位驕傲、聰敏、惹事生非的女子出現在律藏中，她也是數條戒律制定的原因。
❷ 錫蘭即今斯里蘭卡。（菩提）

譯註

① 「負債者」是指未證阿羅漢果，一旦煩惱斷盡證得阿羅漢果，即堪受人天供養。
② 此即指大妄語戒。
③ 這一說法給人經藏四部之架構成立在先，迦葉尊者詢問在後的印象，而實際的情形正好相反。
④ 第三次結集時，目犍連子帝須彙整各部派對佛法的詮釋異議，由大眾討論，並加以批判，論決正義，並將之編撰集成《論事》一書。

參考資料一覽

《律藏・大品》

經文出處	巴利聖典學會版之冊數	巴利聖典學會版之頁數	主題	漢譯南傳大藏經冊數與頁數
1:1-4	i,	1-4	成道之後	3:1-5
1:5		4-7	決定說法	3:6-10
1:6		7-14	最早的五位弟子	3:11-20
1:7-20		15-34	弘法	3:21-46
1:21-22		34-39	火的開示等等	3:46-54
1:23-24		39-44	兩大弟子	3:54-60
1:54		82-83	返回迦毘羅衛國	3:103-4
2:1-2		101-2	齋戒日	3:135-36
2:3		102	誦戒	3:136-38
3:1		137	夏安居之住所	3:185
5:1		179-83	彈琵琶之喻	3:241-46
5:13		194-97	億耳尊者	3:259-62
6:28		226-31	最後一次巡迴說法	3:299-304
6:30		231-33	女伶阿梵和利	3:304-7
8:12, 13		287-89	制定衣的件數	3:374-77
8:15		290-94	鹿母夫人	377-82
8:26		301-3	照顧病比丘	391-93
10:1-5		337-57	憍閃毗的爭執	439-63

《律藏‧小品》

經文出處	巴利聖典學會版之冊數	巴利聖典學會版之頁數	主題	漢譯南傳大藏經冊數與頁數
5:33	ii,	139-40	「以個人的母語學法」	4:186
5:33		140	「祝您長壽，世尊」	4:187
6:4		154-59	給孤獨長者	4:210-16
6:5-9		159-65	鷓鴣鳥的聖道生活	4:216-23
7:1		180-84	釋迦族人出家	4:249-54
7:2-4		184-203	提婆達多	4:254-77
9:1		236-40	大海的八種功德	4:317-22
10:1		253-56	女眾出家	4:339-43
10:5		258-59	法的摘要	4:345
11:1.1		284-85	佛入涅槃	4:381-82
11:1.1-11		285-90	第一次結集	4:382-87

《律藏‧經分別》

經文出處	巴利聖典學會版之冊數	巴利聖典學會版之頁數	主題	漢譯南傳大藏經冊數與頁數
波羅夷 1	iii,	1-4	出現世間的第一條戒	1:13-24
波羅夷 1		6-11	毗蘭若城的夏安居	1:7-13
僧殘 10		171-72	破僧（分裂僧伽）	1:238-43
波逸提 32	iv,	71-72	應供時比丘數不應超過三人	2:96-97
波逸提 92		173	袈裟的尺寸	2:233-234

《長部》

經文出處	巴利聖典學會版之冊數	巴利聖典學會版之頁數	主題	漢譯南傳大藏經冊數與頁數
2	i,	73-76	四禪	6:82-84
9		195-202	三種我	6:202-3
11		221-23	雞筏多經（堅固經）	6:232-38
14	ii,	7	過去六佛	6:273
14		7	佛陀的家世	6:273-74
15		57	生、老、死	7:1-4
16		72-166	大般涅槃經	7:21-126
22		291-304	正念	7:296
22		307-11	四聖諦	7:288-97
22		311	正見	7:295
22		311-13	道支（2~7支）	7:295-97
22		313	正定	7:296-97
26	iii,	75-76	彌勒佛	8:71
33		211	眾生依食而住	8:229
33		217	三種行	8:232
33		234	五上分結	8:247

《中部》

經文出處	巴利聖典學會版之冊數	巴利聖典學會版之頁數	主題	漢譯南傳大藏經冊數與頁數
2	i,	7-8	見之稠林	9:8-9
4		17-18	林中住	9:21-25

38		270	苦的止息	9:363
39		275-76	五蓋	9:369
39		276-78	四禪	9:370-72
41		288	正語	10:5
43		292, 293	意識的作用	10:11, 12
44		300	我見	10:20
44		301	（身語意）三行	10:22
44		302-3	三種受	10:2324
47		320	有憑有據的信心	10:45
49		326-31	梵天對永恆的信仰	10:54-57
61		414-15	爲羅候羅：妄語	10:172-73
62		420-21	爲羅候羅：禪修	10:180-81
62		423-25	四大與空	10:181-83
64		433	五下分結	10:196
67		456-59	佛陀遣散僧伽	10:228
72		485-86	見的稠林	10:266-67
74		497-501	爲長爪梵志說法	10:283-87
75		508	涅槃樂最上	10:298
86	ii,	97-105	度化央掘摩羅	11:104-14
87		108-12	親人引生憂傷	11:115-19
89		118-25	波斯匿王向佛陀頂禮	11:128-34
90		126-27	關於一切智的問題	11:136-38
91		133-40	佛陀的相好與舉止	11:145-50
104		243-45	僧伽的爭執	11:258-63
107	iii,	4-6	佛陀指路	11:283-85
108		7-15	佛陀涅槃之後	11:287-94
109		16	五蘊的因	11:297

《相應部》

《增支部》

經文出處	巴利聖典學會版之冊數	巴利聖典學會版之頁數	主題	漢譯南傳大藏經冊數與頁數
3:33	i,	134	業如何成熟	19:196
3:33		135	業的盡除	19:197
3:38		145-46	菩薩少年時期	19:209-10
3:47		152	有爲與無爲	19:220
3:55		159	錯誤的選擇	19:230
3:55		159	當下即涅槃	19:230-31
3:61		177	苦的生起與止息	19:250-56
3:65		188-93	伽藍經	19:268-75
3:73		219-20	智慧與禪定	19:313-14
3:83		230	「戒條太多！」	19:329-30
3:134		286	（有爲的）三相	19:411
4:21	ii,	20-21	禮敬法	20:37-39
4:23		23-24	爲何稱爲世尊	20:43-44
4:24		25	如來沒有憍慢	20:46-47
4:36		37-39	「你將身爲什麼？」	20:67-69
4:46		49-50	世界的盡頭	20:87-88
4:68		73	名譽毀滅浪子	20:124-25
4:76		79-80	最後的言詞	20:135-37
4:77		80	四種不可思議	20:137-38
4:129-30		132-33	阿難的德行	20:221-23
4:180		168	四依	20:278-82
5:123-24	iii,	143-44	看護者之特質	21:171-73
5:172-73		203-4	五戒	21:240

《小誦》

經文出處	巴利聖典學會版之冊數	巴利聖典學會版之頁數	主題	漢譯南傳大藏經冊數與頁數
4		2	眾生依食而住	26:2

《法句經》

經文出處	巴利聖典學會版之冊數	巴利聖典學會版之頁數	主題	漢譯南傳大藏經冊數與頁數
3-6			恨意如何止息?	26:13
153-54			房子的建造人找到了	26:28
328-30			獨行	26:46-47

《法句經》

經文出處	巴利聖典學會版之冊數	巴利聖典學會版之頁數	主題	漢譯南傳大藏經冊數與頁數
1:1-3		1-3	在菩提樹下	26:57-59
1:4		3	何謂婆羅門?	26:59
2:1		10	目支鄰陀樹下	26:68
3:2		21-24	難陀與仙女	26:82-84
3:10		32-33	思惟觀察世間	26:93-94
4:1		34-37	對彌醯尊者的教誡	26:96-99
4:5		41-42	巴利雷雅卡的大象	26:103-5
4:8		43-45	孫陀利女被害	26:106-8
5:3		48-50	痲瘋病者善覺	26:114-16

5:4	51	「你不愛受苦痛吧？」	26:116-17
5:5	51-56	大海的八種功德	26:117-23
5:6	57-59	億耳尊者	26:123-26
5:8	60-61	提婆達多分裂僧伽	26:127-28
5:9	61	僧團內的爭執	26:128
6:1	62-64	放捨了求生之念	26:131-134
6:2	64-66	辨識阿羅漢難	26:1345-37
6:3	66	昔有今無等	26:137
6:4	66-68	盲人摸象	26:137-41
6:9	72	如飛蛾撲火	26:145
7:7	77	根除妄念	26:152
8:1-3	80-81	話說涅槃	26:156-57
8:5	81-84	最後一餐	26:158-59
8:5	84-85	純陀的功德	26:161-62
8:6	85-90	在巴羅利弗城	26:162-68
8:7	90-91	岔路	26:167
8:8	91-92	親人引生憂傷	26:168-69

《如是語》

經文出處	巴利聖典學會版之冊數	巴利聖典學會版之頁數	主題	漢譯南傳大藏經冊數與頁數
22		14-15	不要畏懼福德	26:192-93
24		17	骨堆	26:193-94
38		31-32	佛陀的兩個想法	26:209-10
44		38	兩種涅槃	26:214-15
49		43-44	邊見	26:218-19

73	62	止息最勝妙	26:240
89	85	提婆達多為欲所覆	26:259-61
100	101-2	兩種禮物	26:275-76
112	121-22	為何稱為世尊	26:288-90

《經集》

經文出處	巴利聖典學會版之冊數	巴利聖典學會版之頁數	主題	漢譯南傳大藏經冊數與頁數
1:4		12-14	向婆羅豆婆闍說法	27:20-23
1:8		25-26	慈經	27:37-39
3:1		72-74	出家	27:106-9
3:2		74-77	魔軍	27:110-14
3:2		77-78	魔王的失望	27:113-14
3:11		131-36	阿私陀探視聖嬰	27:191-98
4:2		152	面臨死神	27:224-25
5:7		206-7	解脫者不可度量	27:297-99

《長老偈》

經文出處	巴利聖典學會版之冊數	巴利聖典學會版之頁數	主題	漢譯南傳大藏經冊數與頁數
527-33			「讓釋迦族人見您」	28:158

重要大事年表

參閱湯姆士（E. J. Thomas） 所著，由Routledge & Kegan Paul出版社發行的《佛陀的一生》（*The Life of the Buddha*）與《劍橋印度史》（*Cambridge History of India*）第一冊。

事件	年代（約略）
佛陀的出生	563 B.C.
出家	534*
覺悟	528*
入般涅槃	483*
第一次結集	483*
第二次結集	383*
孔雀王朝	313
阿育王（開始執政）	274
第三次結集（於巴特那城）	253
阿羅漢摩哂陀抵達錫蘭	243
阿育王逝世	237
於錫蘭正式委派抄寫三藏	80
錫蘭編年史結束（《島史》〔Dīpavaṃsa〕）	330 A.C.
錫蘭編年史結束（《大史》〔Mahāvaṃsa〕）	330
覺音尊者	430

* 附加星號的日期乃根據歐洲學者的計算，僧伽羅人的計算則將它們列在約六十一年以後。

髻智比丘的著作

由佛教出版協會（Buddhist Publication Society）發行者：

《清淨道論》（*The Path of Purification* 〔*Visuddhimagga*〕），覺音
　　尊者造，翻譯，1956，第五版，1991。

《慈心的修習》（*The Practice of Loving-kindness*）， 擷取自巴利經
　　典並翻譯，《法輪叢刊》第7號（Wheel No. 7），1958。

《佛陀三個重要的開示》（*Three Cardinal Discourses of the
　　Buddha*） ，翻譯並加引言與註釋，《法輪叢刊》第17號
　　（Wheel No. 17）， 1960。

《佛教思想的修法》（*Pathways of Buddhist Thoughts*）， 散文集，
　　《法輪叢刊》第52/53號（Wheel No. 52/53）， 1963。

《入出息念》（*Mindfulness of Breathing* 〔*ānāpānasatti*〕），擷取自
　　巴利經典並翻譯，1964。

《一位思想家的筆記本》（*A Thinker's Notebook*），死後才出版的
　　文章，1972。

由巴利聖典學會（Pali Text Society） 發行者：

《小誦經典的解讀與說明》（*Minor Readings and The Illustrator*）
　　，即《小誦》（Khuddakapātha）的翻譯與註釋，1960。

《聖典指南》（*The Guide*），即《導論》（*Nettippakaraṇa*）的翻
　　譯，1962。

《藏釋》（*The Piṭaka Disclosure*），即《藏釋》（*Peṭakopadesa*）的
　　翻譯，1964。

《無礙解之道》（*The Path of Discrimination*），即《無礙解道》
　　（*Paṭisambhidāmagga*）的翻譯，1982。

《除痴迷論》（*The Dispeller of Delusion*），即（*Sammohavinodanī*）
　　的翻譯，兩冊，1987, 1991。

由智慧出版社（Wisdom Publications）發行者：

《佛陀的中部開示》（*The Middle Length Discourses of the
　　Buddha*），即《中部》（*Majjhima Nikāya*）的翻譯。

由佛教出版協會授權教法（Pariyatti）發行的專版書：

《清淨道論》（*The Path of Purification*〔*Visuddhimagga*〕），覺音尊
　　者造，翻譯，1956，BPE第一版，1999。

國家圖書館出版品預行編目資料

親近釋迦牟尼佛：從巴利藏經看佛陀的一生／髻智比丘
（Bhikkhu Ñāṇamoli）著；釋見諦、牟志京譯.
－－初版.－－臺北市：橡樹林文化出版：家庭傳媒城邦
分公司發行, 2006 [民 95]
　　面；　　公分.－－（善知識列系：JB0033）
　　譯自：The Life of The Buddha: According to the Pali Canon
　　ISBN 978-986-7884-60-2（平裝）
　　1. 釋迦牟尼（Gautama, Buddha, 560-480 B. C.）－傳記
229.1　　　　　　　　　　　　　　　　　　　　95020065

善知識列系 JB0033

親近釋迦牟尼佛——從巴利藏經看佛陀的一生

作　　　者	／髻智比丘(Bhikkhu Ñāṇamoli)
譯　　　者	／釋見諦、牟志京
封 面 設 計	／謝永慶
內 頁 排 版	／綠貝殼資訊有限公司
總 編 輯	／張嘉芳
編　　　輯	／游璧如
業　　　務	／顏宏紋
出　　　版	／橡樹林文化

城邦文化事業股份有限公司
104台北市民生東路二段141號5樓
電話：(02) 25007696　傳眞：(02)25001951

發　　　行　／英屬蓋曼群島商家庭傳媒股份有限公司城邦分公司
客服服務專線：(02)25007718；25001991
24小時傳眞專線：(02)25001990；25001991
服務時間：週一至週五上午09:30-12:00；下午13:30-17:00
104台北市中山區民生東路二段141號2樓
劃撥帳號：19863813；戶名：書虫股份有限公司
讀者服務信箱：service@readingclub.com.tw

香港發行所　／城邦（香港）出版集團有限公司
香港灣仔駱克道193號東超商業中心1樓
電話：(852)25086231 傳眞：(852)25789337
hkcite@bizentvigator.com

馬新發行所　／城邦（馬新）出版集團【Cité(M) Sdn.Bhd.(458372 U)】
41, Jalan Radin Anum, Bandar Baru Sri Petaling,
57000 Kuala Lumpur, Malaysia.
電話：(603)90578822 傳眞：(603)90576622
E-mail：cite@cite.com.my

印　　　刷　／中原造像股份有限公司

初版1刷　　2006年11月
初版7刷　　2020年8月
ISBN-13: 978-986-7884-60-2
定價: 430元

城邦讀書花園
www.cite.com.tw